2021年交通运输职业资格考试辅导丛书

公路水运工程试验检测人员应试题解
公 共 基 础

朱 霞　贾 佳　刘 勇　徐华静　主编

人民交通出版社股份有限公司

北 京

内 容 提 要

本书主要包括"习题、参考答案及解析""模拟试卷及参考答案"两部分内容,紧扣2021年度《公共基础》科目考试大纲及考试用书进行编写。其中,"习题、参考答案及解析"包括法律、法规、规章及规范性文件,试验室管理,试验检测基础知识三章;结尾配有模拟试卷。

本书可作为公路水运工程试验检测专业技术人员职业资格考试参考用书,也可供公路水运工程试验检测从业人员专业技术水平和业务能力培训及高等院校相关专业师生阅读使用。

图书在版编目(CIP)数据

公路水运工程试验检测人员应试题解. 公共基础 / 朱霞等主编. —北京:人民交通出版社股份有限公司, 2021.8

ISBN 978-7-114-17398-1

Ⅰ.①公… Ⅱ.①朱… Ⅲ.①道路工程—试验—资格考试—题解②道路工程—检测—资格考试—题解③航道工程—试验—资格考试—题解④航道工程—检测—资格考试—题解 Ⅳ.①U41-44②U61-44

中国版本图书馆 CIP 数据核字(2021)第 112976 号

书　　名:	公路水运工程试验检测人员应试题解　公共基础
著 作 者:	朱　霞　贾　佳　刘　勇　徐华静
责任编辑:	李　沛
责任校对:	孙国靖　龙　雪
责任印制:	刘高彤
出版发行:	人民交通出版社股份有限公司
地　　址:	(100011)北京市朝阳区安定门外外馆斜街3号
网　　址:	http://www.ccpcl.com.cn
销售电话:	(010)59757973
总 经 销:	人民交通出版社股份有限公司发行部
经　　销:	各地新华书店
印　　刷:	北京市密东印刷有限公司
开　　本:	787×1092　1/16
印　　张:	13
字　　数:	310 千
版　　次:	2021 年 8 月　第 1 版
印　　次:	2021 年 8 月　第 2 次印刷
书　　号:	ISBN 978-7-114-17398-1
定　　价:	50.00 元

(有印刷、装订质量问题的图书,由本公司负责调换)

前言

2007年，为了帮助考生复习备考原交通部开展的公路工程试验检测人员业务考试，我们精心编写了考前复习用书《公路工程试验检测人员业务考试模拟练习与题解》，共三个分册：（一）《材料》；（二）《公共基础》《公路》；（三）《桥梁》《隧道》。该考试用书自第一版发行以来，受到了广大考生的喜爱，随后多次修订一直沿用至2014年。

2015年6月23日，人力资源社会保障部、交通运输部联合印发了《关于印发〈公路水运工程试验检测专业技术人员职业资格制度规定〉和〈公路水运工程试验检测专业技术人员职业资格考试实施办法〉的通知》（人社部发〔2015〕59号），标志着公路水运工程试验检测专业技术人员水平评价类国家职业资格制度正式设立。为了贯彻公路水运工程试验检测专业技术人员职业资格考试相关精神，我们对原有《公路工程试验检测人员业务考试模拟练习与题解》进行了修订整合，并重新命名为《公路水运工程试验检测人员应试题解》。对应于考试科目，新版丛书包括《公共基础》《道路工程》《桥梁隧道工程》三个分册。

本书为其中一册，在内容和形式上紧扣2021年度《公共基础》科目考试大纲及考试用书，考试题型有单选题、判断题和多选题三种类型，并配有答案与解析，同时辅以一套考试模拟练习题，系统地帮助应考者学习和自测。本书在内容上以适度的基本理论知识为基础，注重实际操作和实际应用知识的训练，以提高应考者分析和解决工程试验中实际问题的能力。相信通过本书的学习，能够有效地提高应考者的学习效率，积极地促进试验检测从业人员专业技术水平和整体素质的提升，以适应日益发展的公路水运工程建设需求。

本书由山东交通学院朱霞、贾佳、刘勇、徐华静共同编写。在编写过程中，参考了大量资料，在此向原作者表示感谢。由于时间紧迫，书中难免有疏漏和不当之处，恳请读者批评指正。

预祝广大应考者取得好的考试成绩！

编　者

2021年6月

目 录
Contents

考试说明 …………………………………………………………………………………… 1

第一部分 习题、参考答案及解析

第一章 法律、法规、规章及规范性文件 ………………………………………………… 2
第二章 试验室管理 …………………………………………………………………… 60
第三章 试验检测基础知识 …………………………………………………………… 113

第二部分 模拟试卷及参考答案

模拟试卷 ……………………………………………………………………………… 189
模拟试卷参考答案 …………………………………………………………………… 199

考 试 说 明

为了帮助公路水运工程试验检测专业技术人员顺利通过职业资格考试,作者依据2021年4月交通运输部职业资格中心发布的《2021年度公路水运工程试验检测专业技术人员职业资格考试大纲》及2021年版考试用书,对本书2020版进行了修订。考虑到公共基础科目考试涉及的知识内容范围广,且难寻找标准答案,作者对本书所有习题进行了详细解析。

(一)考试大纲

具体内容请查阅《2021年度公路水运工程试验检测专业技术人员职业资格考试大纲》。

(二)考试题型

《公共基础》科目考试题型有单选题、判断题、多选题三种形式,不设综合题。设置单选题40道、判断题30道、多选题25道,总计120分;考试时间120分钟。

1. 单选题:每道题目有四个备选项,要求考生通过对题干的审查理解,从四个备选项中选出唯一的正确答案,每题1分。

2. 判断题:每道题目列出一个可能的事实,通过审题给出该事实是正确还是错误的判断,每题1分。

3. 多选题:每道题目所列备选项中,有两个或两个以上正确答案,每题2分。选项全部正确得满分,选项部分正确按比例得分,出现错误选项该题不得分。

(三)考试内容

《公共基础》考试内容包括法律、法规、规章及规范性文件,试验室管理要求和试验检测基础知识。

【第一部分】
习题、参考答案及解析

第一章　法律、法规、规章及规范性文件

一、单项选择题

1. 国家法定计量单位的名称、符号由(　　)公布。
   A. 国务院　　　　　　　　　　B. 国家计量局
   C. 省人民政府　　　　　　　　D. 省计量行政部门

2. 为社会提供公证数据的产品质量检验机构,必须经(　　)以上人民政府计量行政部门对其计量检定、测试的能力和可靠性考核合格。
   A. 省级　　　B. 市级　　　C. 县级　　　D. 乡(镇)级

3. 对强制检定的计量器具应实行(　　)。
   A. 不定期检定　　　　　　　　B. 每年12月定期检定
   C. 定期检定　　　　　　　　　D. 单位自检

4. (　　)以上人民政府计量行政部门依法设置的计量检定机构,为国家法定计量检定机构。
   A. 省级　　　B. 市级　　　C. 县级　　　D. 镇级

5. 仲裁检定是指用计量基准或者社会公用计量标准所进行的以(　　)为目的的计量检定、测试活动。
   A. 质量评定　　　　　　　　　B. 质量鉴定
   C. 质量评定和质量鉴定　　　　D. 裁决

6. 交通运输行业标准的技术要求应不得低于(　　)的相关技术要求。
   A. 推荐性国家标准　　　　　　B. 地方标准
   C. 团体标准　　　　　　　　　D. 强制性国家标准

7. 根据《中华人民共和国标准化法》❶有关规定,标准实施后,制定标准的部门应当根据科学技术的发展和经济建设的需要适时进行复审,复审结论不包含(　　)。
   A. 继续有效　　B. 修订　　C. 合格　　D. 废止

---
❶ 本书其余习题中简称《标准化法》。

8. 标准的复审周期一般不超过( )。
   A.5 年　　　　　B.3 年　　　　　C.4 年　　　　　D.6 年
9. 对保障人身健康和生命财产安全、国家安全、生态环境安全以及满足经济社会管理基本需要的技术要求,应当制定( )。
   A. 强制性国家标准　　　　　　　　B. 推荐性国家标准
   C. 强制性行业标准　　　　　　　　D. 强制性行业标准
10. 国务院标准化行政主管部门应当将强制性国家标准项目在全国标准信息公共服务平台向社会公开征求意见,征求意见期限不得少于( )。
    A.10 日　　　　B.30 日　　　　C.60 日　　　　D.7 日
11. 组织起草部门应当将强制性国家标准征求意见稿、编制说明以及拟订的过渡期,通过本部门门户网站和全国标准信息公共服务平台向社会公开征求意见。公开征求意见期限不少于( )。
    A.10 日　　　　B.30 日　　　　C.60 日　　　　D.7 日
12. 施工人员对涉及结构安全的试块、试件以及有关材料,应当在建设单位或工程监理单位监督下现场取样,并送( )进行检测。
    A. 具有相应资质等级的质量检测单位　　B. 工地试验室
    C. 母体试验室　　　　　　　　　　　　D. 乙级试验室
13. 依据《公路水运工程试验检测管理办法》,检测机构等级分为公路工程和水运工程专业,公路工程专业分为( )。
    A. 综合类和专项类　　　　　　　　B. 材料类和结构类
    C. 综合类和材料类　　　　　　　　D. 材料类和专项类
14. 公路水运工程试验检测机构等级证书有效期为( )。
    A.3 年　　　　　B.5 年　　　　　C.7 年　　　　　D.10 年
15. 检测机构名称、地址、法定代表人或者机构负责人、技术负责人等发生变更的,应当自变更之日起( )内到原发证质监机构办理变更登记手续。
    A.30 日　　　　B.60 日　　　　C.3 个月　　　　D.6 个月
16. 试验检测机构停业时,应当自停业之日起( )内向原发证质监机构办理《等级证书》注销手续。
    A.15 日　　　　B.30 日　　　　C.60 日　　　　D.180 日
17. 取得( )的试验检测机构,可设立工地临时试验室,承担相应公路水运工程的试验检测业务,并对其试验检测结果承担责任。
    A. 计量认证　　　B. 等级证书　　　C. 业主同意　　　D. 监理工程师同意
18. 被注销的试验检测机构,自被注销等级证书之日起( )内,不得再次申报。
    A.2 年　　　　　B.1 年　　　　　C.3 年　　　　　D. 半年
19. 现场评审是通过对申请人完成试验检测项目的实际能力、( )、质量保证体系和运转等情况的全面核查。
    A. 检测机构申报材料与实际状况的符合性
    B. 检测机构的管理水平

C. 上年度检测机构的工作情况
D. 上年度检测机构的业绩

20. 现场评审所抽查的试验检测项目,原则上应当覆盖申请人所申请的试验检测各大项目。抽取的具体参数应当通过( )决定。
    A. 抽签　　　　B. 专家指定　　　　C. 评审组指定　　　D. 质监机构评定

21. 质监机构依据《现场评审报告》及( )对申请人进行等级评定。
    A. 专家的评审意见　　　　　　　B. 申请人的表现
    C. 检测机构等级标准　　　　　　D. 检测机构的资质水准

22. 换证复核不合格的检测机构,质监机构应当责令其在6个月内进行整改,整改期内( )。
    A. 不得承担质量评定和工程验收的试验检测业务
    B. 经上级主管部门同意,可以承担质量评定和工程验收的试验检测业务
    C. 可以承担质量评定和工程验收的试验检测业务
    D. 经业主同意,可以承担质量评定和工程验收的试验检测业务

23. 公路水运工程试验检测机构换证复核时,如果评分<80分或被终止现场评审,检测机构( )。
    A. 没有通过资格,质监机构应当责令其在6个月内进行整改
    B. 没有通过资格,直接被注销《等级证书》
    C. 没有通过资格,直接被降级
    D. 没有通过资格,评审组应当责令其在6个月内进行整改

24. 同一检测机构申请多项等级时,同一人所持的多个专业检测资格证书,可在不同的检测等级申报中使用,但不得超过( )。
    A. 3次　　　　B. 5次　　　　C. 4次　　　　D. 2次

25. 下列关于《公路水运工程试验检测机构等级标准》中试验检测用房面积(不含办公面积)的规定,正确的是( )。
    A. 公路工程综合甲级不小于1000m^2　　B. 公路工程综合乙级不小于700m^2
    C. 公路工程综合丙级不小于300m^2　　D. 桥梁隧道工程专项不小于800m^2

26. 《公路水运工程试验检测机构等级标准》设置了强制性参数和非强制性参数,对于非强制性参数,检测机构可根据实际需要选择,但不得少于非强制性参数总量的( )。
    A. 50%　　　　B. 60%　　　　C. 80%　　　　D. 90%

27. 试验检测机构等级评定要求,试验检测机构用房可以租赁,但租期应满足( )要求。
    A. ≥5年　　　　B. ≥3年　　　　C. ≥8年　　　　D. ≥1年

28. 公路水运工程试验检测机构等级评定,现场评审得分( ),整改期限为一个月;需整改的方面,应报送书面整改。
    A. ≥85分　　　　B. ≥60分　　　　C. ≥75分　　　　D. ≥80分

29. 根据《公路水运工程试验检测机构等级评定及换证复核工作程序》及《公路水运工程试验检测管理办法》有关规定,以下说法正确的是( )。

A. 换证复核应核查检测机构取得等级证后持证人员调离和调入该机构的人数占原总持证人的比例

B. 试验检测机构换证复核可以提前1年提出申请

C. 申请换证复核的机构应提交《质量管理手册》等文件

D. 现场试验操作考核,必须覆盖所有试验检测参数

30. 申请换证复核的试验检测机构在等级证书有效期内所开展的试验检测参数应覆盖批准的所有试验检测项目,且不少于批准参数的( )。

  A.50%   B.60%   C.85%   D.80%

31. 申请换证复核的机构所提交的申请材料中应包括试验检测业绩一览表及证明材料,以下哪种情况可以作为试验检测业绩( )。

  A. 工地试验室开展的项目   B. 参加能力验证和比对试验记录

  C. 受表彰证书   D. 模拟报告

32. 试验检测机构超出等级能力范围开展业务,但在经计量认证通过的参数范围内,出具的检测报告加盖交通试验检测专用标识章的,在信用评价时应( )。

  A. 扣分   B. 不扣分   C. 不参加评价   D. 直接降为 D 级

33. 根据《公路水运工程试验检测信用评价办法》,评价周期内累计扣分分值( ),试验检测人员信用等级为信用较差。

  A. 大于或等于 20 分,小于 40 分的   B. 大于或等于 40 分的

  C. 小于 20 分的   D. 大于 40 分的

34. 根据《工地试验室标准化建设要点》(厅质监字[2012]200号)的规定,超出母体检测机构授权范围的试验检测项目和参数应进行外委,外委试验应向( )报备。

  A. 母体试验室   B. 所在地交通质监机构

  C. 项目建设单位   D. 所在地省级交通质监机构

35. 工地试验室的试验检测持证人员进行变更的,应当由( )。

  A. 工地试验室报请项目监理单位同意

  B. 工地试验室报请项目建设单位同意后向项目质监机构备案

  C. 母体试验室报请项目监理单位同意

  D. 母体试验室报请项目建设单位同意后向项目质监机构备案

36. 工地试验室应注意收集隐蔽工程、( )的工程质量检验图片及影像资料,及时整理归档。

  A. 关键部位   B. 主体结构   C. 实测项目   D. 外委项目

37. 工地试验室应按照( )质量管理体系的要求,编制相应的质量体系文件及各项管理制度。

  A. 母体试验检测机构   B. 工地试验室

  C. 省级交通质监机构   D. 业主

38. 工地试验室试验检测技术台账一般包括( )。

  A. 原材料进场台账、样品台账、试验/检测台账、不合格材料台账、外委试验台账等

  B. 原材料进场台账、样品台账、试验/检测台账、不合格材料台账、标准规范台账等

C.原材料进场台账、样品台账、试验/检测台账、设备台账、外委试验台账等

D.原材料进场台账、设备台账、试验/检测台账、不合格材料台账、外委试验台账等

39.公路水运工程助理试验检测师考试科目设(　　)。
　　A.公共基础科目　　　　　　　　B.专业科目
　　C.公共基础科目和专业科目　　　D.机电科目

40.公路水运工程助理试验检测师、试验检测师考试成绩均实行(　　)为一个周期的滚动管理。
　　A.2年　　　　B.4年　　　　C.3年　　　　D.1年

41.试验检测人员在每个周期内接受继续教育的时间累计不应少于(　　)。
　　A.10学时　　B.12学时　　C.20学时　　D.24学时

42.下列不属于申请资质认定的检验检测机构应当符合的条件是(　　)。
　　A.具有固定的工作场所工作环境,满足检验检测要求
　　B.依法成立并能承担相应法律责任的独立法人
　　C.具有并有效运行,保证其检验检测活动独立、公正、科学、诚信的管理体系
　　D.具备从事检验检测活动所必需的检验检测设备设施

43.资质认定部门应当对申请人提交的书面申请和相关材料进行初审,自收到之日起(　　)个工作日内作出受理或者不予受理的决定。
　　A.1　　　　B.3　　　　C.5　　　　D.15

44.检验检测机构资质认定证书有效期为(　　)。
　　A.3年　　　　B.6年　　　　C.5年　　　　D.1年

45.资质认定证书内容不包括(　　)。
　　A.资质认定标志　　　　　　　　B.检验检测能力范围
　　C.技术评审时间　　　　　　　　D.获证机构名称和地址

46.专业技术评价机构、评审组应当对其承担的技术评审活动和技术评审结论的真实性、符合性负责,并承担相应(　　)责任。
　　A.行政　　　　B.评审　　　　C.法律　　　　D.过失

47.检验检测机构向社会出具具有证明作用的检验检测数据、结果的,应当在其检验检测报告上(　　)。
　　A.标注资质认定标志
　　B.加盖检验检测专用章
　　C.加盖负责人章
　　D.加盖检验检测专用章,并标注资质认定标志

48.检验检测机构未依法取得资质认定,擅自向社会出具具有证明作用数据、结果的,由县级以上质量技术监督部门责令改正,处(　　)元以下罚款。
　　A.5000　　　B.8000　　　C.3万　　　D.2万

49.超出资质认定证书规定的检验检测能力范围,擅自向社会出具具有证明作用数据、结果的,由县级以上质量技术监督部门责令整改,处(　　)元以下罚款。
　　A.1万　　　　B.2万　　　　C.3万　　　　D.5万

50. 检验检测机构未经检验检测或者以篡改数据、结果等方式,出具虚假检验检测数据、结果的,资质认定部门应当(　　)。
　　A. 责令改正,处 3 万元以下罚款　　　　B. 责令改正,处 1 万元以下罚款
　　C. 予以告诫　　　　　　　　　　　　　D. 撤销资质认定证书

51. 被撤销资质认定证书的检验检测机构,(　　)内不得再次申请资质认定。
　　A. 1 年　　　　B. 2 年　　　　C. 3 年　　　　D. 5 年

52. 检验检测机构申请资质认定时提供虚假材料或者隐瞒有关情况的,资质认定部门不予受理,且在(　　)年内不得再次申请资质认定。
　　A. 4　　　　B. 3　　　　C. 2　　　　D. 1

53. 检验检测机构资质认定标志由 CMA 图案和(　　)组成。
　　A. 单位名称　　　　　　　　　　　　　B. 资质认定证书编号
　　C. "检验检测专用章"字样　　　　　　 D. 五星标识

54. 检验检测机构资质认定证书编号由 12 位数字组成。以下编号正确的是(　　)。
　　A. "第 1、2 位"为发证机关代码　　　　B. "第 3、4 位"为发证年份后两位代码
　　C. "第 7、8 位"为发证流水号　　　　　D. "第 5、6 位"为专业领域类别代码

55. 资质认定部门将检验检测机构分为(　　)进行监管。
　　A. A、B、C、D 四个类别　　　　　　　B. A、B 两个类别
　　C. A、B、C 三个类别　　　　　　　　　D. A、B、C、D、E 五个类别

56. 检验检测机构存在违法违规行为被实施行政处罚的,该检验检测机构等级在当年度(　　)。
　　A. 直接降为 C 类　　　　　　　　　　　B. 直接降为 B 类
　　C. 直接降为 D 类　　　　　　　　　　　D. 保持不变

57. 按照检验检测机构资质认定管理的有关规定,对被确定为 D 类的检验检测机构,日常监督检查频次每年不少于(　　)。
　　A. 1 次　　　　B. 2 次　　　　C. 3 次　　　　D. 4 次

58. 检验检测机构资质认定现场评审的类型包括首次评审、变更评审、(　　)和其他评审。
　　A. 复查评审　　　B. 书面审查　　　C. 电话复查　　　D. 面谈审查

59. 编号是《公路工程试验检测仪器设备服务手册》所列仪器设备的唯一标识,统一采用字母加数字的(　　)位字符编码。
　　A. 10　　　　B. 8　　　　C. 6　　　　D. 4

60. 根据《公路工程试验检测仪器设备服务手册》,仪器设备的唯一标识 GL01010006,以下描述正确的是(　　)。
　　A. GL 表示交通行业
　　B. 0101 代表公路专业、道路专业
　　C. 0006 指仪器设备所属专业中试验项目的顺序号
　　D. GL 01010006 依次表示 GL 公路行业、01 道路专业、01 试验检测项目土、0006 仪器
　　　　设备编码

61. 根据《市场监管总局关于进一步推进检验检测机构资质认定改革工作的意见》(国市监检测〔2019〕206号)的规定,对以告知承诺方式取得资质认定的机构承诺的真实性进行重点核查,发现虚假承诺或者承诺严重不实的,应当(　　)。
    A. 责令其限期整改,处3万元以下罚款
    B. 依法追究刑事责任
    C. 责令其在6个月内整改,整改期暂停出具报告
    D. 撤销相应资质认定事项

62. 不列入检验检测机构资质认定的能力范围,但在出具检验检测报告或者证书时可作为判定依据使用的是(　　)。
    A. 产品标准
    B. 行业标准
    C. 含检验检测方法的国家标准
    D. 不含检验检测方法的各类产品标准

63. 资质认定部门在收到资质认定部门委托的技术评审任务后,应当对申请机交的申请材料进行(　　)审核。
    A. 资料　　　B. 技术　　　C. 现场　　　D. 能力

64. 《交通强国建设纲要》明确,交通强国建设的总目标为(　　)。
    A. 人民满意、保障有力、世界先进
    B. 人民满意、保障有力、世界领先
    C. 人民满意、保障有力、世界前列
    D. 人民满意、保障有力、世界第一

65. 《公路水运工程淘汰危及生产安全施工工艺、设备和材料目录》中,通用(公路、水运)工程部分包含施工工艺8项,施工设备7项,工程材料(　　)项。
    A. 3　　　B. 1　　　C. 5　　　D. 2

66. 根据《中华人民共和国认证认可条例》,认证是指(　　)。
    A. 由认证机构证明产品、服务、管理体系符合相关技术规范、相关技术规范的强制性要求或者标准的合格评定活动
    B. 由认证机构证明检查机构、实验室以及从事评审、审核等认证活动人员的能力和执业资格,予以承认的合格评定活动
    C. 由政府相关部门证明产品、服务、管理体系符合相关技术规范、相关技术规范的强制性要求或者标准的合格评定活动
    D. 由认可机构证明产品、服务、管理体系符合相关技术规范、相关技术规范的强制性要求或者标准的合格评定活动

67. 根据《中华人民共和国认证认可条例》,国务院认证认可监督管理部门自受理认证机构资质申请之日起(　　)日内,应当作出是否批准的决定。
    A. 30　　　B. 15　　　C. 45　　　D. 20

68. 根据《中华人民共和国认证认可条例》,属于认证新领域,前款规定的部门尚未制定认证规则的,认证机构(　　)。
    A. 不可以自行制定认证规则
    B. 需要向上级主管部门申请,经批准后自行制定认证规则
    C. 应由国务院认证认可监督管理部门组织制定
    D. 可以自行制定认证规则,并报国务院认证认可监督管理部门备案

69. 认证机构、检查机构、实验室可以通过认可机构的认可,以保证其(　　)持续、稳定地符合认可条件。

　　A. 认证、检查、检测能力　　　　B. 基本条件和技术能力
　　C. 基本条件和检测能力　　　　D. 检查、检测能力

二、判断题

1. 对于非强制检定的计量器具,使用单位可以自行进行不定期的检定或者送其他计量检定机构检定。（　）
2. 检定具有法制性,属于计量管理范畴的执法行为。（　）
3. 企业、事业单位根据需要,可以建立本单位使用的计量标准器具,其各项计量标准器具经有关人民政府计量行政部门主持考核合格后使用。（　）
4. 计量检定工作应当按照经济合理的原则就地、就近进行,意思是指合理部署计量检定网点,但组织量值传递要受行政区划和部门管辖的限制。（　）
5. 计量检定机构是指承担计量检定工作的有关技术机构。执行强制检定和其他检定、测试任务的人员必须经单位考核合格,取得计量检定证件和相应的资格。（　）
6. 行业标准由国务院标准化行政主管部门编制计划、组织草拟、统一审批、编号、发布。（　）
7. 对已有国家标准、行业标准或者地方标准的,企业不得制定自己的企业标准。（　）
8. 企业应当公开其执行的强制性标准、推荐性标准、团体标准或者企业标准的编号和名称;其生产的产品、提供的服务应当符合企业公开标准的技术要求。（　）
9. 国家标准分为强制性标准、推荐性标准,必须执行。（　）
10. 强制性标准可分为国家强制性标准、行业强制性标准及地方强制性标准。（　）
11. 强制性国家标准发布后实施前,企业可以选择执行原强制性国家标准或者新强制性国家标准。（　）
12. 工程建设严格执行基本建设程序,坚持先勘察、后设计、再施工的原则。（　）
13. 建设单位不得迫使承包方以低于成本的价格竞标,不得任意压缩合理工期。（　）
14. 检测机构等级分为公路工程专业和水运工程专业,水运工程专业分为材料类和结构类,分别设甲、乙、丙三个等级。（　）
15. 公路水运工程试验检测活动应当遵循科学、客观、严谨、公正的原则。（　）
16. 试验检测机构不能同时申请公路工程综合类和水运工程材料类两个类别。（　）
17. 检测机构依据合同承担公路水运工程试验检测业务,当工作范围较大时可以按规定转包。（　）
18. 试验检测报告可以由助理试验检测师审核、签发。（　）
19. 对于实际能力已达不到《等级证书》能力等级的检测机构,质监机构应当立即给予注销《等级证书》。（　）
20. 重新评定的等级低于原来评定等级的,检测机构1年内不得申报升级。（　）
21. 检测机构在同一公路水运工程项目标段中,可以同时接受业主、监理方的试验检测委托。（　）

22. 质监机构在监督检查中,发现检测人员违反本办法的规定,出具虚假试验检测数据或报告的,应当给予警告。   (   )

23. 《等级证书》遗失或者污损的,可以向工地所在地质监机构申请补发。   (   )

24. 试验检测机构等级评定时,现场评审所抽查的试验检测项目,应不少于15%的强制性项目和10%的非强制性项目。   (   )

25. 取得《等级证书》的试验检测机构,可向社会提供试验检测服务。   (   )

26. 换证复核现场评审应侧重考核等级证书有效期内开展频繁的检测参数。   (   )

27. 试验检测机构等级评定现场评审,通过现场操作考核,检查试验检测人员能否完整、规范、熟练地完成试验检测项目,从而评定试验检测人员是否符合持证要求。   (   )

28. 公路水运工程试验检测机构等级评定,对于有模拟报告而无业绩的项目,检测机构应提交比对试验报告。   (   )

29. 试验检测机构等级评定现场操作考核,应对基桩检测项目主要操作人员加强现场操作考核。   (   )

30. 根据《公路工程试验检测机构等级标准》,公路综合乙级质量负责人应具有相关专业中级职称、持试验检测工程师证书及5年以上试验检测工作经历。   (   )

31. 根据《公路工程试验检测机构等级标准》,强制性要求的检测参数和仪器,少一项视为不通过。   (   )

32. 申请换证复核的公路水运工程试验检测机构,应符合上年度信用等级为B级及以上且等级证书有效期内信用等级为C级次数不超过1次的条件。   (   )

33. 公路工程水运工程专业重叠部分的仪器设备可共用,不重叠部分检测用房应独立分别满足要求。   (   )

34. 现场评审时,如发现公路水运工程检测机构存在伪造试验检测报告、出具虚假数据等弄虚作假行为,评审组可立即终止现场评审工作。   (   )

35. 换证核查得分≥85分,复核结果为合格,予以换发新的《等级证书》,证书有效期为6年。   (   )

36. 公路水运工程试验检测机构所聘用的试验检测人员可在两家及以上机构从业。
                                                                    (   )

37. 信用评价范围包含取得《公路水运工程试验检测等级证书》并承担公路水运工程试验、检测及监测业务的试验检测机构及持证的试验检测从业人员。   (   )

38. 信用评价的对象是所有的试验检测机构和试验检测人员。   (   )

39. 出借或借用试验检测等级证书承揽试验检测业务的检测机构,其双方在信用评价时均被直接定为C级。   (   )

40. 授权负责人不是母体机构派出人员,不属于工地试验室失信行为。   (   )

41. 工地试验室信用评价得分<70分时,对母体试验室负责人进行处理。   (   )

42. 在本省注册的试验检测师(含助理试验检测师)和取得公路水运工程试验检测甲级、乙级、丙级等级证书的试验检测机构的信用评价结果,由省级交通运输主管部门审定后发布。
                                                                    (   )

43. 在公路水运工程试验检测信用评价工作中,部质监机构对试验检测师(试验检测工程

师)在全国范围内扣分进行累加评价。 ( )

44. 无故不参加质监机构组织的比对试验等能力验证活动的,信用等级评价时每次扣10分。 ( )

45. 工地试验室应在母体检测机构授权的范围内,为工程建设项目提供试验检测数据,并可对外承揽试验检测业务。 ( )

46. 工地试验室经建设单位初审合格后,应报请项目质监机构验收。 ( )

47. 为了方便工作,工地试验室可以将工作区和生活区设置在一起。 ( )

48. 工地试验室授权负责人须持有试验检测工程师证书,全面负责工地试验室的管理和试验检测活动。 ( )

49. 母体检测机构应不定期对授权工地试验室进行检查指导,确保授权工作规范有效。 ( )

50. 工地试验室授权负责人是指由工程项目负责人授权,在工地现场从事工地试验室管理的负责人。 ( )

51. 工地试验室试验检测人员可同时受聘于两家的工地试验室。 ( )

52. 为加强工地试验室的环境条件管理,对有温度、湿度条件要求的功能室,必要时可进行吊顶处理。 ( )

53. 国家设立公路水运工程试验检测专业技术人员准入类职业资格制度,纳入全国专业技术人员职业资格证书制度统一规划。 ( )

54. 公路水运工程试验检测专业技术人员职业资格分为试验检测员和试验检测工程师两个级别。 ( )

55. 通过公路水运工程试验检测师职业资格考试,并取得相应级别职业资格证书的人员,表明其已具备担任试验检测机构技术负责人的工作能力。 ( )

56. 对违反考试工作纪律和有关规定的人员,按照国家专业技术人员资格考试违纪违规行为处理规定处理。 ( )

57. 试验检测人员在继续教育过程中有弄虚作假、冒名顶替等行为的,取消其本周期内已取得的继续教育记录,并纳入诚信记录。 ( )

58. 取得资质的检验检测机构所设立的分支机构,可直接从事相关检验检测活动,不需要取得资质认定。 ( )

59. 检验检测机构应注重对检验检测机构资质认定标志使用的管理,建立并保存相关使用记录。 ( )

60. 检验检测机构分类评价结果可用于社会宣传,以提高检验检测机构的市场竞争力。 ( )

61. 检验检测机构资质认定评审中书面审查的类型,包括复查审查和自我声明审查。 ( )

62.《公路工程试验检测仪器设备服务手册》中。溯源类别 GL0301~GL0307 对应《公路工程试验检测机构等级标准》中桥梁隧道工程专项"试验检测能力基本要求及主要设备"的第1~7项。 ( )

63. 具有公开发布的国家或交通运输部部门计量检定规程及校准规范的仪器设备,在"依据标准"中标明具体文件,其管理类别用Ⅱ-2 表示。   (   )

64. 《交通强国建设纲要》确定了九大重点任务,其一是基础设施布局完善、立体互联。提出建设现代化高质量公路交通网络。   (   )

65. 《公路水运工程淘汰危及生产安全施工工艺、设备和材料目录》的发布,是为了防范化解公路水运重大事故风险,推动相关行业淘汰落后工艺、设备和材料。   (   )

66. 根据《中华人民共和国认证认可条例》,认证机构不得与行政机关存在利益关系。
                                                                    (   )

67. 根据《中华人民共和国认证认可条例》,认证人员从事认证活动时,可以兼职在两个以上认证机构执业。   (   )

68. 根据《中华人民共和国认证认可条例》,检验检测机构不可以自愿委托依法设立的认证机构进行产品、服务、管理体系认证,应委托由上级主管部门批准的认证机构进行认证。
                                                                    (   )

69. 检验检测机构计量认证可以自愿委托依法设立的认证机构进行产品、服务、管理体系认证。   (   )

70. 国务院认证认可监督管理部门确定的认可机构,独立开展认可活动。   (   )

71. 认可机构委托他人完成与认可有关的具体评审业务的,由从事评审、审核等认证活动的人员对评审结论负责。   (   )

72. 实验室作为参加能力验证的主体,应基于自身需求和外部对能力验证的要求,合理策划并积极组织适当的能力验证计划。   (   )

三、多项选择题

1. 为社会提供公证数据的产品质量检验机构,必须经省级以上人民政府计量行政部门计量认证,认证内容包括(   )。
   A. 计量检定、测试设备的性能
   B. 保证量值统一、准确的措施及检测数据公正可靠的管理制度
   C. 检验机构等级
   D. 计量检定、测试设备的工作环境和人员的操作技能可靠

2. 实行强制检定的计量器具包括(   )。
   A. 检测机构所使用的所有计量器具
   B. 检测机构所使用的最高计量标准器具
   C. 列入强制检定目录的工作计量器具
   D. 检测机构所使用的最高工作计量器具

3. 以下说法正确的是(   )。
   A. 计量检定必须按照国家计量检定系统表进行
   B. 国家计量检定系统表由国务院计量行政部门制定
   C. 计量检定必须执行计量检定规程
   D. 计量检定规程必须由国务院计量行政部门制定

4. 下列关于计量检定的说法正确的有(　　)。
   A. 国家法定计量检定机构的计量检定人员,必须经考核合格并取得计量检定证件
   B. 计量检定应当执行计量检定规程
   C. 无计量检定证件的人员不得从事计量检定工作
   D. 企事业单位经计量行政部门考核授权为法定计量检定机构后,就可以向社会提供任何计量器具的计量检定服务

5. 县级以上人民政府计量行政部门可以授权其他单位的计量检定机构,执行强制检定和其他检定、测试任务。授权形式包括(　　)。
   A. 授权专业性或区域性计量检定机构作为法定计量检定机构
   B. 授权有关的技术机构建立社会公用计量标准
   C. 授权某一部门或某一单位的计量检定机构,对其内部使用的强制检定计量器具执行强制检定
   D. 授权有关的技术机构承担法律规定的其他检定、测试任务

6. 计量法中所指的"公证数据"应具有(　　)性。
   A. 真实　　　　B. 合法　　　　C. 科学　　　　D. 可溯源

7. 处理因计量器具准确度所引起的纠纷,以(　　)检定的数据为准。
   A. 国家计量基准器具
   B. 纠纷双方单位的计量标准器具
   C. 社会公用计量标准器具
   D. 在人民生活中被普遍使用的计量标准器具

8. 根据本部门的特殊需要所建立的本部门各项最高计量标准,须经同级人民政府计量行政部门主持考核合格后使用。"主持考核"是指(　　)负责进行考核。
   A. 法定计量检定机构　　　　B. 经授权的有关技术机构
   C. 科研机构　　　　D. 经计量认证的检测中心

9. 计量器具包括(　　)。
   A. 计量基准　　B. 计量标准　　C. 工作计量器具　　D. 国家规范

10. 以下(　　)可为推荐性标准。
    A. 国家标准　　B. 行业标准　　C. 企业标准　　D. 地方标准

11. 下列(　　)属于强制性标准。
    A. 工程建设的质量、安全、卫生标准及国家需要控制的其他工程建设标准
    B. 环境保护的污染物排放标准和环境质量标准
    C. 重要的通用技术术语、符号、代号和制图方法标准
    D. 通用的试验、检验方法标准

12. 企业生产的产品不符合强制性标准或其公开标准的技术要求但未构成犯罪的,应承担以下(　　)责任及处罚。
    A. 民事责任　　B. 刑事责任　　C. 行政责任　　D. 记入信用记录

13. 我国标准包括国家标准及(　　)。
    A. 行业标准　　B. 地方标准　　C. 团体标准　　D. 企业标准

14. 标准化工作的任务是( )。
    A. 制定标准　　　　　　　　　　B. 组织实施标准
    C. 制定标准化施工工序　　　　　D. 对标准的制定、实施进行监督

15. 以下描述正确的是( )。
    A. 国务院有关行政主管部门依据职责负责强制性国家标准的项目提出、组织起草、征求意见和技术审查
    B. 省、自治区、直辖市人民政府标准化行政主管部门可以向国务院标准化行政主管部门提出强制性国家标准的立项建议
    C. 推荐性国家标准由国务院标准化行政主管部门制定
    D. 行业标准由国务院有关行政主管部门制定,报国务院标准化行政主管部门批准
    E. 国家实行团体标准、企业标准自我声明公开和监督制度

16. 强制性国家标准的编号由( )构成。
    A. 强制性国家标准代号　　　　　B. 顺序号
    C. 年代号　　　　　　　　　　　D. 标准顺序号

17. 关于强制性国家标准,应按照以下( )要求管理。
    A. 制定强制性国家标准应当结合国情采用国际标准
    B. 强制性国家标准的技术要求应当全部强制,并且可验证、可操作
    C. 强制性国家标准的解释与标准具有同等效力
    D. 强制性国家标准复审周期一般不得超过四年

18. 产品质量检验机构违反《中华人民共和国产品质量法》有关规定的行为包括( )。
    A. 伪造检验结果　　　　　　　　B. 出具的检验结果不实造成损失
    C. 向社会推荐生产者的产品　　　D. 以监制的方式参与产品的经营活动

19. 以下( )活动必须遵守《建设工程质量管理条例》。
    A. 新建　　　B. 扩建　　　C. 改建　　　D. 日常养护

20. 对建设工程质量负责的单位包括( )。
    A. 建设单位　　　　　　　　　　B. 施工单位
    C. 勘察设计单位　　　　　　　　D. 工程监理单位

21. 建设工程竣工验收应当具备的条件有( )。
    A. 有完整的技术档案
    B. 有完整的施工管理资料
    C. 完成建设工程设计和合同约定的各项内容
    D. 有工程使用的主要建筑材料、建筑构配件和设备的进场试验报告

22. 施工单位必须按照工程设计要求、施工技术标准和合同约定,对( )进行检验,检验应当有书面记录和专人签字;未经检验或者检验不合格的,不得使用。
    A. 建筑材料　　　B. 建筑构配件　　　C. 商品混凝土　　　D. 施工设备

23. 监理工程师应当按照工程监理规范的要求,采取( )等形式对建设工程实施监理。
    A. 旁站　　　B. 巡视　　　C. 录像　　　D. 平行检验

24. 未经监理工程师签字,( )。

A. 建筑材料、建筑构配件和设备不得在工程上使用或者安装

B. 施工单位不得进行下一道工序的施工

C. 建设单位不得拨付工程款

D. 建设单位不得进行竣工验收

25. 公路水运工程检测机构等级,是依据(　　)等基本条件对检测机构进行的能力划分。

　　A. 检测机构的公路水运工程试验检测水平

　　B. 主要试验检测仪器设备的配备情况

　　C. 检测人员的配备情况

　　D. 试验检测环境

26. 省级交通质监机构负责(　　)的等级评定工作。

　　A. 公路工程试验检测综合类乙级、丙级

　　B. 水运工程试验检测材料类乙级、丙级

　　C. 水运工程试验检测结构类乙级

　　D. 水运工程试验检测结构类丙级

27. 检测机构可申报上一等级的评定的条件是(　　)。

　　A. 已被评为丙级、乙级

　　B. 被评为丙级、乙级须满1年

　　C. 具有相应的试验检测业绩

　　D. 没有同时申请不同专业、不同类别的试验室等级

28. 公路水运工程质量事故鉴定、大型水运工程项目和高速公路项目验收的质量鉴定检测,质监机构应当委托(　　)的检测机构承担。

　　A. 具有乙级资质　　　　　　　　B. 通过计量认证

　　C. 具有甲级资质　　　　　　　　D. 具有相应专项能力

29. 公路水运工程试验检测机构等级评定工作分为(　　)。

　　A. 受理　　　B. 资格审查　　　C. 初审　　　D. 现场评审

30. 在公路水运工程试验检测机构等级评定现场评审时,主要的核查内容有(　　)。

　　A. 完成实验检测项目的实际能力　　B. 机构的财务状况

　　C. 申报材料与实际情况的符合性　　D. 质量保证体系运行情况

31. 检测机构应当严格按照现行有效的国家和行业标准、规范和规程独立开展检测工作,不受任何干扰和影响,保证试验检测数据(　　)。

　　A. 客观　　　　　　　　　　　　B. 公正

　　C. 严谨　　　　　　　　　　　　D. 准确

　　E. 符合客户意愿

32. 根据《公路水运工程试验检测管理办法》的规定,质监机构实施监督检查时,有权采取以下(　　)措施。

　　A. 录音和录像与检查相关的事项和资料

　　B. 复制相关的事项和资料

　　C. 进入检测机构的工作场地进行抽查

D. 查封涉嫌数据造假的试验机构

33. 试验检测机构的重要变更是指( )等的变更。
    A. 机构负责人　　B. 质量负责人　　C. 技术负责人　　D. 地址

34. 《公路水运工程试验检测机构等级评定申请书》和《等级证书》由部质监局统一规定格式。《等级证书》应当注明检测机构从事公路水运工程试验检测的( )。
    A. 专业　　B. 类别　　C. 等级　　D. 项目范围

35. 公路水运工程试验检测机构应当建立健全档案制度,保证( )。
    A. 档案齐备
    B. 内容详尽
    C. 盲样管理
    D. 原始记录和试验检测报告内容必须清晰、完整、规范

36. 公路水运工程试验检测机构等级评定现场操作考核工作要点,包括( )以及对涉及结构安全的检测项目的主要操作人员加强现场操作考核等内容。
    A. 提问考核技术负责人和质量负责人的试验检测知识
    B. 检查操作人员的检测证书
    C. 观察检测人员的实际操作过程
    D. 随机抽查试验检测人员相关试验检测知识
    E. 审查提交的现场操作项目报告

37. 同一检测机构申请多项等级时,以下描述正确的是( )。
    A. 同一人所持的多个专业检测资格证书,可在不同的检测等级申报中使用,但不得超过2次
    B. 持单一专业检测资格证书的人员可重复使用2次
    C. 不同等级的专业重叠部分检测用房可共用
    D. 不同等级专业重叠部分的仪器设备可交叉使用

38. 公路水运工程试验检测机构申请公路水运工程试验检测机构等级评定,以下程序正确的是( )。
    A. 向省级质监机构提交申请材料
    B. 质监机构对受理的申请材料初审,合格的进入现场评审阶段
    C. 由质监机构负责主持现场评审工作
    D. 由质监机构组建的现场专家评审组组长负责主持现场评审

39. 公路水运工程试验检测机构现场评审时,评审组应进行现场符合性检查,核查内容包括( )。
    A. 所申请试验检测参数要求配置的仪器设备
    B. 管理体系文件是否齐全,有关规定是否合理适用,受控、宣贯及运行是否有效
    C. 检测机构登记的持证试验检测人员在岗、签订劳动合同和社会保险等情况
    D. 所申请检测参数的原始记录和试验检测报告
    E. 检测机构用房产权证明或租赁期限证明材料

40. 公路水运工程试验检测机构等级评定现场评审,评审组检查的内容包括( )。

A. 抽查不少于10%的强制性项目和5%的非强制性项目检测报告的正确性、科学性、规范性

B. 试验检测项目适用的标准、规范和规程是否齐全且现行有效

C. 仪器设备管理档案

D. 检查操作人员的检测证书,确定是否为所申报的人员,避免替换

41. 公路水运工程试验检测机构等级评定现场评审,对仪器设备管理状况检查包括( )。

A. 逐一核查仪器设备的使用记录、维修记录、检定/校准证书

B. 核查有疑问仪器设备的购货凭证

C. 租赁仪器设备的合同

D. 购货凭证包括购货发票和合同原件

42. 公路水运工程试验检测用房使用面积包括( )。
    A. 样品室　　　　B. 资料室　　　　C. 养护室　　　　D. 办公室

43. 公路工程综合乙级检测机构,对技术负责人的强制性要求包括( )。
    A. 相关专业高级职称　　　　B. 大学本科以上学历
    C. 5年以上试验检测工作经历　　　　D. 持试验检测师证书

44. 公路综合乙级试验检测机构,申请换证复核的试验检测机构信用及业绩应符合的基本条件包括( )。

A. 试验检测人员、设备、环境满足相应等级标准要求

B. 上年度信用等级为B级及以上

C. 等级证书有效期内信用等级为C级次数不超过2次

D. 等级证书有效期内所开展的试验检测参数应覆盖批准的所有试验检测项目,且不少于批准参数的70%

E. 检测机构每年应有不少于一项公路水运工程现场检测项目或设立工地试验室业绩

45. 换证复核现场评审应侧重考核( )。

A. 难度较大的检测参数

B. 等级证书有效期内未开展或开展频率低的检测参数

C. 标准规范发生变更的检测参数

D. 能力验证结果存在问题的检测参数

E. 强制性参数

46. 现场评审时,评审组根据技术能力考核情况,确认检测机构的试验检测能力范围。有必要对( )等做出限制时,评审组应予以注明。
    A. 参数的检测方法或范围　　　　B. 等级证书有效期
    C. 标准规范　　　　D. 设备的测量范围、精确度

47. 关于公路水运工程试验检测机构等级评定,以下表述正确的是( )。

A. 现场试验操作考核时,新增参数占参数总量应不低于30%

B. 同一试验检测机构的档案室及设备仓库总面积在核定试验检测用房时最多只计50平方米

C.车载式检测设备停放场地,未封闭的不计入检测用房面积

D.试验检测机构用于开展培训场地计入试验检测用房面积,只计100平方米

48.公路水运工程试验检测信用评价对象包括( )。

A.持有公路水运试验检测师证书的试验检测从业人员

B.持有公路水运助理试验检测师证书的试验检测从业人员

C.取得公路水运工程试验检测等级证书的试验检测机构

D.从事公路水运工程的施工企业

49.对于试验检测机构信用评价,以下描述正确的是( )。

A.母体试验室对外派工地试验室有连带责任

B.外派工地试验室的信用评价与母体无关

C.外派工地试验室数量越多,其母体试验室的信用评价风险越大

D.母体试验室的信用评价得分等于外派工地试验室信用评价得分的累加

50.被列入信用评价黑名单的试验检测人员包括以下哪种情况( )。

A.同时受聘于两个或两个以上试验检测机构的

B.被确定为信用很差的

C.连续2年信用等级被评为信用较差的

D.发生试验检测事故的

51.公路水运工程试验检测人员信用评价标准中,以下( )属于试验检测人员失信行为。

A.同时受聘于两个或两个以上试验检测机构的

B.出借试验检测人员资格证书的

C.利用工作之便推销建筑材料、构配件和设备的

D.在试验检测活动中被司法部门认定构成犯罪的

52.根据《公路水运工程试验检测信用评价办法》,试验检测机构信用评分对应的信用等级分别为( )。

A.AA级,信用评分≥95分,信用好

B.A级,85≤信用评分<95分,信用较好

C.B级,70≤信用评分<85分,信用一般

D.C级,60≤信用评分<70分,信用较差

E.D级,信用评分≤60分,信用差

53.对于公路水运工程试验检测机构,以下信用评价描述正确的是( )。

A.出借或借用试验检测等级证书承揽试验检测业务的机构,其信用评价直接确定为D级

B.出具虚假数据报告并造成质量标准降低的,其信用评价直接确定为D级

C.所设立的工地试验室及现场检测项目有得分为0分的,其信用评价直接确定为D级

D.以弄虚作假或其他违法形式骗取等级证书或承接业务的,其信用评价直接确定为D级

54. 公路水运工程试验检测机构信用评价标准中,存在虚假数据报告的情况包括(　　)。
    A. 报告中,数据、结论与原始记录严重不一致
    B. 多组试验时,数据明显雷同
    C. 在记录反映的时间段内,不可能完成相应工作量的
    D. 为满足检测频率而编造数据报告的

55. 根据《公路水运工程工地试验室及现场检测项目信用评价标准》,以下(　　)为工地试验室失信行为。
    A. 超授权范围开展业务
    B. 未经母体机构有效授权的
    C. 未按规定或合同配备相应条件的试验检测人员或擅自变更试验检测人员
    D. 授权负责人不是母体机构派出人员的

56. 以下(　　)情况为工地试验室失信行为。
    A. 试验检测原始记录信息及数据记录不全
    B. 试验检测结论不准确
    C. 试验检测报告漏盖章
    D. 试验检测频率不满足合同要求

57. 出现以下(　　)行为的,应对技术或质量负责人进行处理。
    A. 试验检测设备未按规定检定校准的
    B. 试验检测环境达不到技术标准规定要求的
    C. 无故不参加质监机构组织的比对试验
    D. 存在虚假数据报告及其他虚假资料

58. 工地试验室标准化建设的核心是(　　)。
    A. 质量管理精细化　　　　　　B. 检测工作规范化
    C. 硬件建设标准化　　　　　　D. 数据报告信息化

59. 对于工地试验室的仪器设备管理,以下说法错误的有(　　)。
    A. 在检定/校准周期内如存在搬运、移动等情况,应重新进行检定/校准
    B. 在检定/校准周期内如存在搬运、移动等情况,不需要重新进行检定/校准
    C. 工地试验室不需要进行期间核查
    D. 对于性能不稳定、使用频率高和进行现场检测的仪器设备,以及在恶劣环境下使用的仪器设备应进行期间核查

60. 关于工地试验室产生的废水、废气、废渣,下列说法正确的有(　　)。
    A. 试验废水应经沉淀后方能排放
    B. 试验废水应进行中和处理后方能排放
    C. 试验固体废弃物应集中存放,定期清理到指定位置
    D. 试验废水必须找相关机构集中处理

61. 工地试验室用电应(　　)。
    A. 采用独立的专用线路集中配电　　B. 按临时用电配置
    C. 设置应急电源　　　　　　　　　D. 电线、电缆的布设应符合有关技术标准

62. 以下对工地试验室描述正确的是( )。
   A. 应执行母体试验检测机构质量管理体系的要求
   B. 建立完整的试验检测人员档案、仪器设备管理档案和试验检测业务档案
   C. 做到试验检测台账、仪器设备使用记录、试验检测原始记录、试验检测报告相互对应
   D. 应按照工程项目质量管理体系的要求编制质量手册

63. 工地试验室的( )应满足试验检测工作和环境条件要求。对有温度、湿度条件要求的功能室,必要时可( ),以便降低有效高度、提高保温保湿效果。
   A. 空间和面积   B. 进行吊顶处理
   C. 仪器设备   D. 加保温层

64. 工地试验室应加强外委试验管理。关于外委试验,以下说法正确的是( )。
   A. 工地试验室应对外委试验结果进行确认
   B. 外委试验取样、送样过程应进行见证
   C. 超出母体检测机构授权范围的试验检测项目和参数应进行外委
   D. 外委试验应向项目建设单位报备

65. 取得公路水运工程助理试验检测师职业资格证书的人员,应当具备以下( )职业能力。
   A. 了解公路水运工程行业管理的法律法规和规章制度,熟悉试验检测管理的规定和实验室管理体系知识
   B. 熟悉主要的工程技术标准、规范、规程,掌握相关的试验检测方法和结果判定标准
   C. 在试验检测师的指导下完成常规性公路水运工程试验检测工作
   D. 编制和审核试验检测报告

66. 取得公路水运工程试验检测师职业资格证书的人员,应当具备( )的职业能力。
   A. 熟悉行业相关法律法规,标准、规范和规程,掌握实验室管理体系知识和所从事试验检测专业方向的试验检测方法和结果判定标准
   B. 具有较强的试验检测专业能力,独立完成较为复杂的试验检测工作和解决突发问题
   C. 熟练编制试验检测方案、组织实施试验检测活动、进行试验检测数据分析、编制和审核试验检测报告
   D. 指导本专业助理试验检测师工作

67. 检验检测机构有下列( )情形之一,应当向资质认定部门申请办理变更手续。
   A. 机构名称、地址、法人性质发生变更的
   B. 法定代表人、最高管理者发生变更的
   C. 技术负责人、检验检测报告授权签字人发生变更的
   D. 资质认定检验检测项目取消的
   E. 检验检测标准或者检验检测方法发生变更的

68. 按照《检验检测机构资质认定管理办法》的有关规定,检验检测机构向社会出具具有证明作用的检验检测数据结果报告时应加盖( )。

A. 资质认定标志章 B. 法定代表人签名章
C. 检验检测专用章 D. CNAS 标志章

69. 检验检测机构有下列( )情形之一的,由县级以上质量技术监督部门责令其 1 个月内改正;逾期未改正或者改正后仍不符合要求的,处 1 万元以下罚款。

A. 未按照资质认定管理办法规定对检验检测人员实施有效管理,影响检验检测独立、公正、诚信的
B. 未按照资质认定管理办法规定对原始记录和报告进行管理、保存的
C. 违反资质认定管理办法和通用要求规定分包检验检测项目的
D. 未按照资质认定管理办法规定办理变更手续的

70. 检验检测机构不得( )资质认定证书和标志。

A. 转让 B. 出租 C. 出借 D. 收购

71. 检验检测机构向社会出具具有证明作用的检验检测数据、结果的,应在其检验检测报告或证书上加盖检验检测专用章。以下说法正确的是( )。

A. 检验检测专用章应含本单位名称、"检验检测专用章"字样、五星标识
B. 专用章加盖在检验检测报告或证书封面的机构名称位置或检验检测结论位置
C. 骑缝位置也应加盖专用章
D. 用章记录资料要存档备查
E. 检验检测专用章就是 CMA 章

72. 资质认定标志的颜色建议为( )。

A. 红色 B. 蓝色 C. 黑色 D. 绿色

73. 对不同类别的检验检测机构实施不同的监管频次和管理方式。原则上,对 A 类检验检测机构( ),B 类检验检测机构( ),C 类检验检测机构( ),D 类检验检测机构( )。

A. 予以"鼓励",日常监督检查一般每 2 年实施 1 次
B. 予以"信任",检验检测机构的日常监督检查一般每 3 年进行 1 次
C. 予以"鞭策",日常监督检查一般每年实施 1 次
D. 予以"整顿",日常监督检查频次每年不少于 2 次

74. 根据检验检测机构分类结果,资质认定部门可以采取如下( )监管措施实施分类监管。

A. 年度监督检查 B. 日常监督检查
C. 季度监督检查 D. 投诉调查

75. 《公路工程试验检测仪器设备服务手册》所列仪器设备的唯一标识的 10 编码中,GL 表示( ),字母后的两位数字表示仪器设备使用时所归属的( )。

A. 公路行业
B. 交通行业
C. 道路专业、桥隧工程专业和交通工程专业
D. 综合甲、乙、丙、桥隧工程和交通工程专项

76. 公路试验检测设备,根据溯源方式将其分为( )。

A. 试验检测类 B. 专用类
C. 通用类 D. 工具类

77. 对仪器设备进行检定或校准时,以下描述正确的是( )。
    A. 若设备为首次检定,检定参数为"手册"非下划线项目
    B. 若设备为后续检定,检定参数为"手册"非下划线项目
    C. 若对仪器设备校准,根据需要校准全部或部分必要参数
    D. 若对仪器设备校准,应校准全部参数

78. 建设工程的保修期自( )起计算,公路工程的保修期自( )起计算。
    A. 交付使用之日 B. 竣工验收合格之日
    C. 竣工验收完成之日 D. 主体工程完成之日

79. 检验检测机构与其依法设立的分支机构实行统一质量体系管理的,按照机构自愿申请原则,试点推行证书"一体化"管理,资质认定证书附( )。
    A. 分支机构地点 B. 分支机构名称
    C. 检验检测能力 D. 分支机构负责人

80. 《交通强国建设纲要》的核心思想,就是以习近平新时代中国特色社会主义思想为指导,重点是"五个坚持""三个转变"。"五个坚持"是指( ),"三个转变"是指( )。
    A. 坚持稳中求进工作总基调,坚持新发展理念,坚持推动高质量发展,坚持以供给侧结构性改革为主线,坚持以人民为中心的发展思想
    B. 推动交通发展从追求速度和规模向更加注重质量和效益转变,由各种交通方式相对独立发展向综合交通发展转变,由依靠传统的要素驱动向更加注重创新驱动转变
    C. 坚持快速推进工作总基调,坚持新发展理念,坚持推动高质量发展,坚持以供给侧结构性改革为主线,坚持以人民为中心的发展思想
    D. 推动公路建设发展从追求速度和规模向更加注重质量和效益转变,由各种交通方式相对独立发展向综合交通发展转变,由依靠传统的要素驱动向更加注重创新驱动转变

81. 《公路水运工程淘汰危及生产安全施工工艺、设备和材料目录》将水运工程中( )列为禁止使用;将( )等列为限制使用。
    A. 沉箱气囊直接移运下水工艺
    B. 沉箱预制"填砂底模+气囊顶升"工艺
    C. 沉箱、船闸闸墙混凝土木模板(普通胶合板)施工工艺
    D. 沉箱预制滑模施工工艺

82. 根据《中华人民共和国认证认可条例》,取得认证机构资质,应当符合下列( )条件。
    A. 取得法人资格
    B. 有固定的场所和必要的设施
    C. 有符合认证认可要求的管理制度
    D. 注册资本不得少于人民币100万元,有10名以上相应领域的专职认证人员

E. 注册资本不得少于人民币 300 万元,有 10 名以上相应领域的专职认证人员

F. 注册资本不得少于人民币 100 万元,有 7 名以上相应领域的专职认证人员

83. 根据《中华人民共和国认证认可条例》,国家根据经济和社会发展的需要,推行(　　)认证。

　　A. 产品　　　　　B. 服务　　　　　C. 管理体系　　　　D. 技术

84. 根据《中华人民共和国认证认可条例》,(　　)对认证结果负责。

　　A. 认证机构负责人　　　　　　　B. 认证机构

　　C. 认证机构技术负责人　　　　　D. 认证人员

85. 根据《中华人民共和国认证认可条例》,以下说法正确的是(　　)。

　　A. 任何法人、组织和个人可以自愿委托依法设立的认证机构进行产品、服务、管理体系认证

　　B. 认证机构可以自行制定认证标志

　　C. 列入目录的产品,必须经国务院认证认可监督管理部门指定的认证机构进行认证

　　D. 列入目录产品的认证标志,由国务院认证认可监督管理部门统一规定

86. 根据《中华人民共和国认证认可条例》,认可证书应当包括(　　)。

　　A. 认可范围　　　B. 认可标准　　　C. 认可领域　　　D. 有效期限

87. 根据《中华人民共和国认证认可条例》,取得认可的机构不当使用认可证书和认可标志的,认可机构应当(　　)直至(　　)。

　　A. 暂停其使用认可证书　　　　　B. 停止其使用认可证书

　　C. 注销认可证书　　　　　　　　D. 撤销认可证书

88. 以下(　　),不适用《中华人民共和国认证认可条例》。

　　A. 药品生产、经营企业质量管理规范认证

　　B. 实验动物质量合格认证

　　C. 军工产品的认证

　　D. 从事矿山、危险化学品、烟花爆竹生产经营单位管理体系认证

89. 以下(　　),于 2020 年 12 月 1 日实施。

　　A.《检验检测机构管理和技术能力评价　设施和环境通用要求》(RB/T 047—2020)

　　B.《建材领域检测机构技术能力评价指南》(RB/T 144—2018)

　　C.《实验室信息管理系统管理规范》(RB/T 028—2020)

　　D.《能力验证计划的选择与核查及结果利用指南》(RB/T 031—2020)

90. 参加能力验证是实验室质量保证的重要手段,有助于(　　),能力验证结果可作为(　　)。

　　A. 实验室评价和证明其测量结果可靠性运用,发现自身存在的问题,改进实验室的技术能力和管理水平

　　B. 实验室管理评审,发现自身存在的问题,改进实验室的技术能力和管理水平

　　C. 证明实验室技术能力有效证明,为管理部门、客户和其他利益相关方选择、评价和认可有能力的实验室提供依据

　　D. 证明实验室业绩和技术能力有效证明

91. 关于水泥标准稠度用水量、凝结时间、安定性检测项目技术能力评价关注点包括(　　)。

A. 试验室温湿度监控设施及记录
B. 湿气养护温湿度记录及温湿度计校准情况
C. 安定性沸煮箱的放置是否隔离
D. 试件制备过程的人工操作
E. 能力验证情况
F. 检测人员持证情况

◆ 习题参考答案及解析 ◆

一、单项选择题

1. A

【学习点】《中华人民共和国计量法》❶第三条及《中华人民共和国计量法实施细则》❷第二条。

【解析】国际单位制计量单位和国家选定的其他计量单位,为国家法定计量单位。国家法定计量单位的名称、符号由国务院公布。

2. A

【学习点】《计量法》第二十二条及《计量法实施细则》第二十九、三十条。

【解析】为社会提供公证数据的产品质量检验机构,必须经省级以上人民政府计量行政部门计量认证。

产品质量检验机构计量认证的内容包括：

(一)计量检定、测试设备的工作性能；
(二)计量检定、测试设备的工作环境和人员的操作技能；
(三)保证量值统一、准确的措施及检测数据公正可靠的管理制度。

3. C

【学习点】《计量法》第九条及《计量法实施细则》第十一条。

【解析】使用实行强制检定的计量标准的单位和个人,应当向主持考核该项计量标准的有关人民政府计量行政部门申请周期检定。使用实行强制检定的工作计量器具的单位和个人,应当向当地县(市)级人民政府计量行政部门指定的计量检定机构申请周期检定。当地不能检定的,向上一级人民政府计量行政部门指定的计量检定机构申请周期检定。定期是指"周期检定"。

4. C

【学习点】《计量法》第二十条及《计量法实施细则》第二十七条。

---

❶ 本书其余习题中简称《计量法》。
❷ 本书其余习题中简称《计量法实施细则》。

【解析】县级以上人民政府计量行政部门依法设置的计量检定机构,为国家法定计量检定机构。县级以上人民政府计量行政部门可以根据需要设置计量检定机构,或者授权其他单位的计量检定机构,执行强制检定和其他检定、测试任务。

注意"县级以上人民政府计量行政部门可以设置法定检定机构,也可授权其他单位的计量检定机构"等关键词。

5. D

【学习点】《计量法实施细则》第五十六条。

【解析】仲裁检定是指用计量基准或者社会公用计量标准所进行的以裁决为目的的计量检定、测试活动。仲裁检定以裁决为目的,以计量检定为工作目标。

6. D

【学习点】《标准化法》第二十一条。

【解析】推荐性国家标准、行业标准、地方标准、团体标准、企业标准的技术要求不得低于强制性国家标准的相关技术要求。

7. C

【学习点】《标准化法》第二十九条。

【解析】标准复审的结论包括继续有效、修订或废止。

8. A

【学习点】《标准化法》第二十九条。

【解析】国家建立强制性标准实施情况统计分析报告制度。

国务院标准化行政主管部门和国务院有关行政主管部门、设区的市级以上地方人民政府标准化行政主管部门应当建立标准实施信息反馈和评估机制,根据反馈和评估情况对其制定的标准进行复审。标准的复审周期一般不超过五年。经过复审,对不适应经济社会发展需要和技术进步的应当及时修订或者废止。

9. A

【学习点】《强制性国家标准管理办法》第三条。

【解析】对保障人身健康和生命财产安全、国家安全、生态环境安全以及满足经济社会管理基本需要的技术要求,应当制定强制性国家标准。

10. B

【学习点】《强制性国家标准管理办法》第十五条。

【解析】国务院标准化行政主管部门应当将符合本办法第十四条规定的强制性国家标准项目在全国标准信息公共服务平台向社会公开征求意见。征求意见期限不得少于三十日。紧急情况下可以缩短征求意见期限,但一般不得少于七日。

11. C

【学习点】《强制性国家标准管理办法》第二十三条。

【解析】组织起草部门应当将强制性国家标准征求意见稿、编制说明以及拟订的过渡期,通过本部门门户网站和全国标准信息公共服务平台向社会公开征求意见。公开征求意见期限不少于六十日。紧急情况下可以缩短公开征求意见期限,但一般不得少于三十日。

12. A

【学习点】《建设工程质量管理条例》第三十一条。

【解析】 施工人员对涉及结构安全的试块、试件以及有关材料,应当在建设单位或者工程监理单位监督下现场取样,并送具有相应资质等级的质量检测单位进行检测。

13. A

【学习点】《公路水运工程试验检测管理办法》第六条。

【解析】 检测机构分为公路工程和水运工程专业。

公路工程专业分为综合类和专项类。公路工程综合类设甲、乙、丙 3 个等级。公路工程专项类分为交通工程和桥梁隧道工程。

水运工程专业分为材料类和结构类。水运工程材料类设甲、乙、丙 3 个等级。水运工程结构类设甲、乙 2 个等级。

14. B

【学习点】《公路水运工程试验检测管理办法》第十九条。

【解析】《等级证书》有效期为 5 年。《等级证书》期满后拟继续开展公路水运工程试验检测业务的,检测机构应提前 3 个月向原发证机构提出换证申请。

15. A

【学习点】《公路水运工程试验检测管理办法》第二十三条。

【解析】 检测机构名称、地址、法定代表人或者机构负责人、技术负责人变更都属于重要变更,应在 30 日内办理变更手续。

16. A

【学习点】《公路水运工程试验检测管理办法》第二十四条。

【解析】 试验检测机构停业时,应当自停业之日起 15 日内向原发证质监机构办理《等级证书》注销手续。注意时间点和办理机构。

17. B

【学习点】《公路水运工程试验检测管理办法》第二十九条。

【解析】 成立工地临时试验室只需要母体试验室取得等级证书,不需要通过计量认证。引申意义还包括工地试验室检测范围不能超出母体范围,不具备等级证书的工地试验室所出具的检测结果不能作为公路水运工程质量评定和交工验收的依据。

18. A

【学习点】《公路水运工程试验检测管理办法》第四十六条。

【解析】 实际能力已达不到《等级证书》能力等级的检测机构,质监机构应当给予整改期限。整改期满仍达不到规定条件的,质监机构应当视情况注销《等级证书》或者重新评定检测机构等级。重新评定的等级低于原来评定等级的,检测机构 1 年内不得申报升级。被注销等级的检测机构,2 年内不得再次申报。

注意与资质认定的区别,被撤销资质认定证书的检验检测机构,3 年内不得再次申请资质认定。

19. A

【学习点】《公路水运工程试验检测管理办法》第十四条。

【解析】 现场评审是通过对申请人完成试验检测项目的实际能力、检测机构申报材料与实际状况的符合性、质量保证体系和运转等情况的全面核查。

20. A

【学习点】《公路水运工程试验检测管理办法》第十四条。

【解析】现场评审所抽查的试验检测项目,抽取的具体参数应当通过抽签方式确定。

21. C

【学习点】《公路水运工程试验检测管理办法》第十七条。

【解析】质监机构依据《现场评审报告》及检测机构等级标准对申请人进行等级评定。专家负责评审,不负责等级评定。

22. A

【学习点】《公路水运工程试验检测管理办法》第二十二条。

【解析】换证复核不合格的,质监机构应当责令其在6个月内进行整改,整改期内不得承担质量评定和工程验收的试验检测业务。

23. A

【学习点】《公路水运工程试验检测等级管理要求》(JT/T 1181—2018)第7.3.15、7.4.3条;《公路水运工程试验检测管理办法》第二十二条。

评分小于80分或被终止现场评审或在规定期限内未完成整改工作的,检测机构没有通过等级评定或换证复核的资格。对于评定结果为不通过的检测机构,申请等级评定的,质监机构发出附表Ⅱ-8"公路水运工程试验检测机构等级评定不予通过通知书"。申请换证复核的,按照《检测管理办法》第二十二条处理,可发出"公路水运工程试验检测机构换证复核不合格通知书"。

换证复核不合格的,质监机构应当责令其在6个月内进行整改,整改期内不得承担质量评定和工程验收的试验检测业务。整改期满仍不能达到规定条件的,质监机构根据实际达到的试验检测能力条件重新作出评定,或者注销《等级证书》。

这里注意,应由质监机构责令其在6个月内进行整改,评审组没有该权力。

24. D

【学习点】《公路水运工程试验检测机构等级评定及换证复核工作程序》第八条。

【解析】同一人所持的多个专业检测人员证书,可在不同的等级评定或换证复核中使用,但不得超过2次。这里的两次是指在同一检测机构,注意检测人员不得同时受聘于两家及以上检测机构。

25. B

【学习点】《公路水运工程试验检测机构等级标准》表3。

【解析】公路工程综合甲级不小于$1300m^2$,公路工程综合乙级不小于$700m^2$,公路工程综合丙级不小于$400m^2$,桥梁隧道工程专项不小于$900m^2$。

26. B

【学习点】《公路水运工程试验检测机构等级标准》注3。

【解析】强制性参数不得缺少,非强制性参数应不低于60%。

27. A

【学习点】《公路水运工程试验检测机构等级评定及换证复核工作程序》第十五条。

【解析】试验检测机构等级评定现场评审进行符合性检查时,对于检测用房要求,可以是有产权也可以租赁,但应长期租赁,租期≥5年为长期租赁。

28. A

【学习点】《公路水运工程试验检测机构等级评定及换证复核工作程序》第二十三条。

【解析】现场评审需要检测机构整改的,要求如下:

(1)评分≥85分的,整改期限一般为1个月。评审组长在收到整改材料后10个工作日内完成材料审核,并形成现场评审整改情况确认意见,报送质监机构。

(2)80分≤评分<85分的,整改期限一般为3个月。

(3)评分<80分、或被终止现场评审、或在规定期限内未完成整改工作的,检测机构没有通过资格。

29. C

【学习点】《公路水运工程试验检测机构等级评定及换证复核工作程序》第五条、第十五条、第十七条;《公路水运工程试验检测管理办法》第十九条。

【解析】《等级证书》期满后拟继续开展公路水运工程试验检测业务的,检测机构应提前3个月向原发证机构提出换证申请。

检测机构申请公路水运工程试验检测机构等级评定或换证复核时,向所在地省级交通质监机构提交管理体系文件。

换证复核应核查检测机构取得等级证后持证人员调离该机构的人数占原总持证人的比例,调入人数不纳入核查范围。

现场试验操作考核参数一般应采取随机抽取的方式确定,且应覆盖所申请评定的等级能力范围的所有检测项目,并不低于必选参数总量的15%。

30. C

【学习点】《公路水运工程试验检测机构等级评定及换证复核工作程序》第九条。

【解析】申请换证复核的试验检测机构的业绩和信用应符合的基本条件有三个:

(一)等级证书有效期内,信用等级评价为B级及以上;

(二)所开展的试验检测参数应覆盖批准的所有试验检测项目且不少于批准参数的85%;

(三)甲级及专项类检测机构每年应有不少于一项高速公路或大型水运工程的现场检测项目或设立工地试验室业绩,其他等级检测机构每年应有不少于一项公路或水运工程现场检测项目或设立工地是实验室业绩。

31. A

【学习点】《公路水运工程试验检测机构等级评定及换证复核工作程序》第九条。

【解析】只有母体或其所设的工地试验室在允许的资质范围内开展的试验检测项目才能作为业绩。参加能力验证和比对试验记录、受表彰证书及模拟报告均不算业绩。

32. A

【学习点】《公路水运工程试验检测信用评价办法》(交安监发〔2018〕78号)附件1。

【解析】在《等级证书》注明的项目范围外出具试验检测报告且使用专用标识章的,该行为属于行为代码JJC 201006超等级能力范围承揽业务,扣5分/参数。

33. A

【学习点】《公路水运工程试验检测信用评价办法》(交安监发〔2018〕78号)第十二条。

【解析】评价周期内累计扣分分值大于或等于20分、小于40分的试验检测人员,信用等级为信用较差。

34. C

【学习点】《工地试验室标准化建设要点》第4.6.1条。

【解析】工地试验室应加强外委试验管理,超出母体检测机构授权范围的试验检测项目和参数应进行外委,外委试验应向项目建设单位报备。

35. D

【学习点】《工地试验室标准化建设要点》第4.1.2条。

【解析】工地试验室应保持试验检测人员相对稳定,因特殊情况确需变动的,应由母体检测机构报经建设单位同意,并向项目质监机构备案。

36. A

【学习点】《工地试验室标准化建设要点》第4.4.7条。

【解析】工地试验室应注意收集隐蔽工程、关键部位的工程质量检验图片及影像资料,及时整理归档。

37. A

【学习点】《工地试验室标准化建设要点》第3.4.1条。

【解析】工地试验室应依据母体检测机构的质量体系文件,结合工程特点,编制简洁、适用、针对性和操作性强的质量体系文件及各项管理制度。

38. A

【学习点】《工地试验室标准化建设要点》第4.4.4条。

【解析】试验检测台账分为管理和技术台账。管理台账一般包括人员、设备、标准规范等台账;技术台账一般包括原材料进场台账、样品台账、试验/检测台账、不合格材料台账、外委试验台账等。台账应格式统一、简洁适用、信息齐全,台账的填写和统计应及时、规范。

39. C

【学习点】《公路水运工程试验检测专业技术人员职业资格考试实施办法》第六条。

【解析】公路水运工程助理试验检测师、试验检测师均设公共基础科目和专业科目。专业科目为道路工程、桥梁隧道工程、交通工程、水运结构与地基和水运材料。

40. A

【学习点】《公路水运工程试验检测专业技术人员职业资格考试实施办法》第三条。

【解析】公路水运工程助理试验检测师、试验检测师考试成绩均实行2年为一个周期的滚动管理。在连续两个考试年度内,参加公共基础科目和任一专业科目的考试并合格,可取得相应专业和级别的公路水运工程试验检测专业技术人员职业资格证书。

41. D

【学习点】《公路水运工程试验检测人员继续教育办法(试行)》第十五条。

【解析】公路水运工程试验检测继续教育周期为2年,从取得证书的次年起计算。累计不少于24学时。

42. B

【学习点】《检验检测机构资质认定管理办法》第九条。

【解析】申请资质认定的检验检测机构应当符合以下条件:

(一)依法成立并能够承担相应法律责任的法人或者其他组织;

(二)具有与其从事检验检测活动相适应的检验检测技术人员和管理人员;

(三)具有固定的工作场所,工作环境满足检验检测要求;

(四)具备从事检验检测活动所必需的检验检测设备设施;

(五)具有并有效运行保证其检验检测活动独立、公正、科学、诚信的管理体系;

(六)符合有关法律法规或者标准、技术规范规定的特殊要求。

独立法人组织只是其中一种形式,还可以是非独立法人组织。

43. C

【学习点】《检验检测机构资质认定管理办法》第十条。

【解析】资质认定部门应当对申请人提交的书面申请和相关材料进行初审,自收到之日起5个工作日内作出受理或者不予受理的决定,并书面告知申请人。

44. B

【学习点】《检验检测机构资质认定管理办法》第十一条。

【解析】资质认定证书有效期为6年。需要延续资质认定证书有效期的,应当在其有效期届满3个月前提出申请。

资质认定部门根据检验检测机构的申请事项、自我声明和分类监管情况,采取书面审查或者现场评审的方式,作出是否准予延续的决定。

45. C

【学习点】《检验检测机构资质认定管理办法》第十三条。

【解析】资质认定证书内容包括:发证机关、获证机构名称和地址、检验检测能力范围、有效期限、证书编号、资质认定标志。

46. C

【学习点】《检验检测机构资质认定管理办法》第十七条。

【解析】评审组应当严格按照资质认定基本规范、评审准则开展技术评审活动,在规定时间内出具技术评审结论。

专业技术评价机构、评审组应当对其承担的技术评审活动和技术评审结论的真实性、符合性负责,并承担相应法律责任。

47. D

【学习点】《检验检测机构资质认定管理办法》第二十八条。

【解析】检验检测机构向社会出具具有证明作用的检验检测数据、结果的,应当在其检验检测报告上加盖检验检测专用章,并标注资质认定标志。检验检测机构对其出具的检验检测数据、结果负责,并承担相应法律责任。

48. C

【学习点】《检验检测机构资质认定管理办法》第四十一条。

【解析】检验检测机构未依法取得资质认定,擅自向社会出具具有证明作用数据、结果的,由县级以上质量技术监督部门责令改正,处 3 万元以下罚款。

49. C

【学习点】《检验检测机构资质认定管理办法》第四十三条。

【解析】检验检测机构有下列情形之一的,由县级以上质量技术监督部门责令整改,处 3 万元以下罚款:

(一)基本条件和技术能力不能持续符合资质认定条件和要求,擅自向社会出具具有证明作用数据、结果的;

(二)超出资质认定证书规定的检验检测能力范围,擅自向社会出具具有证明作用数据、结果的;

(三)出具的检验检测数据、结果失实的;

(四)接受影响检验检测公正性的资助或者存在影响检验检测公正性行为的;

(五)非授权签字人签发检验检测报告的。

50. D

51. C

第 50、51 题【学习点】《检验检测机构资质认定管理办法》第四十五条。

【解析】检验检测机构有下列情形之一的,资质认定部门应当撤销其资质认定证书:

(一)未经检验检测或者以篡改数据、结果等方式,出具虚假检验检测数据、结果的;

(二)违反本办法第四十三条规定,整改期间擅自对外出具检验检测数据、结果,或者逾期未改正、改正后仍不符合要求的;

(三)以欺骗、贿赂等不正当手段取得资质认定的;

(四)依法应当撤销资质认定证书的其他情形。

被撤销资质认定证书的检验检测机构,三年内不得再次申请资质认定。

52. D

【学习点】《检验检测机构资质认定管理办法》第四十六条。

【解析】检验检测机构申请资质认定时提供虚假材料或者隐瞒有关情况的,资质认定部门不予受理或者不予许可。检验检测机构在一年内不得再次申请资质认定。

53. B

【学习点】15 份配套工作程序和技术要求附件 4《检验检测机构资质认定 标志及其使用要求》。

【解析】检验检测机构资质认定标志使用相关要求包括:

检验检测机构资质认定部门负责对检验检测机构核发资质认定证书和资质认定标志。

检验检测机构资质认定标志由 CMA 图案和资质认定证书编号组成。

检验检测机构应在其检验检测报告或证书和相关宣传资料中正确使用资质认定标志。资质认定标志应符合本要求规定的尺寸比例,并准确、清晰标注证书编号。资质认定标志的颜色建议为红色、蓝色或者黑色。

检验检测机构在资质认定证书确定的能力范围内,对社会出具具有证明作用数据、结果时,应当标注资质认定标志。资质认定标志加盖(或印刷)在检验检测报告或证书封面上部适当位置。

54. D

【学习点】 15 份配套工作程序和技术要求附件 5《检验检测机构资质认定 证书及其使用要求》。

【解析】 资质认定标志使用说明如下：

标志的图形:资质认定标志的整个图形由英文字母 CMA 形成的图案和资质认定证书编号组成。证书编号由 12 位数字组成。"第 1、2 位"为发证年份后两位代码,"第 3、4 位"为发证机关代码,"第 5、6 位"为专业领域类别代码,"第 7、8 位"为行业主管部门代码,"第 9~12 位"为发证流水号。CMA 是 China Inspection Body and Laboratory Mandatory Approval 的英文缩写。

标志的使用:取得检验检测机构资质认定证书的机构,可使用证书中的"许可使用标志",进行对外宣传,并允许在资质认定范围内出具的检验检测报告或证书上予以使用。

标志的规格:使用标志时,应按照标志规定的比例,根据情况放大或缩小,不可更改标志比例,标志上下部分的颜色应一致。

证书的编号:在标志下面的数字编号也为资质认定证书的编号。

55. A

【学习点】 15 份配套工作程序和技术要求附件 7《检验检测机构资质认定 分类监管实施意见》。

【解析】 依据有关法律法规、《检验检测机构资质认定管理办法》等有关文件的规定,结合资质认定部门的监管实际,资质认定部门将检验检测机构分为 A、B、C、D 四个类别,并根据不同类别采取不同的监管模式。

A 类:熟悉国家相关法律法规的规定并切实遵守践行,诚实守信,主动落实主体责任,自律意识较好,内部管理规范,检验检测行为客观公正,没有出现用户投诉或其他负面情况,整体运行管理状态良好。

B 类:熟悉国家相关法律法规,基本做到遵章守纪,有一定自律意识,内部管理比较规范,检验检测行为较为公正,用户投诉少且投诉事项轻微,所从事的检验检测领域风险较小,不存在明显的质量安全隐患。

C 类:对国家相关法律法规不够熟悉,承担主体责任的主动性和自律意识存在不足,内部管理存在的瑕疵较多,承担的检验检测产品或服务质量有一定风险,关键岗位人员流动较频繁,检验检测设备和设施陈旧或状态不佳,存在一定数量的投诉举报并且部分被查实,有较为明显的违规风险。

D 类:对国家相关法律法规不熟悉,内部管理混乱,存在检测数据不准确甚至虚假数据、超范围检验检测等重大问题,管理体系不能证明得到有效运行,检验检测能力严重缺失或存在欺瞒,承担的检验检测产品或服务质量风险很大,上年度和本年度发生过违法或严重违规的案件,全年度未参加能力验证和比对试验,关键岗位人员流动异常频繁等,整体运行管理存在重大违规风险和安全隐患等。

56. C

【学习点】 15 份配套工作程序和技术要求附件 7《检验检测机构资质认定 分类监管实施意见》。

第一部分/第一章　法律、法规、规章及规范性文件

【解析】　资质认定部门对检验检测机构的分类进行动态管理,随时根据相关情况调整分类。检验检测机构存在违法违规行为被实施行政处罚的,该检验检测机构等级在当年度直接降为D类。

57. B

【学习点】　15份配套工作程序和技术要求附件7《检验检测机构资质认定　分类监管实施意见》。

【解析】　对被确定为D类的检验检测机构,在下一年度的年度监督检查中列为必须检查对象。对D类检验检测机构的日常监督检查频次每年不少于2次。

58. A

【学习点】　15份配套工作程序和技术要求附件8《检验检测机构资质认定　评审工作程序》。

【解析】　检验检测机构资质认定评审工作分为现场评审和书面审查。现场评审的类型包括首次评审、变更评审、复查评审和其他评审。

59. A

【学习点】　《公路工程试验检测仪器设备服务手册》。

【解析】　编号是服务手册所列仪器设备的唯一标识。统一采用字母加数字的十位字符编码。

60. D

【学习点】　《公路工程试验检测仪器设备服务手册》。

【解析】　10位编码中,GL表示公路行业,前2位数字表示专业,其后2位数字表示试验检测项目,最后4位数字表示仪器设备编码。

61. D

【学习点】　《检验检测机构资质认定告知承诺实施办法(试行)》第十一条。

【解析】　对于机构作出虚假承诺或者承诺内容严重不实的,由资质认定部门依照《行政许可法》的相关规定撤销资质认定证书或者相应资质认定事项,并予以公布。

62. D

【学习点】　《国家认监委关于实施〈检验检测机构资质认定管理办法〉的若干意见》第八条。

【解析】　检验检测机构应当在资质认定的能力范围内开展检验检测工作,不含检验检测方法的各类产品标准、限值标准可不列入检验检测机构资质认定的能力范围,但在出具检验检测报告或者证书时可作为判定依据使用。

63. B

【学习点】　《检验检测机构资质认定管理办法》第十条。

【解析】　资质认定部门应当自受理申请之日起45个工作日内,依据检验检测机构资质认定基本规范、评审准则的要求,完成对申请人的技术评审。技术评审包括书面审查和现场评审。

64. C

【学习点】　《交通强国建设纲要》。

【解析】 交通强国建设的总目标是"人民满意、保障有力、世界前列"。"人民满意"是交通强国建设的根本宗旨,强调坚持以人民为中心的发展思想,建设人民满意交通。"保障有力"是交通强国建设的基本定位,强调为国家重大战略实施、现代化经济体系构建和社会主义现代化强国建设提供有力支撑。"世界前列"是交通强国建设的必然要求,强调全面实现交通现代化,交通综合实力和国际竞争力位于前列。

65. B

【学习点】《公路水运工程淘汰危及生产安全施工工艺、设备和材料目录》。

【解析】 本目录按通用(公路、水运)、公路和水运三个部分组合,通用(公路、水运)工程部分包含施工工艺8项,施工设备7项,工程材料1项。

66. A

【学习点】《中华人民共和国认证认可条例》第二条。

【解析】 本条例所称认证,是指由认证机构证明产品、服务、管理体系符合相关技术规范、相关技术规范的强制性要求或者标准的合格评定活动。

本条例所称认可,是指由认可机构对认证机构、检查机构、实验室以及从事评审、审核等认证活动人员的能力和执业资格,予以承认的合格评定活动。

67. C

【学习点】《中华人民共和国认证认可条例》第十一条。

【解析】 国务院认证认可监督管理部门自受理认证机构资质申请之日起45日内,应当作出是否批准的决定。

68. D

【学习点】《中华人民共和国认证认可条例》第十七条。

【解析】 属于认证新领域,前款规定的部门尚未制定认证规则的,认证机构可以自行制定认证规则,并报国务院认证认可监督管理部门备案。

69. A

【学习点】《中华人民共和国认证认可条例》第三十七条。

【解析】 认证机构、检查机构、实验室可以通过认可机构的认可,以保证其认证、检查、检测能力持续、稳定地符合认可条件。

二、判断题

1. ×。对于非强制检定的计量器具,使用单位应当自行定期检定或者送其他计量检定机构检定,县级以上人民政府计量行政部门应当进行监督检查。

【学习点】《计量法》第九条。

【解析】 县级以上人民政府计量行政部门对社会公用计量标准器具,部门和企业、事业单位使用的最高计量标准器具,以及用于贸易结算、安全防护、医疗卫生、环境监测方面的列入强制检定目录的工作计量器具,实行强制检定。未按照规定申请检定或者检定不合格的,不得使用。实行强制检定的工作计量器具的目录和管理办法,由国务院制定。

对前款规定以外的其他计量标准器具和工作计量器具,使用单位应当自行定期检定或者送其他计量检定机构检定。

2. √

【学习点】《计量法》第二条。

【解析】 在中华人民共和国境内,建立计量基准器具、计量标准器具,进行计量检定,制造、修理、销售、使用计量器具,必须遵守本法。

3. ×。正确答案为:各项最高计量标准器具经有关人民政府计量行政部门主持考核合格后使用。

【学习点】《计量法》第七条。

【解析】 企业、事业单位根据需要,可以建立本单位使用的计量标准器具,其各项最高计量标准器具经有关人民政府计量行政部门主持考核合格后使用。

不是所有计量标准器具都要经有关人民政府计量行政部门主持考核,只有各项最高计量标准器具才需经考核合格。

4. ×。正确答案为:组织量值传递可不受行政区划和部门管辖的限制。

【学习点】《计量法》第十一条及《计量法实施细则》第十三条。

【解析】 考虑经济合理原则,组织量值传递不受行政区划和部门管辖的限制。注意"经济合理、就近进行"。

5. ×。正确答案为:国家法定计量检定机构的计量检定人员,必须经县级以上人民政府计量行政部门考核合格,并取得计量检定证件。

【学习点】《计量法》第二十条及《计量法实施细则》第二十六条。

【解析】 县级以上人民政府计量行政部门可以根据需要设置计量检定机构,或者授权其他单位的计量检定机构,执行强制检定和其他检定、测试任务。

执行前款规定的检定、测试任务的人员,必须经考核合格。计量检定人员的技术职务系列,由国务院计量行政部门会同有关主管部门制定。

无计量检定证件的,不得从事计量检定工作。

6. ×。正确答案为:行业标准由国务院有关行政主管部门制定,报国务院标准化行政主管部门备案。

【学习点】《标准化法》第五条、第十二条。

【解析】 国务院标准化行政主管部门统一管理全国标准化工作。国务院有关行政主管部门分工管理本部门、本行业的标准化工作。对没有推荐性国家标准、需要在全国某个行业范围内统一的技术要求,可以制定行业标准。行业标准由国务院有关行政主管部门制定,报国务院标准化行政主管部门备案。

7. ×。正确答案为:企业可以制定自己的企业标准。

【学习点】《标准化法》第二十一条。

【解析】 企业生产的产品没有国家标准和行业标准的,应当制定企业标准,作为组织生产的依据。企业的产品标准须报当地政府标准化行政主管部门和有关行政主管部门备案。已有国家标准或者行业标准的,国家鼓励企业制定严于国家标准或者行业标准的企业标准,在企业内部适用。

8. √

【学习点】《标准化法》第二十七条。

【解析】 国家实行团体标准、企业标准自我声明公开和监督制度。企业应当公开其执行的强制性标准、推荐性标准、团体标准或者企业标准的编号和名称;企业执行自行制定的企业标准的,还应当公开产品、服务的功能指标和产品的性能指标。国家鼓励团体标准、企业标准通过标准信息公共服务平台向社会公开。

企业应当按照标准组织生产经营活动,其生产的产品、提供的服务应当符合企业公开标准的技术要求。

9. ×。正确答案为:只有强制性标准必须执行。

【学习点】《标准化法》第二条。

【解析】 国家标准分为强制性标准、推荐性标准,强制性标准必须执行。国家鼓励采用推荐性标准。

10. ×。正确答案为:强制性标准只有国家强制性标准,其他均为推荐性标准。

【学习点】《标准化法》第二条。

【解析】 标准包括国家标准、行业标准、地方标准和团体标准、企业标准。国家标准分为强制性标准、推荐性标准,行业标准、地方标准是推荐性标准。

11. √

【学习点】《强制性国家标准管理办法》第三十九条。

【解析】 强制性国家标准发布后实施前,企业可以选择执行原强制性国家标准或者新强制性国家标准。强制性国家标准过渡期是指从标准发布到标准实施的时间段。之所以设置过渡期,既是为企业开展技术改造、顺利过渡到生产(或提供)满足新标准的产品(或服务)留出时间,也是为消化已经上市的产品留出时间。

12. √

【学习点】《建设工程质量管理条例》第五条。

【解析】 从事建设工程活动,必须严格执行基本建设程序,坚持先勘察、后设计、再施工的原则。

13. √

【学习点】《建设工程质量管理条例》第十条。

【解析】 建设工程发包单位不得迫使承包方以低于成本的价格竞标,不得任意压缩合理工期。建设单位不得明示或者暗示设计单位或者施工单位违反工程建设强制性标准,降低建设工程质量。注意:"违反工程建设强制性标准"。

14. ×。正确答案为:水运工程材料类设甲、乙、丙三个等级。水运工程结构类设甲、乙两个等级。

【学习点】《公路水运工程试验检测管理办法》第六条。

【解析】 公路工程专业分为综合类和专项类。公路工程综合类设甲、乙、丙三个等级。公路工程专项类分为交通工程和桥梁隧道工程。

水运工程专业分为材料类和结构类。水运工程材料类设甲、乙、丙三个等级。水运工程结构类设甲、乙两个等级。

15. √

【学习点】《公路水运工程试验检测管理办法》第四条。

【解析】《公路水运工程试验检测管理办法》第四条阐述了试验检测的基本原则——科学、客观、严谨、公正,即采用科学先进的试验检测技术和管理手段,严谨的试验检测程序,独立公正的试验检测活动,保证真实客观的试验检测结果。

16．×。正确答案为可以。

【学习点】《公路水运工程试验检测管理办法》第八条。

【解析】 检测机构可以同时申请不同专业、不同类别的等级。

17．×。正确答案为不得转包。

【学习点】《公路水运工程试验检测管理办法》第三十六条。

【解析】 检测机构依据合同承担公路水运工程试验检测业务,不得转包、违规分包。注意"不得转包",但可以"按规定分包"。

18．×。正确答案为不可以。

【学习点】《公路水运工程试验检测管理办法》第三十七条。

【解析】 检测机构的技术负责人应当由试验检测师担任,试验检测报告应当由试验检测师审核、签发。

19．×。正确答案为应先给予整改期限。

20．√

第19、20题**【学习点】**《公路水运工程试验检测管理办法》第四十六条。

【解析】 实际能力已达不到《等级证书》能力等级的检测机构,质监机构应当给予整改期限。整改期满仍达不到规定条件的,质监机构应当视情况注销《等级证书》或者重新评定检测机构等级。重新评定的等级低于原来评定等级的,检测机构1年内不得申报升级。被注销等级的检测机构,2年内不得再次申报。

21．×。正确答案为不可以。

【学习点】《公路水运工程试验检测管理办法》第三十五条。

【解析】 检测机构在同一公路水运工程项目标段中,不得同时接受业主、监理、施工等多方的试验检测委托。

22．√

【学习点】《公路水运工程试验检测管理办法》第四十七条。

【解析】 质监机构在监督检查中发现检测人员违反本办法的规定,出具虚假试验检测数据或报告的,应当给予警告,情节严重的列入违规记录并予以公示。

23．×。正确答案为:原发证质监机构。

【学习点】《公路水运工程试验检测管理办法》第二十六条。

【解析】《等级证书》遗失或者污损的,可以向原发证质监机构申请补发。

24．×。正确答案为:所抽查的试验检测项目原则上应当覆盖申请人所申请的试验检测各大项目。

【学习点】《公路水运工程试验检测管理办法》第十四条。

【解析】 现场评审所抽查的试验检测项目,原则上应当覆盖申请人所申请的试验检测各大项目。抽取的具体参数应当通过抽签方式确定。

25．×。正确答案为:取得《等级证书》,同时通过计量认证的检测机构,可向社会提供试验检测服务。

【学习点】《公路水运工程试验检测管理办法》第二十八条。

【解析】 取得《等级证书》，同时按照《计量法》的要求经过计量行政部门考核合格，通过计量认证的检测机构，可向社会提供试验检测服务。仅取得《等级证书》的检测机构在《等级证书》注明的项目范围内出具的试验检测报告，只可以作为公路水运工程质量评定和工程验收的依据。

26. ×。正确答案为：应侧重考核等级证书有效期内未开展或开展频繁低的检测参数。

【学习点】《公路水运工程试验检测机构等级评定及换证复核工作程序》第十七条。

【解析】 换证复核现场评审应侧重考核难度较大、等级证书有效期内未开展或开展频率低、标准规范发生变更、能力验证结果存在问题的检测参数。

27. ×。正确答案为：评定申请人所具有的实际试验检测能力。

【学习点】《公路水运工程试验检测机构等级评定及换证复核工作程序》第十七条。

【解析】 评审组通过查验检测机构的试验记录、报告，考核现场试验操作，检查试验检测人员能否完整、规范、熟练地完成检测项目试验，评价检测机构的试验检测技术能力，并不考核个人持证情况。

28. √

【学习点】《公路水运工程试验检测机构等级评定及换证复核工作程序》第十七条。

【解析】 现场试验操作考核参数一般应采取随机抽取的方式确定，且应覆盖所申请评定的等级能力范围的所有检测项目，并不低于必选参数总量的15%，同时抽取相应参数的检测人员。

对于有模拟报告而无业绩且未能提交比对试验报告的参数，应进行现场试验操作考核。因此，对于有模拟报告而无业绩的试验检测机构，应提交比对试验报告。

29. √

【学习点】《公路水运工程试验检测机构等级评定及换证复核工作程序》第十七条。

【解析】 现场试验操作考核规定，要求对从事涉及结构安全的基桩、钢结构、混凝土结构、桥梁隧道工程等检测项目的主要操作人员进行现场考核。

30. ×。正确答案为：综合乙级质量负责人应具有相关专业高级职称。

【学习点】《公路水运工程试验检测机构等级标准》。

【解析】 根据《公路工程试验检测机构等级标准》，公路综合乙级质量负责人应具有相关专业高级职称、持试验检测师证书及5年以上试验检测工作经历。其中关于职称及持证要求为强制性要求。

31. √

【学习点】《公路水运工程试验检测机构等级标准》。

【解析】 根据《公路水运工程试验检测机构等级标准》要求，强制性要求的检测参数和仪器，少一项视为不通过。

32. ×。正确答案为：等级证书有效期内信用等级为B级及以上。

【学习点】《公路水运工程试验检测机构等级评定及换证复核工作程序》第九条。

【解析】 申请换证复核的检测机构信用应符合等级证书有效期内信用等级为 B 级及以上,不允许出现 C 级。

33．√

【学习点】《公路水运工程试验检测机构等级评定及换证复核工作程序》第八条。

【解析】 公路工程水运工程专业重叠部分的检测用房可以共用,不重叠部分检测用房应独立分别满足要求。公路工程水运工程专业重叠部分的仪器设备可共用。

34．×。正确答案为:须经报告质监机构同意后,方可终止现场评审工作。

【学习点】《公路水运工程试验检测机构等级评定及换证复核工作程序》第二十二条。

【解析】 评审组不可直接终止现场评审工作,须经报告质监机构同意后方可终止现场评审工作。

35．×。正确答案为:《等级证书》有效期为 5 年。

【学习点】《公路水运工程试验检测机构等级评定及换证复核工作程序》第二十二条;《公路水运工程试验检测管理办法》第二十四条。

【解析】 评分≥85 分的,整改期限一般为 1 个月,评审组长在收到整改材料后 10 个工作日内完成材料审核,并形成现场评审整改情况确认意见,报送质监机构。

质监机构根据《检测管理办法》及能力验证情况、监督检查情况、现场评审材料、整改情况等对检测机构进行综合评定,确定对检测机构申请等级评定或换证复核的评定结果。

《等级证书》有效期为 5 年。

36．×。正确答案为:试验检测机构所聘用的试验检测人员不可在两家及以上机构从业。

【学习点】《公路水运工程试验检测管理办法》第四十条。

【解析】 检测人员不得同时受聘于两家以上检测机构,不得借工作之便推销建筑材料,购配件和设备。

37．√

38．×。正确答案为:持证的试验检测人员和具有试验检测等级证书的试验检测机构。

第 37、38 题**【学习点】**《公路水运工程试验检测信用评价办法》第二条。

【解析】 信用评价是指交通运输主管部门对持有公路水运试验检测师或助理试验检测师资格证书的试验检测从业人员和取得《公路水运工程试验检测等级证书》并承担公路水运工程试验、检测及监测业务的试验检测机构从业承诺履行状况等诚信行为的综合评价。

39．×。正确答案为:直接确定为 D 级。

【学习点】《公路水运工程试验检测信用评价办法》附件 1。

【解析】 JJC201001 租借试验检测等级证书承揽试验检测业务的,直接确定为 D 级。

40．×。正确答案为:属于失信行为。

【学习点】《公路水运工程试验检测信用评价办法》附件 2。

【解析】 该行为属于 JJC202005 失信行为,授权负责人不是母体机构派出人员或长期不在岗的,扣 10 分。

41．×。正确答案为:对授权负责人进行处理。

【学习点】《公路水运工程试验检测信用评价办法》附件 3。

【解析】JJC203014 工地试验室信用评价得分＜70分时,对其授权负责人处理,扣20分。

42．×。正确答案为:交通运输部负责试验检测师和公路水运工程试验检测甲级机构,省级交通运输主管部门负责助理试验检测师和公路水运工程试验检测乙级、丙级机构。

【学习点】《公路水运工程试验检测信用评价办法》第四条。

【解析】注意交通运输部和省级交通运输主管部门负责范围。

43．√

【学习点】《公路水运工程试验检测信用评价办法》第十四条。

【解析】部质监机构对试验检测师(试验检测工程师)在全国范围内扣分进行累加评价。

44．√

【学习点】《公路水运工程试验检测信用评价办法》附件1。

【解析】无故不参加质监机构组织的比对试验等能力验证活动的属于JJC201017失信行为,每次扣10分。

45．×。正确答案为:工地试验室不可对外承揽试验检测业务。

【学习点】《工地试验室标准化建设要点》第2.5条。

【解析】工地试验室应在母体检测机构授权的范围内,为工程建设项目提供试验检测数据,不得对外承揽试验检测业务。

满足相关要求的母体试验室可对外承揽试验检测业务,但工地试验室不可以。

46．×。正确答案为:工地试验室应应报请项目质监机构登记备案后方可开展试验检测工作。

【学习点】《工地试验室标准化建设要点》第2.4条。

【解析】工地试验室按照规定到项目质监机构登记备案后,方可开展试验检测工作。

47．×。正确答案为:工地试验室应将工作区和生活区分开设置。

【学习点】《工地试验室标准化建设要点》第3.1.3条。

【解析】工地试验室应将工作区和生活区分开设置,工作区总体上可分为功能室、办公室和资料室三部分。

48．√

【学习点】《工地试验室标准化建设要点》第3.2.3条。

【解析】授权负责人须持有试验检测工程师证书,全面负责工地试验室的管理和试验检测活动。注意:授权负责人必须是母体试验检测机构委派的正式聘用人员。

49．×。正确答案为:母体检测机构应定期对授权工地试验室进行检查指导。

【学习点】《工地试验室标准化建设要点》第4.7.6条。

【解析】母体检测机构应定期对授权工地试验室进行检查指导,确保授权工作规范有效,检查过程应有记录,检查结果应有落实和反馈。

50．×。正确答案为:由母体检测机构授权。

【学习点】《工地试验室标准化建设要点》第2.3、3.2.2条。

【解析】母体检测机构应在其等级证书核定的业务范围内对工地试验室进行授权。

试验检测人员应注册登记在母体检测机构。

51. ×。正确答案为:不得同时受聘于两家的工地试验室。

【学习点】《工地试验室标准化建设要点》第3.2.4条。

【解析】试验检测人员不得同时受聘于两家或两家以上的工地试验室。

52. √

【学习点】《工地试验室标准化建设要点》第3.1.6条。

【解析】工地试验室的空间和面积应满足试验检测工作和环境条件要求,一般应综合考虑仪器设备放置、人员操作和行动通道所占用空间和面积以及门窗位置等因素。对有温度、湿度条件要求的功能室,必要时可进行吊顶处理,以便降低有效高度、提高保温保湿效果。

53. ×。正确答案为水平评价类职业资格制度。

【学习点】《公路水运工程试验检测专业技术人员职业资格制度规定》第三条。

【解析】国家设立公路水运工程试验检测专业技术人员水平评价类职业资格制度,纳入全国专业技术人员职业资格证书制度统一规划,面向全社会提供公路水运工程试验检测专业技术人员能力水平评价服务。评价结果与工程系列相应级别职称有效衔接,为用人单位科学使用公路水运工程试验检测专业技术人才提供依据。

准入类考试得到的是职业资格证书,准许你能从事哪一类工作。水平评价类考试得到的是技术等级证书,证明一个人的技术能力水平。调整为水平评价类的职业资格不再实行执业准入控制,不得将取得职业资格证书与从事相关职业强制挂钩;对取得职业资格证书的人员不再实行注册管理。

54. ×。正确答案为助理试验检测师和试验检测师。

【学习点】《公路水运工程试验检测专业技术人员职业资格制度规定》第四条。

【解析】公路水运工程试验检测专业技术人员职业资格分为助理试验检测师和试验检测师2个级别。

55. ×。正确答案为:具备相应级别专业技术岗位工作的能力。

【学习点】《公路水运工程试验检测专业技术人员职业资格制度规定》第五条。

【解析】通过公路水运工程助理试验检测师和试验检测师职业资格考试,并取得相应级别职业资格证书的人员,表明其已具备从事公路水运工程试验检测专业相应级别专业技术岗位工作的能力。

56. √

【学习点】《公路水运工程试验检测专业技术人员职业资格考试实施办法》第十条。

【解析】对违反考试工作纪律和有关规定的人员,按照国家《专业技术人员资格考试违纪违规行为处理规定》处理。

57. √

【学习点】《公路水运工程试验检测人员继续教育办法(试行)》第二十二条。

【解析】试验检测人员在继续教育过程中有弄虚作假、冒名顶替等行为的,取消其本周期内已取得的继续教育记录,并纳入诚信记录。

58. ×。正确答案为:分支机构需要取得资质认定。

【学习点】《检验检测机构资质认定管理办法》第十五条。

【解析】检验检测机构依法设立的从事检验检测活动的分支机构,应当符合本办法第九条规定的条件,取得资质认定后,方可从事相关检验检测活动。

59. √

【学习点】15 份配套工作程序和技术要求附件 4《检验检测机构资质认定 标志及其使用要求》。

【解析】检验检测机构应注重对检验检测机构资质认定标志使用的管理,建立并保存相关使用记录。

60. ×。正确答案为不可用于社会宣传。

【学习点】15 份配套工作程序和技术要求附件 7《检验检测机构资质认定 分类监管实施意见》。

【解析】分类评价结果主要提供给资质认定部门进行日常管理时使用,不得用于社会宣传或者暗示检验检测机构的市场竞争力。

61. ×。正确答案为包括变更审查和自我声明审查。

【学习点】15 份配套工作程序和技术要求附件 8《检验检测机构资质认定 评审工作程序》。

【解析】检验检测机构资质认定评审工作分为现场评审和书面审查。现场评审的类型,包括首次评审、变更评审、复查评审和其他评审。书面审查的类型,包括变更审查和自我声明审查。

变更审查是资质认定部门对其变更情况是否满足资质认定条件进行的书面审核。自我声明审查是对已获得资质认定的检验检测机构,资质认定部门对其的自我声明的书面审核。

62. ×。正确答案为应对应交通工程专项"试验检测能力基本要求及主要设备"的第 1~7 项。

【学习点】《公路工程试验检测仪器设备服务手册》。

【解析】溯源类别 GL0301~GL0307 对应《公路工程试验检测机构等级标准》中交通工程专项"试验检测能力基本要求及主要设备"的第 1~7 项。道路工程专业编码为 01,桥隧工程专业编码为 02,交通工程专业编码为 03。

63. ×。正确答案为管理类别用 Ⅱ-1 表示。

【学习点】《公路工程试验检测仪器设备服务手册》。

【解析】具有公开发布的国家或交通运输部部门计量检定规程及校准规范的仪器设备,在"依据标准"中标明具体文件,其管理类别用 Ⅱ-1 表示。无公开发布的国家或交通运输部门计量检定规程及校准规范的仪器设备,在依据标准中为空白栏,按检测标准/规范要求对影响检测的主要参数进行检定/校准,管理类别为 Ⅱ-2。

64. ×。正确答案为:提出建设现代化高质量综合立体交通网络。

【学习点】《交通强国建设纲要》。

【解析】《交通强国建设纲要》确定九大重点任务。一是基础设施布局完善、立体互联。提出建设现代化高质量综合立体交通网络,构建便捷顺畅的城市(群)交通网,形成广覆盖的农村交通基础设施网,构筑多层级、一体化的综合交通枢纽体系。

65. √

【学习点】《公路水运工程淘汰危及生产安全施工工艺、设备和材料目录》。

【解析】为防范化解公路水运重大事故风险,推动相关行业淘汰落后工艺、设备和材料,根据《中华人民共和国安全生产法》《公路水运工程安全生产监督管理办法》等法律法规,特制订本目录。

66. √

【学习点】《中华人民共和国认证认可条例》第十三条。

【解析】认证机构不得与行政机关存在利益关系。认证机构不得接受任何可能对认证活动的客观公正产生影响的资助;不得从事任何可能对认证活动的客观公正产生影响的产品开发、营销等活动。认证机构不得与认证委托人存在资产、管理方面的利益关系。

67. ×。正确答案为:不得同时在两个以上认证机构执业。

【学习点】《中华人民共和国认证认可条例》第十四条。

【解析】认证人员从事认证活动,应当在一个认证机构执业,不得同时在两个以上认证机构执业。

68. ×。正确答案为:检验检测机构可以自愿委托依法设立的认证机构进行认证。

【学习点】《中华人民共和国认证认可条例》第十八条。

【解析】任何法人、组织和个人可以自愿委托依法设立的认证机构进行产品、服务、管理体系认证。

69. ×。正确答案为:计量认证应由省级以上质量技术监督部门依据有关法律法规和标准、技术规范的规定,对检验检测机构的基本条件和技术能力是否符合法定要求实施评价许可。

【学习点】《检验检测机构资质认定管理办法》第二条,《中华人民共和国认证认可条例》第二、十八条。

【解析】资质认定是指省级以上质量技术监督部门依据有关法律法规和标准、技术规范的规定,对检验检测机构的基本条件和技术能力是否符合法定要求实施的评价许可。资质认定包括检验检测机构计量认证。

认证是指由认证机构证明产品、服务、管理体系符合相关技术规范、相关技术规范的强制性要求或者标准的合格评定活动。任何法人、组织和个人可以自愿委托依法设立的认证机构进行产品、服务、管理体系认证。

70. √

【学习点】《中华人民共和国认证认可条例》第三十六条。

【解析】国务院认证认可监督管理部门确定的认可机构,独立开展认可活动。

除国务院认证认可监督管理部门确定的认可机构外,其他任何单位不得直接或者变相从事认可活动。其他单位直接或者变相从事认可活动的,其认可结果无效。

71. ×。正确答案为:由认可机构对评审结论负责。

【学习点】《中华人民共和国认证认可条例》第四十一条。

【解析】认可机构委托他人完成与认可有关的具体评审业务的,由认可机构对评审结论负责。

72. ×

【学习点】《能力验证计划的选择与核查及结果利用指南》(RB/T 031—2020)。

【解析】实验室作为参加能力验证的主体,应基于自身需求和外部对能力验证的要求,在综合考虑内部质控水平、人员能力、设备状况、风险、运行成本等因素的基础上,合理策划并积极寻求适当的能力验证计划。

三、多项选择题

1. ABD

【学习点】《计量法》第二十二条;《计量法实施细则》第二十九、三十条。

【解析】为社会提供公证数据的产品质量检验机构,必须经省级以上人民政府计量行政部门对其计量检定、测试的能力和可靠性考核合格。

考核内容包括:

(一)计量检定、测试设备的工作性能;

(二)计量检定、测试设备的工作环境和人员的操作技能;

(三)保证量值统一、准确的措施及检测数据公正可靠的管理制度。

等级资质不属于考核内容。

2. BC

【学习点】《计量法》第九条,强制检定的器具范围。

【解析】实行强制检定的计量器具包括所使用的最高计量标准器具和列入强制检定目录的工作计量器具。

3. ABC

4. ABC

第3、4题【学习点】《计量法》第十条;《计量法实施细则》第二十六、二十七条。

【解析】计量检定必须按照国家计量检定系统表进行。国家计量检定系统表由国务院计量行政部门制定。

计量检定必须执行计量检定规程。国家计量检定规程由国务院计量行政部门制定。没有国家计量检定规程的,由国务院有关主管部门和省、自治区、直辖市人民政府计量行政部门分别制定部门计量检定规程和地方计量检定规程。

注意,并不是所有的计量检定规程都必须由国务院计量行政部门制定。

县级以上人民政府计量行政部门可以根据需要,采取以下形式授权其他单位的计量检定机构,在规定的范围内执行强制检定和其他检定、测试任务。国家法定计量检定机构的计量检定人员,必须经考核合格。

被授权的法定计量检定机构,应在法定范围内向社会提供计量检定服务。

5. ABCD

【学习点】《计量法》第二十条及《计量法实施细则》第二十七条。

【解析】县级以上人民政府计量行政部门可以根据需要设置计量检定机构,或者授权其他单位的计量检定机构,执行强制检定和其他检定、测试任务,但执行检定、测试任务的人员,必须经考核合格。

县级以上人民政府计量行政部门可以根据需要,采取以下形式授权其他单位的计量检定

机构,在规定的范围内执行强制检定和其他检定、测试任务:

(一)授权专业性或区域性计量检定机构,作为法定计量检定机构;

(二)授权建立社会公用计量标准;

(三)授权某一部门或某一单位的计量检定机构,对其内部使用的强制检定计量器具执行强制检定;

(四)授权有关技术机构,承担法律规定的其他检定、测试任务。

6. ABCD

【学习点】《计量法》第二十二条;《计量法实施细则》第二十、三十条。

【解析】 为社会提供公证数据的产品质量检验机构,为所提供的公证数据承担法律后果,因此应保证数据真实、科学、合法,而且为保证数据的可靠性量值还应溯源到国家计量基准。

7. AC

【学习点】《计量法》第二十一条。

【解析】 处理因计量器具准确度所引起的纠纷,以国家计量基准器具或者社会公用计量标准器具检定的数据为准。

国家计量基准器具和社会公用计量标准器具具有法律地位,能够作为仲裁计量纠纷的依据。

8. AB

【学习点】《计量法》第八、九条;《计量法实施细则》第十、二十五、二十七条。

【解析】 企业、事业单位根据需要,可以建立本单位使用的计量标准器具,其各项最高计量标准器列入强制检定目录的工作计量器具,实行强制检定,经有关人民政府计量行政部门主持考核合格后使用。考核单位可以是法定计量检定机构或授权其他单位的计量检定机构和技术机构。

9. ABC

【学习点】《计量法实施细则》第五十六条。

【解析】 计量器具是指能用以直接或间接测出被测对象量值的装置、仪器仪表、量具和用于统一量值的标准物质,包括计量基准、计量标准、工作计量器具。

10. ABD

【学习点】《标准化法》第二条。

【解析】 标准包括国家标准、行业标准、地方标准和团体标准、企业标准。国家标准分为强制性标准、推荐性标准,行业标准、地方标准是推荐性标准。

11. ABCD

【学习点】《标准化法》第十条;《标准化法实施条例》第十八条。

【解析】 对保障人身健康和生命财产安全、国家安全、生态环境安全以及满足经济社会管理基本需要的技术要求,应当制定强制性国家标准。

《标准化法实施条例》第十八条规定,下列标准属于强制性标准:

(一)药品标准,食品卫生标准,兽药标准;

(二)产品及产品生产、储运和使用中的安全、卫生标准,劳动安全、卫生标准,运输安全标准；

（三）工程建设的质量、安全、卫生标准及国家需要控制的其他工程建设标准；

（四）环境保护的污染物排放标准和环境质量标准；

（五）重要的通用技术术语、符号、代号和制图方法；

（六）通用的试验、检验方法标准；

（七）互换配合标准；

（八）国家需要控制的重要产品质量标准。

12. AD

【学习点】《标准化法》第三十六、三十七条。

【解析】 生产、销售、进口产品或者提供服务不符合强制性标准,或者企业生产的产品、提供的服务不符合其公开标准的技术要求的,依法承担民事责任。

生产、销售、进口产品或者提供服务不符合强制性标准的,依照《中华人民共和国产品质量法》《中华人民共和国进出口商品检验法》《中华人民共和国消费者权益保护法》等法律、行政法规的规定查处,记入信用记录,并依照有关法律、行政法规的规定予以公示;构成犯罪的,依法追究刑事责任。

13. ABCD

【学习点】《标准化法》第二条。

【解析】 标准(含标准样品),是指农业、工业、服务业以及社会事业等领域需要统一的技术要求。

标准包括国家标准、行业标准、地方标准和团体标准、企业标准。国家标准分为强制性标准、推荐性标准,行业标准、地方标准是推荐性标准。

强制性标准必须执行。国家鼓励采用推荐性标准。

14. ABD

【学习点】《标准化法》第三条。

【解析】 标准化工作的任务是制定标准、组织实施标准以及对标准的制定、实施进行监督。

15. ABCE

【学习点】《标准化法》第十、十二、二十七条。

【解析】 国务院有关行政主管部门依据职责负责强制性国家标准的项目提出、组织起草、征求意见和技术审查。国务院标准化行政主管部门负责强制性国家标准的立项、编号和对外通报。省、自治区、直辖市人民政府标准化行政主管部门可以向国务院标准化行政主管部门提出强制性国家标准的立项建议,由国务院标准化行政主管部门会同国务院有关行政主管部门决定。

对没有推荐性国家标准、需要在全国某个行业范围内统一的技术要求,可以制定行业标准。行业标准由国务院有关行政主管部门制定,报国务院标准化行政主管部门备案。

国家实行团体标准、企业标准自我声明公开和监督制度。企业应当公开其执行的强制性标准、推荐性标准、团体标准或者企业标准的编号和名称;企业执行自行制定的企业标准的,还应当公开产品、服务的功能指标和产品的性能指标。国家鼓励团体标准、企业标准通过标准信息公共服务平台向社会公开。

16. ABC

【学习点】《强制性国家标准管理办法》第三十五条。

【解析】强制性国家标准的编号由强制性国家标准代号(GB)、顺序号和年代号构成。

17. ABC

【学习点】《强制性国家标准管理办法》第六、十九、四十一、四十五条。

【解析】制定强制性国家标准应当结合国情采用国际标准。

强制性国家标准的技术要求应当全部强制，并且可验证、可操作。

强制性国家标准的解释与标准具有同等效力。解释发布后，国务院标准化行政主管部门应当自发布之日起二十日内在全国标准信息公共服务平台上免费公开解释文本。

组织起草部门应当根据反馈和评估情况，对强制性国家标准进行复审，提出继续有效、修订或者废止的结论，并送国务院标准化行政主管部门。复审周期一般不得超过五年。

18. ABCD

【学习点】《中华人民共和国产品质量法》第五十七、六十七条。

【解析】产品质量检验机构、认证机构伪造检验结果或者出具虚假证明的，责令改正，对单位处五万元以上十万元以下的罚款，对直接负责的主管人员和其他直接责任人员处一万元以上五万元以下的罚款；有违法所得的，并处没收违法所得；情节严重的，取消其检验资格、认证资格；构成犯罪的，依法追究刑事责任。产品质量检验机构、认证机构出具的检验结果或者证明不实，造成损失的，应当承担相应的赔偿责任；造成重大损失的，撤销其检验资格、认证资格。

产品质量监督部门或者其他国家机关违反本法第二十五条的规定，向社会推荐生产者的产品或者以监制、监销等方式参与产品经营活动的，由其上级机关或者监察机关责令改正，消除影响，有违法收入的予以没收；情节严重的，对直接负责的主管人员和其他直接责任人员依法给予行政处分。

产品质量检验机构有前款所列违法行为的，由产品质量监督部门责令改正，消除影响，有违法收入的予以没收，可以并处违法收入一倍以下的罚款；情节严重的，撤销其质量检验资格。

19. ABC

【学习点】《建设工程质量管理条例》第二条。

【解析】凡在中华人民共和国境内从事建设工程的新建、扩建、改建等有关活动及实施对建设工程质量监督管理的，必须遵守本条例。

20. ABCD

【学习点】《建设工程质量管理条例》第三条。

【解析】建设单位、勘察单位、设计单位、施工单位、工程监理单位依法对建设工程质量负责。

21. ABCD

【学习点】《建设工程质量管理条例》第十六条。

【解析】建设工程竣工验收应当具备下列条件：

(一)完成建设工程设计和合同约定的各项内容；

（二）有完整的技术档案和施工管理资料；

（三）有工程使用的主要建筑材料、建筑构配件和设备的进场试验报告；

（四）有勘察、设计、施工、工程监理等单位分别签署的质量合格文件；

（五）有施工单位签署的工程保修书。

22. ABCD

【学习点】《建设工程质量管理条例》第二十九条。

【解析】 施工单位必须按照工程设计要求、施工技术标准和合同约定，对建筑材料、建筑构配件、设备和商品混凝土进行检验，检验应当有书面记录和专人签字；未经检验或者检验不合格的，不得使用。

23. ABD

【学习点】《建设工程质量管理条例》第三十八条。

【解析】 工程监理规范要求监理工程师采取旁站、巡视和平行检验等形式，对建设工程实施监理。

24. AB

【学习点】《建设工程质量管理条例》第三十七条。

【解析】 未经监理工程师签字，建筑材料、建筑构配件和设备不得在工程上使用或者安装，施工单位不得进行下一道工序的施工。未经总监理工程师签字，建设单位不拨付工程款，不进行竣工验收。

25. ABCD

【学习点】《公路水运工程试验检测管理办法》第六条。

【解析】 检测机构等级，是依据检测机构的公路水运工程试验检测水平、主要试验检测仪器设备及检测人员的配备情况、试验检测环境等基本条件对检测机构进行的能力划分。

26. ABC

【学习点】《公路水运工程试验检测管理办法》第七条。

【解析】 省级交通质监机构负责公路工程综合类乙级、丙级，水运工程材料类乙级、丙级，水运工程结构类乙级的等级评定工作。水运工程结构类不设丙级。

27. BC

【学习点】《公路水运工程试验检测管理办法》第八条。

【解析】 检测机构被评为丙级、乙级后须满1年且具有相应的试验检测业绩方可申报上一等级的评定。可以同时申请不同专业、不同类别的等级。

28. BCD

【学习点】《公路水运工程试验检测管理办法》第二十九条。

【解析】 公路水运工程质量事故鉴定、大型水运工程项目和高速公路项目验收的质量鉴定检测，质监机构应当委托通过计量认证并具有甲级或者相应专项能力等级的检测机构承担。

29. ACD

【学习点】《公路水运工程试验检测管理办法》第十条。

【解析】 公路水运工程试验检测机构等级评定工作分为受理、初审、现场评审三个阶段。

30. ACD

【学习点】《公路水运工程试验检测管理办法》第十四条。

【解析】现场评审是通过对申请人完成实验检测项目的实际能力、检测机构申报材料与实际状况的复合性、质量保证体系和运转等情况的全面核查。不包括机构财务状况。

31. ABD

【学习点】《公路水运工程试验检测管理办法》第三十条。

【解析】检测机构应当严格按照现行有效的国家和行业标准、规范和规程独立开展检测工作，不受任何干扰和影响，保证试验检测数据客观、公正、准确。

32. ABC

【学习点】《公路水运工程试验检测管理办法》第四十三条。

【解析】质监机构实施监督检查时，有权采取以下措施：

(一)查阅、记录、录音、录像、照相和复制与检查相关的事项和资料；

(二)进入检测机构的工作场地(包括施工现场)进行抽查；

(三)发现有不符合国家有关标准规范规程和本办法规定的试验检测行为时，责令即时改正或限期改正。

33. ACD

【学习点】《公路水运工程试验检测管理办法》第二十三条。

【解析】检测机构名称、地址、法定代表人或者机构负责人、技术负责人等发生变更的，应当自变更之日起30日内到原发证质监机构办理变更登记手续。

34. ABCD

【学习点】《公路水运工程试验检测管理办法》第十八条。

【解析】《等级证书》应当注明检测机构从事公路水运工程试验检测的专业、类别、等级和项目范围。注意试验检测机构不能超出证书范围承揽试验检测任务。

35. AD

【学习点】《公路水运工程试验检测管理办法》第三十五条。

【解析】检测机构应当建立健全档案制度，保证档案齐备，原始记录和试验检测报告内容必须清晰、完整、规范。

36. BCDE

【学习点】《公路水运工程试验检测机构等级评定及换证复核工作程序》第十七条。

【解析】现场试验操作考核内容如下：

(1)操作人员的检测证书，确认是否为所申报的人员。

(2)检测人员的实际操作过程是否完整、规范、熟练。

(3)随机抽查试验检测人员相关试验检测知识。

(4)提交的现场操作项目报告的规范性、完整性。

(5)对从事涉及结构安全的基桩、钢结构、混凝土结构、桥梁隧道工程等检测项目的主要操作人员进行现场考核。

不包含对技术负责人和质量负责人的提问考核。

37. ACD

【学习点】《公路水运工程试验检测机构等级评定及换证复核工作程序》第八条。

【解析】 对于同一检测机构申请多个等级的评定或持有多个等级证书换证复核时,应符合下列要求:

(一)同一人所持的多个专业检测人员证书,可在不同的等级评定或换证复核中使用,但不得超过2次。

(二)除行政、技术、质量负责人外,其他持单一专业检测人员证书的人员不得重复使用。

(三)同时申请公路工程、水运工程检测等级的机构,其技术负责人可按公路工程、水运工程专业分别配置;当技术负责人不分别配置时,应同时持有公路工程、水运工程专业的检测人员证书。

(四)公路工程、水运工程专业重叠部分的检测用房可共用,不重叠部分检测用房应独立分别满足要求。

(五)公路工程、水运工程专业重叠部分的仪器设备可共用。

38. ABD

【学习点】《公路水运工程试验检测机构等级评定及换证复核工作程序》第二、三章。

【解析】 评审组由质监机构组建,但评审工作由评审组负责,评审组组长负责主持现场评审工作。现场评审过程中,质监机构可派员进行过程监督。

39. ACDE

【学习点】《公路水运工程试验检测机构等级评定及换证复核工作程序》第十五条。

【解析】 评审组通过现场符合性检查,核查检测机构的人员、设备设施、检测参数开展情况及工作业绩等实际状况是否与所申请材料的内容一致且满足要求,应核查以下内容:

(1)所申请试验检测参数要求配置的仪器设备是否缺少、是否符合相应技术标准要求。

(2)检测机构登记的持证试验检测人员是否在岗,签订的劳动合同和办理的社会保险是否齐全、规范、有效。

(3)所申请检测参数的原始记录和试验检测报告(含模拟报告)是否齐全。

(4)检测机构用房房产权证明或租赁期限证明材料是否有效(租赁期限应大于或等于5年)。

(5)换证复核应核查检测机构取得等级证书后持证人员调离该机构的人数占原总持证人数的比例;检测机构的重要变更是否在规定期限内办理手续;设立工地试验室和开展现场检测项目情况。

符合性检查不包括管理体系文件是否齐全,有关规定是否合理适用,受控、宣贯及运行是否有效。

40. BCD

【学习点】《公路水运工程试验检测机构等级评定及换证复核工作程序》第十四~十八条。

【解析】 根据《公路水运工程试验检测机构等级评定及换证复核工作程序》要求,评审组要根据《评审工作程序》中的第十四条~第十八条要求的进行各项评审检查。

试验检测记录和报告的检查,在覆盖所有检测项目的基础上,抽查不少于10%的必选参数和5%的可选参数的试验检测记录和报告,但不是项目。重点检查依据标准是否适宜、是否执行技术标准、信息是否完整正确、结论表述是否正确,以及签字、用章的规范性等。

41. ABD

【学习点】《公路水运工程试验检测机构等级评定及换证复核工作程序》第十六条。

【解析】对仪器设备的检查,主要包括检测机构所有仪器设备是否具有所有权,主要仪器设备的管理档案、标识、使用记录、维护维修记录、检定/校准证书及计量确认记录是否完整、规范。所有仪器设备必须具有所有权,不得租赁。

42. ABC

【学习点】《公路工程试验检测机构等级标准》。

【解析】公路工程试验检测机构等级标准明确检测用房面积不包括办公室。

43. AD

【学习点】《公路工程试验检测机构等级标准》。

【解析】根据《公路工程试验检测机构等级标准》,公路工程综合类乙级技术负责人应具有相关专业高级职称、持试验检测工程师证书及5年以上试验检测工作经历。前两项为强制性要求。

44. BE

【学习点】《公路水运工程试验检测机构等级评定及换证复核工作程序》第九条。

【解析】申请换证复核的检测机构信用及业绩应符合以下要求:

(1)等级证书有效期内信用等级为B级及以上;

(2)所开展的试验检测参数应覆盖批准的所有试验检测项目且不少于批准参数的85%;

(3)甲级及专项类检测机构每年应有不少于一项高速公路或大型水运工程的现场检测项目或设立工地试验室业绩,其他等级检测机构每年应有不少于一项公路或水运工程现场检测项目或设立工地试验室业绩。

45. ABCD

【学习点】《公路水运工程试验检测机构等级评定及换证复核工作程序》第十七条。

【解析】换证复核现场评审应侧重考核难度较大、等级证书有效期内未开展或开展频率低、标准规范发生变更、能力验证结果存在问题的检测参数,不需要考核所有的参数。

46. AD

【学习点】《公路水运工程试验检测机构等级评定及换证复核工作程序》第十七条。

【解析】技术能力的确认,指评审组根据技术能力考核情况,确认检测机构的试验检测能力范围。有必要对参数检测方法或范围、设备的测量范围、精确度等做出限制时,评审组应予以注明。

47. ABC

【学习点】《关于公路水运工程试验检测机构等级评定工作有关事项的通知》(交办安监函〔2018〕549号)。

【解析】公路水运工程试验检测机构等级评定工作中,应加强对新等级标准中新增参数能力的核查。现场试验操作考核时,新增参数占参数总量应不低于30%。若随机抽取的新参数不足30%时,应调整至30%;若超过30%时,则不做调整。

同一试验检测机构的档案室及设备仓库总面积在核定试验检测用房时最多只计50平方米,且不得在多等级申请中重复计。对于车载式检测设备停放场地,未封闭的不计入检测用房面积,封闭的最多只计100平方米。试验检测机构用于开展培训、教育、演练等工作的场地不计入试验检测用房面积。

48. ABC

【学习点】《公路水运工程试验检测信用评价办法》第二条。

【解析】信用评价是指交通运输主管部门对持有公路水运试验检测师或助理试验检测师资格证书的试验检测从业人员和取得公路水运工程试验检测等级证书并承担公路水运工程试验、检测及监测业务的试验检测机构的从业承诺履行状况等诚信行为的综合评价。

49. AC

【学习点】《公路水运工程试验检测信用评价办法》附件4。

【解析】试验检测机构信用评价综合得分计算公式:

$$W = W'(1-\gamma) + \frac{\gamma}{n} \cdot \sum_{i=1}^{n} W_i''$$

式中:W——试验检测机构信用评价综合得分;
W'——母体机构得分;
W_i''——工地试验室及现场检测项目得分;
n——工地试验室及现场检测项目数;
γ——权重。

$n=0$ 时,$\gamma=0$;
$n=1\sim3$ 时,$\gamma=0.3$;
$n=4\sim6$ 时,$\gamma=0.4$;
$n=7\sim10$ 时,$\gamma=0.6$;
$n>10$ 时,$\gamma=0.7$。

因此母体试验室对外派工地试验室有连带责任,外派工地试验室数量越多,其母体试验室的信用评价风险越大。母体试验室的信用评价综合得分采用加权计分法。

50. BC

【学习点】《公路水运工程试验检测信用评价办法》第十二条。

【解析】评价周期内累计扣分分值大于或等于20分、小于40分的试验检测人员信用等级为信用较差;扣分值大于或等于40分的试验检测人员信用等级为信用差。

同时受聘于两个或两个以上试验检测机构的行为属于JJC203004,扣20分。

连续2年信用等级被评为信用较差的试验检测人员,其当年信用等级为信用差。

被确定为信用差的试验检测人员列入黑名单。

51. ABCD

【学习点】《公路水运工程试验检测信用评价办法》附件3。

【解析】A、B、C、D四个选项行为属于公路水运工程试验检测人员信用评价标准中,JJC203001~JJC203014共有14项失信行为。

52. ABCD

【学习点】《公路水运工程试验检测信用评价办法》第八条。

【解析】根据对试验检测机构的信用评分,可将试验检测机构信用评价等级分为5个等级。

AA级:信用评分≥95分,信用好;

A级:85分≤信用评分<95分,信用较好;

B级:70分≤信用评分<85分,信用一般;

C级:60分≤信用评分<70分,信用较差;

D级:信用评分<60分或直接确定为D级,信用差。

被评为D级的试验检测机构直接列入黑名单,并按《公路水运工程试验检测管理办法》等相关规定予以处理。

对被直接确定为D级的试验检测机构应当及时公布。

53. ABCD

【学习点】《公路水运工程试验检测信用评价办法》附件1。

【解析】A、B、C、D四个选项属于JJC201001~JJC201004检测机构4种行为,可直接定位D级。

54. ABCD

【学习点】《公路水运工程试验检测信用评价办法》。

【解析】JJC201005存在虚假数据报告及其他虚假资料,虚假数据报告不限于四个选项A、B、C、D的情况。

55. ABCD

【学习点】《公路水运工程试验检测信用评价办法》附件2。

【解析】A、B、C、D四个选项属于JJC202001~JJC202020所描述的19种工地试验室的失信行为。

56. ABCD

【学习点】《公路水运工程试验检测信用评价办法》附件2。

【解析】A、B、C、D四个选项行为属于JJC202011失信行为范围内,注意试验检测报告漏盖章和漏签名都属于试验检测报告不完整的失信行为。

57. AB

【学习点】《公路水运工程试验检测信用评价办法》附件3。

【解析】出现JJC201007、JJC201014、JJC201015项行为的,对技术或质量负责人处理,AB行为属于JJC201014、JJC201015。出现JJC201008、JJC201010~JJC201013、JJC201017、JJC201023及JJC202005项行为的,对机构负责人处理。注意二者区别。

58. ABCD

【学习点】《交通运输部办公厅关于印发工地试验室标准化建设要点的通知》。

【解析】工地试验室标准化建设是促进工程建设项目管理水平进一步提升的重要举措,其核心是质量管理精细化、检测工作规范化、硬件建设标准化和数据报告信息化。

59. BC

【学习点】《工地试验室标准化建设要点》第4.2.3条。

【解析】 仪器设备在检定/校准周期内如存在修理、搬运、移动等情况,应重新进行检定/校准。对于性能不稳定、使用频率高和进行现场检测的仪器设备,以及在恶劣环境下使用的仪器设备应进行期间核查。

60. AC

【学习点】《工地试验室标准化建设要点》第4.3.2条。

【解析】 工地试验室产生的废水、废气、废渣应安全排放。试验废水应经沉淀后方能排放,化学废液应进行中和处理后方能排放。试验固体废弃物应集中存放,定期清理到指定位置,不得随意摆放、丢弃。

61. ACD

【学习点】《工地试验室标准化建设要点》第3.1.9条。

【解析】 工地试验室应采用独立的专用线路集中配电,并设置应急电源,保证试验检测工作正常、连续开展。电线、电缆的布设应符合有关技术标准,保证使用安全。

62. ABC

【学习点】《工地试验室标准化建设要点》第3.4.1、4.4.4条。

【解析】 工地试验室应依据母体检测机构的质量体系文件,结合工程特点,编制简洁、适用、针对性和操作性强的质量体系文件及各项管理制度。

试验检测台账分为管理和技术台账。管理台账一般包括人员、设备、标准规范等台账;技术台账一般包括原材料进场台账、样品台账、试验/检测台账、不合格材料台账、外委试验台账等。台账应格式统一、简洁适用、信息齐全,台账的填写和统计应及时、规范。

63. AB

【学习点】《工地试验室标准化建设要点》第3.1.6条。

【解析】 工地试验室的空间和面积应满足试验检测工作和环境条件要求,一般应综合考虑仪器设备放置、人员操作和行动通道所占用空间和面积以及门窗位置等因素。对有温度、湿度条件要求的功能室,必要时可进行吊顶处理,以便降低有效高度、提高保温保湿效果。

64. ABCD

【学习点】《工地试验室标准化建设要点》第4.6.1、4.6.3条。

【解析】 工地试验室应加强外委试验管理,超出母体检测机构授权范围的试验检测项目和参数应进行外委,外委试验应向项目建设单位报备。外委试验取样、送样过程应进行见证。工地试验室应对外委试验结果进行确认。接受外委试验的检测机构应取得《公路水运工程试验检测机构等级证书》(含相应参数)、通过计量认证(含相应参数)且上年度信用等级为B级及以上。工地试验室应将接受外委试验的检测机构的有关证书复印件存档备查。

65. AB

66. ABCD

第65、66题【学习点】《公路水运工程试验检测专业技术人员职业资格制度规定》第十六条、十七条。

【解析】 对助理试验检测师要求是独立完成常规性公路水运工程试验检测工作,编制试验检测报告;对试验检测师要求是编制试验检测方案、组织实施试验检测活动、进行试验检测数据分析、编制和审核试验检测报告。注意对助理试验检测师和试验检测师能力要求的不同。

67. ABCDE

【学习点】《检验检测机构资质认定管理办法》第十二条。

【解析】 有下列情形之一的,检验检测机构应当向资质认定部门申请办理变更手续:

(一)机构名称、地址、法人性质发生变更的;

(二)法定代表人、最高管理者、技术负责人、检验检测报告授权签字人发生变更的;

(三)资质认定检验检测项目取消的;

(四)检验检测标准或者检验检测方法发生变更的;

(五)依法需要办理变更的其他事项。

注意等级评审与资质评审对变更的不同要求。

68. AC

【学习点】《检验检测机构资质认定管理办法》第二十八条。

【解析】 检验检测机构向社会出具具有证明作用的检验检测数据、结果的,应当在其检验检测报告上加盖检验检测专用章,并标注资质认定标志。检验检测机构如果通过了中国合格评定国家认可委员会的认可,可以加盖 CNAS 标志章。

69. ABCD

【学习点】《检验检测机构资质认定管理办法》第四十二条。

【解析】 检验检测机构有下列情形之一的,由县级以上质量技术监督部门责令其1个月内改正;逾期未改正或者改正后仍不符合要求的,处1万元以下罚款:

(一)违反本办法第二十五条、第二十八条规定出具检验检测数据、结果的;

(二)未按照本办法规定对检验检测人员实施有效管理,影响检验检测独立、公正、诚信的;

(三)未按照本办法规定对原始记录和报告进行管理、保存的;

(四)违反本办法和通用要求规定分包检验检测项目的;

(五)未按照本办法规定办理变更手续的;

(六)未按照资质认定部门要求参加能力验证或者比对的;

(七)未按照本办法规定上报年度报告、统计数据等相关信息或者自我声明内容虚假的;

(八)无正当理由拒不接受、不配合监督检查的。

70. ABC

【学习点】《检验检测机构资质认定管理办法》第二十七条。

【解析】 检验检测机构不得转让、出租、出借资质认定证书和标志;不得伪造、变造、冒用、租借资质认定证书和标志;不得使用已失效、撤销、注销的资质认定证书和标志。

71. ABCD

【学习点】15份配套工作程序和技术要求附件6《检验检测机构资质认定 检验检测专用章使用要求》。

【解析】 检验检测专用章应含下列内容:本单位名称、"检验检测专用章"字样、五星标识。检验检测专用章加盖在检验检测报告或证书封面的机构名称位置或检验检测结论位置,骑缝位置也应加盖。检验检测机构应加强对检验检测专用章管理,建立相应的责任制度和用章登记制度,安排专人负责保管和使用,用章记录资料要存档备查。

CMA 是检验检测机构资质认定标志,不是检验检测专用章。

72. ABC

【学习点】15 份配套工作程序和技术要求附件 6《检验检测机构资质认定 检验检测专用章使用要求》。

【解析】检验检测机构应在其检验检测报告或证书和相关宣传资料中正确使用资质认定标志。资质认定标志应符合本要求规定的尺寸比例,并准确、清晰标注证书编号。资质认定标志的颜色建议为红色、蓝色或者黑色。

73. BACD

【学习点】15 份配套工作程序和技术要求附件 7《检验检测机构资质认定 分类监管实施意见》。

【解析】对不同类别的检验检测机构实施不同的监管频次和管理方式:

(1)对被确定为 A 类的检验检测机构,原则上不将其列为下一年度的年度监督检查对象(法律法规规章另有规定、出现责任事故、收到投诉举报等情况除外,以下各类检验检测机构均同)。对 A 类检验检测机构的日常监督检查一般每 3 年进行 1 次。

(2)对被确定为 B 类的检验检测机构,在下一年度的年度监督检查中,可根据情况(如备选机构数量不足)选择性地抽取少数机构进行检查。日常监督检查一般每 2 年实施 1 次。

(3)对被确定为 C 类的检验检测机构,在下一年度的年度监督检查中原则上尽量抽取进行检查。日常监督检查一般每 1 年实施 1 次。

(4)对被确定为 D 类的检验检测机构,在下一年度的年度监督检查中列为必须检查对象。对 D 类检验检测机构的日常监督检查频次每年不少于 2 次。

74. ABD

【学习点】15 份配套工作程序和技术要求附件 7《检验检测机构资质认定 分类监管实施意见》。

【解析】年度监督检查由国家认监委统一组织,由资质认定部门对获证检验检测机构进行现场检查,每年组织 1 次。日常监督检查,由资质认定部门组织,按照分类监管类别对应的检查频次,由县级以上质量技术监督部门(市场监督管理部门)实施。投诉调查,根据对检验检测机构的举报和投诉,由资质认定部门自行或者委托县级以上质量技术监督部门对检验检测机构进行调查。

75. AC

【学习点】《公路工程试验检测仪器设备服务手册》。

【解析】10 位编码中,除表示公路行业的 GL 英文字母外,其余均为数字。字母后两位表示仪器设备使用时所归属的专业,共分为三个专业,道路工程专业、桥隧工程专业和交通工程专业。

76. BCD

【学习点】《公路工程试验检测仪器设备服务手册》。

【解析】公路试验检测设备,根据溯源方式将其分为通用类、专用类和工具类三类。

77. BC

【学习点】《公路工程试验检测仪器设备服务手册》。

【解析】对仪器设备进行检定时,若设备为首次检定,检定参数为全部项目;若设备为后续检定,检定参数为"手册"非下划线项目。若对仪器设备校准,根据需要校准全部或部分必要的检测参数。

78. B,A

【学习点】《建设部工程质量管理条例》《公路工程竣(交)工验收办法》和《公路工程标准施工招标文件》(2018年版)。

【解析】《建设部工程质量管理条例》第四十条规定,建设工程的保修期,自竣工验收合格之日起计算。

缺陷责任期是从FIDIC合同体系中引进的,在缺陷责任期内施工单位承担的义务与质量保修期内义务相同。

《公路工程竣(交)工验收办法》第十六条规定,公路工程进行竣工验收应具备以下条件:

(一)通车试运营2年后;

(二)交工验收提出的工程质量缺陷等遗留问题已处理完毕,并经项目法人验收合格;

……

《公路工程标准施工招标文件》(2018年版)专用合同条款第19.7款第(1)条规定,保修期自实际交工日期起计算,具体期限在项目专用合同条款数据表中约定。保修期与缺陷责任期重叠的期间内,承包人的保修责任同缺陷责任。

79. AC

【学习点】《市场监管总局关于进一步推进检验检测机构资质认定改革工作的意见》。

【解析】逐步取消检验检测机构以授权名称取得的资质认定证书,以在机构实体取得的资质认定证书上背书的形式保留其授权名称;检验检测机构与其依法设立的分支机构实行统一质量体系管理的,按照机构自愿申请原则,试点推行证书"一体化"管理,资质认定证书附分支机构地点以及检验检测能力。

80. A,B

【学习点】《交通强国建设纲要》。

【解析】《交通强国建设纲要》的核心思想,就是以习近平新时代中国特色社会主义思想为指导,深入贯彻党的十九大精神,立足交通、着眼全局、面向未来,重点是"五个坚持""三个转变"。"五个坚持"是坚持稳中求进工作总基调,坚持新发展理念,坚持推动高质量发展,坚持以供给侧结构性改革为主线,坚持以人民为中心的发展思想。"三个转变"是推动交通发展从追求速度和规模向更加注重质量和效益转变,由各种交通方式相对独立发展向综合交通发展转变,由依靠传统的要素驱动向更加注重创新驱动转变。

81. AC,BD

【学习点】《公路水运工程淘汰危及生产安全施工工艺、设备和材料目录》。

【解析】目录中,水运工程部分包含施工工艺8项。该部分目录将水运工程中沉箱气囊直接移运下水工艺,沉箱、船闸闸墙混凝土木模板(普通胶合板)施工工艺2项施工工艺、设备列为禁止使用;将沉箱预制"填砂底模+气囊顶升"工艺、沉箱预制滑模施工工艺等6项施工工艺列为限制使用。

82. ABCE

【学习点】《中华人民共和国认证认可条例》第十条。

【解析】取得认证机构资质,应当符合下列条件:

(一)取得法人资格;

(二)有固定的场所和必要的设施;

(三)有符合认证认可要求的管理制度;

(四)注册资本不得少于人民币300万元;

(五)有10名以上相应领域的专职认证人员。

从事产品认证活动的认证机构,还应当具备与从事相关产品认证活动相适应的检测、检查等技术能力。

83. ABC

【学习点】《中华人民共和国认证认可条例》第十六条。

【解析】国家根据经济和社会发展的需要,推行产品、服务、管理体系认证。

84. BD

【学习点】《中华人民共和国认证认可条例》第二十二条。

【解析】认证机构及其认证人员应当及时作出认证结论,并保证认证结论的客观、真实。认证结论经认证人员签字后,由认证机构负责人签署。

认证机构及其认证人员对认证结果负责。

85. ABCD

【学习点】《中华人民共和国认证认可条例》第十八、二十五、二十九条。

【解析】任何法人、组织和个人可以自愿委托依法设立的认证机构进行产品、服务、管理体系认证。

认证机构可以自行制定认证标志。认证机构自行制定的认证标志的式样、文字和名称,不得违反法律、行政法规的规定,不得与国家推行的认证标志相同或者近似,不得妨碍社会管理,不得有损社会道德风尚。

列入目录的产品,必须经国务院认证认可监督管理部门指定的认证机构进行认证。

列入目录产品的认证标志,由国务院认证认可监督管理部门统一规定。

86. ABCD

【学习点】《中华人民共和国认证认可条例》第四十五条。

【解析】认可证书应当包括认可范围、认可标准、认可领域和有效期限。

87. A,D

【学习点】《中华人民共和国认证认可条例》第四十六条。

【解析】取得认可的机构应当在取得认可的范围内使用认可证书和认可标志。取得认可的机构不当使用认可证书和认可标志的,认可机构应当暂停其使用直至撤销认可证书,并予公布。

88. ABC

【学习点】《中华人民共和国认证认可条例》第七十四条。

【解析】药品生产、经营企业质量管理规范认证,实验动物质量合格认证,军工产品的认证,以及从事军工产品校准、检测的实验室及其人员的认可,不适用本条例。

依照本条例经批准的认证机构从事矿山、危险化学品、烟花爆竹生产经营单位管理体系认证,由国务院安全生产监督管理部门结合安全生产的特殊要求组织;从事矿山、危险化学品、烟花爆竹生产经营单位安全生产综合评价的认证机构,经国务院安全生产监督管理部门推荐,方可取得认可机构的认可。

89. ACD

【学习点】检验检测机构资质认定其他相关认证认可行业标准相关介绍。

【解析】2020年8月国家认监委发布了《检验检测机构管理和技术能力评价 设施和环境通用要求》(RB/T 047—2020)认证认可行业标准,并于2020年12月1日实施。该项标准规定了开展检验检测机构管理和技术能力评价时,对机构设施和环境条件的通用要求,是对《检验检测机构资质认定能力评价 检验检测机构通用要求》(RB/T 214—2017)中4.3和4.4两部分要求的细化和补充。

2020年8月国家认监委发布了《实验室信息管理系统管理规范》(RB/T 028—2020)认证认可行业标准,并于2020年12月1日实施。该项标准规定了实验室信息管理系统的管理策划、建设、运行、维护、退役等管理要求,是检验检测机构设计、建设和使用实验室信息管理系统的重要依据或参考。

2020年8月国家认监委发布了《能力验证计划的选择与核查及结果利用指南》(RB/T 031—2020)认证认可行业标准,并于2020年12月1日实施。该项标准给出了能力验证计划的选择、核查和结果利用指南,可为实验室开展质量控制提供指导。

90. AC

【学习点】《能力验证计划的选择与核查及结果利用指南》(RB/T 031—2020)。

【解析】参加能力验证是实验室质量保证的重要手段,有助于实验室评价和证明其测量结果可靠性运用,发现自身存在的问题,改进实验室的技术能力和管理水平。能力验证结果可作为证明实验室技术能力有效证明,为管理部门、客户和其他利益相关方选择、评价和认可有能力的实验室提供依据。

91. ABCDE

【学习点】《建材领域检测机构技术能力评价指南》(RB/T 144—2018)。

【解析】关于水泥标准稠度用水量、凝结时间、安定性检测项目技术能力评价关注点包括:①试验室温湿度监控设施及记录;②湿气养护温湿度记录及温湿度计校准情况;③安定性沸煮箱的放置是否隔离;④试件制备过程的人工操作;⑤能力验证情况。

第二章 试验室管理

一、单项选择题

1. 对检验检测机构资质认定评审的依据为( )。
   A.《检测和校准实验室能力认可准则》
   B.《公路水运工程试验检测信用评价办法》
   C.《检验检测机构资质认定能力评价 检验检测机构通用要求》
   D.《公路水运工程试验检测管理办法》

2. 检验检测机构应明确其组织结构及管理、( )和支持服务之间的关系。
   A. 质量方针　　　　　　　　　　B. 技术运作
   C. 与上级行政主管部门的关系　　D. 所在法人单位中的地位

3. 为确保对人员资格确认、任用、授权和能力保持等进行规范管理,检验检测机构应建立和保持( )。
   A. 人员管理程序　　　　　　　　B. 人员档案
   C. 人员培训计划　　　　　　　　D. 人员录用规定

4. 公路水运工程试验检测机构的质量方针一般应由( )制定。
   A. 技术负责人　　　　　　　　　B. 质量负责人
   C. 最高管理者　　　　　　　　　D. 管理层

5. 检验检测机构由( )负责管理体系的整体运行。
   A. 法人　　B. 质量负责人　　C. 最高管理者　　D. 管理层

6. 检验检测机构可以设立代理人的人员是( )。
   A. 报告审核人员　　　　　　　　B. 技术负责人
   C. 授权签字人　　　　　　　　　D. 提出意见和解释人员

7. 依据《通用要求》的有关规定,( )需经国家或省级技术监督部门批准。
   A. 最高管理者　　　　　　　　　B. 技术负责人
   C. 质量负责人　　　　　　　　　D. 授权签字人

8. 检验检测机构的技术负责人应具有( )或同等能力,全面负责技术运作。
   A. 中级及以上专业技术职称　　　B. 高级及以上技术职称
   C. 硕士研究生及以上学历　　　　D. 5年以上同行业工作经验

9. 从事国家规定的特定检验检测的人员应具有符合相关法律、行政法规所规定的资格。以下( )项目要求从事某些特定检验工作的人员持有个人资格证书。
   A. 沥青检测　　B. 水泥检测　　C. 路面检测　　D. 基桩检测

10. 根据《通用要求》,对检验检测环境描述不正确的是( )。
    A. 检验检测机构应有固定的、临时的、可移动的或多个地点的场所
    B. 检验检测机构的管理体系应覆盖所有工作场所
    C. 当检验检测机构在固定设施以外的场所进行抽样或检验检测时,无法控制环境对检验检测结果质量的影响
    D. 检验检测机构应建立和保持检验检测场所良好的内务管理程序,应将不相容活动的相邻区域进行有效隔离,采取措施以防止交叉污染

11. 当环境条件危及检验检测结果时,应( )检验检测活动。
    A. 停止   B. 尽快完成   C. 观察   D. 继续

12. 所用仪器设备的量程应( )。
    A. 足够大   B. 范围宽
    C. 与被测参数的技术指标范围相适应   D. 只要不小于最大被测量量值即可

13. 检测机构所使用的仪器设备的技术指标应满足要求,仪器设备的( )应与被测参数的大小相适应。
    A. 规格   B. 型号   C. 量程   D. 制造厂商

14. 检验检测机构租用仪器设备开展检验检测时,以下说法不正确的是( )。
    A. 短期租用仪器设备的管理可以不纳入本检验检测机构的管理体系
    B. 本检验检测机构可全权支配使用
    C. 在租赁合同中明确规定租用设备的使用权
    D. 同一台设备不允许在同一时期被不同检验检测机构共同租赁和资质认定

15. 检验检测机构应建立和保持检验检测设备和设施的管理( ),以确保其满足检验检测工作要求。
    A. 计划   B. 程序   C. 档案   D. 记录

16. 根据检验检测机构资质认定评《通用要求》规定,检验检测设备应由( )操作。
    A. 取得试验检测师资格   B. 取得助理试验检测师资格
    C. 经过授权的人员   D. 检测机构在编人员

17. 检验检测机构应保存对检验检测具有影响的设备及其软件的记录,该记录包括( )。
    A. 设备及软件的名称
    B. 制造商名称、型式标识、系列号或其他唯一性标识
    C. 设备保管人
    D. 当前数据

18. 以下有关检验检测机构管理体系的描述,正确的是( )。
    A. 行政管理不属于检验检测管理体系范围
    B. 现场监测活动具有临时特点,不应纳入检验检测机构管理体系
    C. 检验检测机构的管理体系应覆盖所有的质量管理、行政管理和技术管理活动
    D. 工地试验室因为是临时机构,其管理不应纳入检验检测机构管理体系

19. 检验检测机构应建立、实施和保持与其活动范围相适应的( )。

A. 管理体系　　　B. 质量手册　　　C. 组织机构　　　D. 岗位职责

20. 关于文件受控描述不正确的是( )。
　　A. 受控文件应加盖受控章
　　B. 来自于质量体系的文件应加盖受控章
　　C. 实验室所使用的规范标准属个人所有的不应加盖实验室受控章
　　D. 实验室所使用的规范标准包括复印件均应加盖受控章

21. 检验检测机构管理体系文件一般可分为4个层次,《作业指导书》为检验检测机构管理体系文件的( )文件。
　　A. 第四层次　　　B. 第一层次　　　C. 第二层次　　　D. 第三层次

22. 为确保实验室文件现行有效,采取以下( )措施。
　　A. 指定专人保管文件　　　　　　B. 实验室的所有文件都加盖受控章
　　C. 文件必须存放在指定的地方　　D. 建立文件控制程序

23. 检验检测机构在识别出不符合时,应采取( )。
　　A. 纠正措施的程序　　　　　　B. 停止试验检测机构活动
　　C. 进行人员培训　　　　　　　D. 进行效果验证

24. 检验检测的记录应包括( )、检验检测人员和结果校核人员的标识。
　　A. 抽样的人员　　　　　　　　B. 技术负责人
　　C. 实验报告签发人员　　　　　D. 实验室主任

25. 下列活动中的哪一项只要资源允许应由与其工作无直接责任的人员进行( )。
　　A. 管理评审　　　　　　　　　B. 合同评审
　　C. 质量监督管理　　　　　　　D. 体系内部审核

26. 管理体系内部审核通常( )。
　　A. 每年1次　　　B. 每2年1次　　　C. 每年2次　　　D. 每3个月1次

27. 内审应由( )策划并制定方案。
　　A. 管理层　　　B. 质量负责人　　　C. 技术负责人　　　D. 最高管理者

28. 检验检测机构应建立和保持管理评审的程序,管理评审通常( )一次。
　　A. 3个月　　　B. 5个月　　　C. 6个月　　　D. 12个月

29. 《检验检测机构资质认定能力评价　检验检测机构通用要求》关于测量不确定度的描述,以下说法正确的是( )。
　　A. 检测人员在确认检测方法时直接评定不确定度,检测机构不需要建立和保持应用评定测量不确定度的程序
　　B. 检验检测机构应根据需要建立和保持应用评定测量不确定度的程序
　　C. 技术负责人在确认检测方法时直接确认不确定度,检测机构不需要建立和保持应用评定测量不确定度的程序
　　D. 质量负责人在确认检测方法时直接确认不确定度,检测机构不需要建立和保持应用评定测量不确定度的程序

30. 检验检测机构在( )情况下,应制定作业指导书。
　　A. 缺少设备说明书

B. 如果缺少指导书可能影响检验检测结果

C. 委托合同没有确认检测方法

D. 任何情况下

31. 根据《检验检测机构资质认定能力评价 检验检测机构通用要求》的规定,对存放的样品,检测机构那种保管方式是适宜的(　　)。

　　A. 只要不丢失即可　　　　　　　B. 应及时记录温湿度条件

　　C. 应监控环境条件　　　　　　　D. 应维护,监控和记录环境条件

32. 盲样管理是对样品实施管理的一种方式,在实施样品的检测时,(　　)。

　　A. 不能提供任何样品信息　　　　B. 应提供必要的样品信息

　　C. 应有委托人的信息　　　　　　D. 选项 A、B、C 都不对

33. 样品应进行(　　),确保在流转过程中不发生混淆且具有可追溯性。

　　A. 唯一性标识　　B. 标识　　　　C. 清理　　　　　D. 拍照

34. 检验检测机构应有样品的标识系统,样品(　　)。

　　A. 在检验检测的整个期间应保留该标识

　　B. 只需要在收样前保留该标识

　　C. 只需要在流转期间保留该标识

　　D. 只需要在留样期间保留该标识

35. 检验检测机构应当对检验检测原始记录、报告、证书的保存期限不少于(　　)。

　　A. 3 年　　　　　B. 5 年　　　　C. 6 年　　　　　D. 10 年

36. (　　)不属于检验检测报告或证书必须包含的信息。

　　A. 所用检验检测方法的识别

　　B. 客户的名称

　　C. 检验检测样品的描述、状态和明确的标识

　　D. 有关不确定度的信息

37. 对检验检测报告提出意见和解释的人员是(　　)。

　　A. 报告审核员　　　　　　　　　B. 最高管理者

　　C. 经授权人员　　　　　　　　　D. 技术负责人

38. 根据《通用要求》的规定,当客户提供的信息可能影响结果的有效性时,应(　　)。

　　A. 拒绝出具报告

　　B. 对客户提供的信息进行修改

　　C. 由于是客户提供检测机构不予干预

　　D. 在报告或证书中出具免责声明

39. 第二方实验室,检测或校准供方提供的产品,数据(　　)。

　　A. 为社会所用　　　　　　　　　B. 为自己所用

　　C. 为供方所用　　　　　　　　　D. 为委托方所用

40. 第一方实验室检测的目的是(　　)。

　　A. 提高和控制社会产品质量

　　B. 提高和控制自己生产的产品质量

C. 提高和控制供方的产品质量
D. 以上三者均不对

41. 为社会提供检测或校准服务的实验室为(　　)。
    A. 第一方实验室　　　　　　　　B. 第二方实验室
    C. 第三方实验室　　　　　　　　D. 第一方和第二方实验室

42. 国家实验室认可应由(　　)实施评审。
    A. 国家认监委和省质量技术监督部门
    B. 中国合格评定国家认可委员会
    C. 国务院行政主管部门
    D. 国务院标准化行政主管部门

43. CMA 是(　　)的英文缩写,是为社会提供公证数据的产品质量检验机构,必须经省级以上人民政府计量行政部门对其计量检定、测试的能力和可靠性考核合格,才能获取 CMA 认证。
    A. 国际计量认证　　　　　　　　B. 中国计量认证
    C. 中国合格评定国家认可委员会　　D. 审查认可

44. 以下说法不正确的是(　　)。
    A. 认证是对组织的体系、产品、人员进行的第三方证明
    B. 认可是对合格评定机构能力的证实
    C. 认证与认可可以互相替代
    D. 行政许可的执行主体是国家行政机关,对公民、法人或其他组织从事特定活动的行为予以批准

45. 《检测和校准实验室能力认可准则》(CNAS-CL01)适用于(　　)。
    A. 第一方、第二方、第三方实验室
    B. 第三方实验室,不适用于第一方、第二方实验室
    C. 母体试验室,不适用于工地试验室
    D. 第一方和第二方实验室,不适用于第三方实验室

46. 根据《检验检测机构诚信评价规范》(GB/T 36308—2018)规定,不属于检验检测机构诚信评价指标和分配表中规定的加分项有(　　)。
    A. 支持诚信建设基金
    B. 参与制定诚信国家标准
    C. 积极参与检验检测领域诚信国家标准或行业标准的试点应用,成果突出
    D. 积极开展内部和外部诚信文化传播,效果显著

47. 按照《检验检测机构诚信基本要求》(GB/T 31880—2015)的规定,诚信文化建设应包括质量意识、诚信理念、品牌效应和(　　)。
    A. 公正态度　　B. 科学精神　　C. 持续改进　　D. 社会承诺

48. 按照《检验检测机构诚信基本要求》(GB/T 31880—2015)的规定,为应对可能对结果造成影响的紧急情况或事故,检验检测机构应(　　)。
    A. 定期进行安全隐患检查　　　　B. 启动偏移程序

C. 建立并保持应急准备和响应程序　　D. 制定环境控制文件及记录

49. 根据《检验检测机构诚信评价规范》(GB/T 36308—2018)规定,检验检测机构诚信评价至少每( )年复评一次。
　　A. 3　　　　　　B. 5　　　　　　C. 2　　　　　　D. 6

50. 《检验检测机构诚信评价规范》(GB/T 36308—2018)将检验检测机构诚信评价结果分为( )个等级。
　　A. 5　　　　　　B. 2　　　　　　C. 4　　　　　　D. 3

51. 在公路水运工程试验检测机构换证复核现场评审时,通过核查被评审机构近( )的典型报告对该机构在本次评价周期内所开展参数的覆盖率是否达标进行核查。
　　A. 1年　　　　　B. 3个月　　　　C. 5年　　　　　D. 6年

52. 公路水运工程试验检测机构等级评定现场评审时,由于样品制备、处理或测试时间较长,在规定的时间内无法完成试验,机构应采取的最适宜的措施是( )。
　　A. 向评审组说明理由,申请更换考核参数
　　B. 按实际具备条件偏离完成试验
　　C. 向技术负责人申请,得到其批准后即可实施偏离
　　D. 经技术负责人审核,得到专家批准后方可实施偏离

53. 公路水运工程试验检测机构等级评定现场评审时,当采用现场演示试验进行能力确认时,演示试验数量一般不宜大于技术考核参数总量的( )。
　　A. 10%　　　　　B. 20%　　　　　C. 15%　　　　　D. 25%

54. 公路水运工程试验检测机构在申请等级评定或换证符合时,所提供的主要仪器设备的权属证明材料应不低于所申请等级必选仪器设备总量的( )。
　　A. 80%　　　　　B. 60%　　　　　C. 40%　　　　　D. 10%

55. 公路水运工程试验检测机构等级评定现场评审时,以下可作为确认能力依据的是( )。
　　A. 满足要求的租用仪器设备
　　B. 满足要求的临时借用仪器设备
　　C. 已签订购买合同尚未到货的设备
　　D. 机构参加交通运输行业主管部门组织的能力验证满意的证明材料

56. 公路水运工程试验检测机构在等级评定现场评审后,若未能在规定期限内完成整改工作的应( )。
　　A. 再次整改　　　　　　　　　　B. 视为不通过
　　C. 延长整改期限　　　　　　　　D. 由质监机构责令改正

57. 对公路水运工程试验检测机构等级评定申请材料中的有关证明材料的真实性负责的单位是( )。
　　A. 受理机构　　　　　　　　　　B. 初审机构
　　C. 现场评审组　　　　　　　　　D. 申请机构

58. 公路水运工程试验检测机构等级评定时,核查办理的社会保险等是否齐全、规范、有效,应至少检查近( )的证明材料。

A. 1年　　　　　　B. 半年　　　　　　C. 3个月　　　　　　D. 1个月

59. 开展公路水运工程试验检测机构等级评定时,如果仪器设备配置和管理出现以下（　　）情况时,评审组经报告质监机构同意后即可终止评审。
    A. 必选设备未检定/校准　　　　B. 必选设备量程及精度不满足要求
    C. 缺少可选参数对应的设备　　　D. 设备未贴必要标识

60. 在公路水运工程试验检测机构等级评定现场评审时,当检测机构出具给客户的试验检测报告与存档报告在计算、数据、结论等方面存在不一致时,应定性为（　　）。
    A. 一般性技术错误　　　　　　　B. 一般性管理错误
    C. 严重的技术错误　　　　　　　D. 报告失实

61. 下列等级证书编号格式正确的是（　　）。
    A. 交通GJC2J2018-26　　　　　B. ITGIC2018-026
    C. 交通公路综甲2018-26　　　　D. 交通GJC综甲2018-026

62. 公路水运试验检测机构的（　　）应由标题、基本信息、检测对象属性、检测数据、附加声明、落款六部分组成。
    A. 检测类报告　　　　　　　　　B. 综合类报告
    C. 检测记录表　　　　　　　　　D. 抽样记录表

63. 根据《公路水运试验检测数据报告编制导则》规定,以下不正确的记录表名称是（　　）。
    A. 水泥标准稠度用水量、凝结时间、安定性试验检测记录表
    B. 隧道环境检测试验检测记录表
    C. 土颗粒筛分试验检测记录表
    D. 沥青密度试验检测记录表

64. 公路水运综合评价类报告,以（　　）为目的。
    A. 工程性质评价　　　　　　　　B. 获得测试结果
    C. 提供仲裁证据　　　　　　　　D. 参加能力验证活动

65. 公路水运试验记录表中落款区的日期应为（　　）日期。
    A. 试验　　　　　　　　　　　　B. 复核
    C. 审核　　　　　　　　　　　　D. 批准

66. 公路水运工程检测类报告的审核签字人应是（　　）。
    A. 签字领域的持证试验检测师　　B. 试验室技术负责人
    C. 高级工程师　　　　　　　　　D. 持证试验检测师

67. 试验检测机构专用章应盖在（　　）。
    A. 试验报告右上角　　　　　　　B. 报告的签发日期上
    C. 试验报告左上角　　　　　　　D. 检测单位名称上

68. 关于实验室信息管理系统,以下描述不正确的是（　　）。
    A. 实验室应建立和保持LIMS使用人员培训程序
    B. 实验室应有LIMS使用人员监督和能力监控程序
    C. 实验室信息管理系统LIMS,不允许线上和线下同时管理
    D. 应建立和保持LIMS人员岗位授权机制

二、判断题

1. 模拟报告应是对真实样品按照规范标准检测所得结果的报告,与业绩报告的差异只是缺少资质印章。（   ）
2. 检验检测机构或者其所在的组织,应是能承担法律责任的法人或者其他组织。（   ）
3. 检验检测机构中影响检验检测活动的关键岗位人员,应行为公正,受到监督,胜任工作,并按照管理体系要求履行职责,其他人员不做相应要求。（   ）
4. 检验检测机构的最高管理者应履行其对管理体系中的领导作用和承诺。（   ）
5. 检验检测机构应指定质量负责人和代理人,质量负责人应确保管理体系得到实施和保持。（   ）
6. 检验检测机构的技术管理者可以是一人,也可以是多人,以覆盖检验检测机构不同的技术活动范围。（   ）
7. 质量监督机构应保留关键技术人员的相关资格、能力确认、授权、教育、培训和监督的记录。（   ）
8. 针对每个检验检测参数都有相应的操作规程或作业指导书,所以检验检测机构不需要将其从事检验检测活动所必需的场所和环境要求制定成文件。（   ）
9. 检验检测机构不需要对现场抽样提出环境控制要求。（   ）
10. 非试验人员一律不得进入和使用对工作质量有影响的区域。（   ）
11. 检验检测机构应对影响检验检测质量的区域进入和使用加以控制,客户不得进入检测区域。（   ）
12. 交通行业设立的临时工地试验室、现场检测和监控基地应在检验机构的管理体系之内,各工地试验室的管理制度应属于管理体系的受控范围。（   ）
13. 检验检测机构存在多个检测场所时,其每个场所都需建立各自的质量体系。（   ）
14. 检验检测机构只需要建立和保持控制其管理体系的内部文件的程序。（   ）
15. 检验检测机构应定期对正在使用的标准跟踪查新。（   ）
16. 文件受控是指给各种文件加盖受控章。（   ）
17. 检验检测机构在编制程序文件时,应与质量手册之间有清晰关联,与其他管理文件协调一致。（   ）
18. 当检验检测机构活动或结果不符合国家相关标准与规范时,检验检测机构应实施不符合工作的处理程序。（   ）
19. 检验检测机构应建立和保持识别、收集、索引、存取、存档、存放、维护和清理质量记录和技术记录的表格。（   ）
20. 检验检测机构应有程序来保护和备份所有存放形式存储的记录,并防止未经授予权的侵入或修改。（   ）
21. 检验检测机构的内审员负责策划内审并制定审核方案。（   ）
22. 内审员负责实施内部审核,须经过培训,具备相应资格,内审员应独立于被审核的活动。（   ）
23. 检验检测机构的管理评审通常12个月1次,由最高管理者负责。（   ）

24. 检验检测机构选择检测和(或)校准的方法时,优先使用以国际、区域或国家标准形式发布的最新方法,应确保使用标准的有效版本。 ( )

25. 检验检测机构使用非标准方法时应事先征得客户同意,并执行偏离程序。 ( )

26. 待检样品尺寸或外观不符合规范要求,属于方法偏离一种形式。 ( )

27. 如果客户坚持使用不适合或已过期的方法时,检验检测机构应拒绝。 ( )

28. 检验检测机构自行开发的数据处理软件在投入使用前应进行确认并留下记录,后期正常升级则无须确认。 ( )

29. 当利用计算机或自动设备对检验检测数据进行采集、处理、记录、报告、存储或检索时,对使用者开发的计算机软件,检验检测机构可以直接使用。 ( )

30. 检验检测机构无法避免样品在存储、处置、准备过程中出现退化。 ( )

31. 当样品需要存放或在规定的环境条件下养护时,应保持、监控和记录这些条件。 ( )

32. 检验检测机构开展由客户送样的委托检验时,检验检测数据和结果仅对来样负责。(如果样品是由客户提供时),应在报告或证书中声明结果仅适用于客户提供的样品。 ( )

33. 检验检测机构的检验报告未经本机构批准不得复制。 ( )

34. 报告是检验检测机构的最终产品,其信息必须完整。因此委托单和原始记录中无法填写的信息必须在报告中体现。 ( )

35. 检验检测报告签发后,若有更正,修订后的检验检测报告应与原报告标识一样。 ( )

36. 《检验和校准实验室能力认可准则》等同采用《检验和校准实验室能力的通用要求》(ISO/IECI)。 ( )

37. 按《检验检测机构诚信基本要求》(GB/T 31880—2015)的规定,经客户同意,当偏离合同带来了不良后果的,检测机构不应承担相应责任。 ( )

38. 在公路水运工程试验检测机构等级评定时,同一试验检测参数具有多个方法时,只要具备一种方法即可确认机构的该项能力。 ( )

39. 公路水运工程试验检测机构为申请等级评定所配置的仪器设备及配附件应同时具有所有权和使用权。 ( )

40. 在公路水运工程试验检测机构等级评定或换证复核中,进行持证专业人员统计时,持原桥梁工程试验检测工程师证书的等同于持桥梁隧道工程试验检测师证书。 ( )

41. 在公路水运工程试验检测机构等级评定中被核查参数的模拟报告也可作为业绩证明该机构具备该参数的检测能力。 ( )

42. 母体试验检测机构是指在工程现场设立工地试验室的等级试验检测机构。 ( )

43. 工地试验室由施工单位、监理单位根据工程质量安全管理需要或合同约定,在工程现场自行设立的或委托其他等级试验检测机构在工程现场设立的试验室。 ( )

44. 试验模拟报告是通过编制模拟数据所形成的检测报告。 ( )

45. 母体试验检测机构是具有相应资质建立在施工场所的临时工地试验室。 ( )

46. 质量体系为实施质量管理所需的组织机构、程序、过程的目标。 ( )

47. 质量管理就是建立质量体系。 ( )

48. 检验检测机构授权签字人只要通过授权,就可在所有的检测报告上签字。（   ）
49. 标准化是指在一定的范围内制定标准。（   ）
50. 根据《公路水运试验检测数据报告编制导则》要求,记录表中试验检测日期应填写试验的结束时间,以年、月、日表示。（   ）
51. 根据《公路水运试验检测数据报告编制导则》要求,检测类报告的试验检验对象属性部分可以用于描述被检对象基础资料、测试说明、抽样情况、制样情况等具体需要确定。（   ）
52. 根据《公路水运试验检测数据报告编制导则》规定,综合评价类报告标题部分由报告名称、唯一性标识编码、检测单位名称、专用章、报告编号、页码等内容组成。（   ）
53. 根据《公路水运试验检测数据报告编制导则》要求,记录表唯一性标识编码就是记录编号。（   ）
54. 根据《公路水运试验检测数据报告编制导则》要求,记录表中的试验检测日期应与落款区日期一致。（   ）
55. 公路水运试验检测机构专用章是指试验检测机构等级专用标识章。（   ）
56. 公路水运检测类报告附加声明区可用于填写"只对来样负责的声明及其他需要补充说明"的事项。（   ）
57. 公路水运试验检测记录表格和检测报告的"标题部分",位于试验记录表/检测报告表格区外部上方,用于表征试验检测的技术信息。（   ）
58. 公路水运试验检测记录表的唯一性标识编码、委托编码、样品编码及记录编码均根据试验检测机构要求自行编制。（   ）
59. 公路水运试验检测综合类报告,根据检测工作方式和目的可分为不同的检测类别。（   ）

三、多项选择题

1. 检验检测机构应有明确的法律地位,以下(   )检验检测机构是能承担法律责任的组织。
   A. 具有法人资格
   B. 不具备独立法人资格的经所在法人单位授权
   C. 所在单位具有法人资格
   D. 公益组织
2. 检验检测机构及其人员从事检验检测活动,应遵守国家相关法律法规的规定,遵循(   )原则,恪守职业道德,承担社会责任。
   A. 客观独立   B. 公平公正   C. 诚实信用   D. 认真负责
3. 检验检测机构及其人员应对其在检验检测活动中所知悉的(   )负有保密义务。
   A. 国家秘密   B. 商业秘密   C. 企业所有活动   D. 技术秘密
4. 以下选项中,(   )可以具有检验检测机构授权签字人的条件。
   A. 经资质认定部门批准
   B. 具有中级及以上专业技术职称或同等能力

C. 具有相关专业高级职称
D. 持试验检测师证书

5. 检验检测机构应对( )人员,进行能力确认。
   A. 抽样、检验检测　　　　　　　　B. 提出意见和解释
   C. 签发检验检测报告或证书　　　　D. 操作设备

6. 试验室的设施和环境条件对检测结果的质量有影响时,试验室应( )环境条件。
   A. 监测　　　　B. 控制　　　　C. 记录　　　　D. 放宽

7. 检验检测机构应配备满足检验检测要求的设备和设施,其中设备包括( ),设施包括( )。
   A. 仪器、软件　　　　　　　　　　B. 测量标准、标准物质
   C. 参考数据　　　　　　　　　　　D. 试剂、消耗品
   E. 辅助设备或相应组合装置　　　　F. 固定和非固定设施
   G. 固定设施

8. 检验检测机构租用仪器设备开展检验检测时,应确保( )。
   A. 租用仪器设备的管理应纳入本检验检测机构的管理体系
   B. 本检验检测机构可全权支配使用
   C. 在租赁合同中明确规定租用设备的使用权
   D. 同一台设备不允许在同一时期被不同检验检测机构共同租赁

9. 检验检测机构应( ),对检验检测结果有重要影响仪器的关键量或值应( ),设备在投入服务前应( )以证实其能够满足检验检测的规范要求和相应标准的要求。
   A. 配备满足检验检测要求的设备和设施
   B. 制订校准计划
   C. 进行设备保养
   D. 进行校准或核查

10. "通用要求"检验检测机构应保存对检验检测具有重要影响的设备及其软件的记录,以下( )属于记录范围。
    A. 制造商名称、型式标识、系列号或其他唯一性标识
    B. 制造商的说明书
    C. 所有校准报告和证书的日期、结果及复印件,设备调整、验收准则和下次校准的预定日期
    D. 设备使用状态标识

11. 设备出现故障或者异常时,检验检测机构应( )。
    A. 停止使用,加贴停用标签、标记
    B. 修复后直接使用
    C. 修复后进行检定、校准、确认能正常工作为止
    D. 核查设备异常对以前检验检测结果的影响

12. 出现以下情况的仪器设备应停止使用( )。
    A. 曾经过载或处置不当　　　　　　B. 给出可疑结果

C. 已显示出缺陷 D. 超出规定限度

13. 检验检测机构管理体系至少应包括( )。
    A. 管理体系文件
    B. 管理体系文件的控制、记录控制
    C. 应对风险和机遇的措施、改进、纠正措施
    D. 内部审核和管理评审

14. 检验检测机构管理体系的运作包括( )。
    A. 体系的建立 B. 体系的实施
    C. 体系的废除 D. 体系保持和体系的持续改进

15. 是否制定程序性文件需要考虑以下( )原则。
    A. 准则中明确要求建立程序文件
    B. 活动内容复杂,活动涉及部门多,在质量手册中无法表示清楚
    C. 质量手册中内容需要修订的内容
    D. 大型仪器设备需要编制操作指导书时

16. 以下( )属于程序文件。
    A. 工地试验室管理程序 B. 抽样管理程序
    C. 文件控制程序 D. 服务客户程序

17. 以下( )是正确的程序文件名称。
    A. 处理客户申诉和投诉的程序
    B. 保证公正性和保护客户机密及所有权的程序
    C. 数据保护程序
    D. 允许偏离程序
    E. 大型仪器设备操作指导书

18. 程序文件编写的基本要求包括( )。
    A. 符合《通用要求》的要求 B. 具有可操作性
    C. 思路清晰 D. 逻辑完整
    E. 与其他管理体系文件协调一致

19. 检验检测机构管理体系文件主要由( )构成。
    A. 质量手册 B. 管理程序文件
    C. 作业程序文件 D. 记录、表格、报告等文件

20. 检验检测机构质量手册应包括( )等。
    A. 质量方针声明 B. 检验检测机构描述
    C. 人员职责 D. 支持性程序
    E. 手册管理

21. 检验检测机构质量手册中阐明的质量方针至少包括下列( )内容。
    A. 管理层对检验检测服务质量的承诺
    B. 管理层关于服务标准的声明
    C. 管理体系的目的

    D. 要求所有与检验检测活动有关的人员熟悉质量文件,并执行相关政策和程序
    E. 管理层对遵循本准则及持续改进管理体系的承诺

22. 关于质量手册,以下描述正确的是(　　)。
    A. 质量方针声明应在管理手册中予以阐明
    B. 明确规定技术负责人和质量负责人的职责
    C. 质量手册应包括所有程序文件
    D. 手册应受控

23. 关于文件控制,以下描述正确的是(　　)。
    A. 受控文件应加盖受控章　　　B. 受控文件应定期审核
    C. 允许一个文件存在不同版本　　D. 实验室内部文件不需要履行审批手续

24. 建立识别管理体系文件当前的修订状态和分发的控制清单或等同的文件控制程序的目的是(　　)。
    A. 便于查询文件　　　　　　　B. 便于及时更新文件
    C. 防止使用无效文件　　　　　D. 防止使用作废文件

25. 以下对文件控制的描述正确的是(　　)。
    A. 应保证检验检测机构有效运行的所有重要作业场所,都能得到相应文件的授权版本
    B. 定期审查受控文件,必要时进行修订,以保证持续适用和满足使用的要求
    C. 及时地从所有使用和发布处撤除无效或作废的文件,或用其他方法确保防止误用
    D. 受控文件应加盖受控章

26. 受控文件应加盖受控章,受控章应包含(　　)等信息。
    A. 文件编号　　B. 借阅人　　C. 修订状态　　D. 文件总页数

27. 合同评审包括对(　　)评审。
    A. 标书　　　　B. 合同　　　C. 委托书　　　D. 客户要求

28. 检验检测机构应评审客户(　　)。
    A. 委托书　　　B. 合同　　　C. 标书　　　　D. 委托单位的资质

29. 检验检测机构应建立和保持(　　)。
    A. 评审客户要求、标书、合同的程序
    B. 服务客户的程序
    C. 处理投诉的程序
    D. 选择和购买对检验检测质量有影响的服务和供应品的程序

30. 以下对检验检测机构关于检测项目分包描述正确的是(　　)。
    A. 分包不受任何限制
    B. 分包给依法取得检验检测机构资质认定并有能力完成分包项目的检验检测机构
    C. 在检验检测报告或证书中标注分包情况
    D. 分包的检验检测项目应当事先取得委托人书面同意

31. 根据《通用要求》的规定,下列有关分包的描述正确的有(　　)。
    A. 分包给依法取得检验检测机构资质认定并有能力完成分包项目的检验检测机构

B. 分包比例必须予以控制，仅限仪器设备使用频次低、价格昂贵及特种项目

C. 分包的检验项目应当事先取得委托人同意

D. 分包责任由分包方负责

32. 检验检测机构应建立和保持选择、购买对检验检测质量有影响的服务和供应品的程序，并保存对供应商的评价记录。服务和供应商包括(   )。

    A. 仪器设备供应商　　　　　　　　B. 提供设备检定/校准的检定机构
    C. 消耗性材料供应商　　　　　　　D. 办公设施供应商

33. 按照《通用要求》规定，出现不符合工作处理程序一般包括(   )。

    A. 对不符合工作的严重性进行评价　　B. 必要时通知顾客
    C. 必要时取消工作　　　　　　　　　D. 针对风险等级采取措施

34. 检验检测机构应建立和保持出现不符合工作的(   )，应建立和保持在识别出不符合时(   )。

    A. 处理程序　　　　　　　　　　　B. 采取纠正措施的程序
    C. 采取预防措施的程序　　　　　　D. 投诉程序

35. 检验检测机构质量记录应包括(   )的记录。

    A. 内部审核报告　　　　　　　　　B. 管理评审报告
    C. 纠正措施和预防措施　　　　　　D. 校准记录

36. 关于试验检测记录和报告的描述，正确的有(   )。

    A. 检验检测机构的记录予以安全保护，不得借阅
    B. 记录可以改动，但应有改动人的签名
    C. 记录是报告内容的信息来源
    D. 观察结果、数据应在产生当时予以记录
    E. 发现原始记录错误，可以在第二天进行更改

37. 检验检测机构应建立和保持管理体系内部审核的程序，以便验证其运作是否符合(   )的要求。

    A. 管理体系　　　　　　　　　　　B. 质量方针
    C. 通用要求　　　　　　　　　　　D. 上级领导机构

38. 关于检验检测机构内部审核描述，正确的是(   )。

    A. 应建立和保持管理体系内部审核的程序
    B. 内部审核只能每年进行一次
    C. 审核员须经过培训，具备相应资格
    D. 审核员通常应独立于被审核的活动

39. 实验室内部审核，每年至少1次，当出现(   )的情况时，需增加内审次数。

    A. 出现质量事故或客户对某一环节连续投诉
    B. 内部监督连续发现质量问题
    C. 实验室组织机构、职能等发生较大变化时
    D. 等级评审或资质认定前

40. 管理评审输出应包括以下(   )内容。

A. 质量方针、目标和管理体系总体目标
B. 管理体系及过程的有效性
C. 满足《通用要求》的改进
D. 变更的需求
E. 提供所需的资源

41. 管理评审输入应包括以下（　　）信息。
    A. 管理和监督人员的报告　　　　B. 纠正措施和预防措施
    C. 由外部机构进行的评审　　　　D. 风险识别的可控性

42. 当检验检测方法发生了变化，应对变化的方法重新进行证实或确认后才能继续使用，确认应从（　　）等方面进行。
    A. 检验检测人员是否经过有效培训，能否熟练掌握标准方法
    B. 仪器设备的选用是否符合标准方法的要求
    C. 设施和环境是否符合标准方法规定的要求
    D. 能否提供相关检验检测的典型报告和不确定度评定报告

43. 下列不属于方法偏离的情况有（　　）。
    A. 检测人员未持证上岗　　　　B. 仪器设备超出检定/校准有限期
    C. 采用委托单位提供的试验方法　　D. 计算错误

44. 检验检测方法的偏离常见的有（　　）。
    A. 抽样方式、数量、比例的改变　　B. 水泥混凝土试件养生时间不足
    C. 采用非标准试验方法　　　　D. 试验数据计算由计算机改为人工

45. 对检验检测方法的偏离，须在（　　）情况下才允许发生。
    A. 该偏离已有文件规定　　　　B. 该偏离较难避免
    C. 该偏离经技术判断、批准　　　　D. 客户接受该偏离

46. 关于检验检测方法的确认，以下说法正确的是（　　）。
    A. 检验检测方法和方法确认程序，包括被检验检测物品的抽样、处理、运输、存储和准备等活动
    B. 当使用非标准方法时，应遵守与客户达成的协议，所制定的非标准方法在使用前应经确认
    C. 检验检测机构应记录确认的过程、确认的结果、该方法是否适合预期用途的结论
    D. 检验检测机构应建立和保持使用适合的检验检测方法和方法确认的程序

47. 试验室作业指导书至少包括以下（　　）方面。
    A. 方法　　　B. 数据　　　C. 设备　　　D. 样品

48. 对于抽样，以下说法正确的是（　　）。
    A. 检验检测机构如需对物质、材料或产品进行抽样，应建立和保持抽样控制程序
    B. 抽样计划应根据适当的统计方法制定
    C. 抽样过程与检验检测结果的有效性无关
    D. 当客户对文件规定的抽样程序有偏离的要求时，这些要求应与相关抽样资料予以详细记录，并纳入包含检验检测结果的所有文件中

49. 检验检测机构应建立和保持对用于检验检测样品的运输、接收、处置、保护、存储、保留、清理的(　　)，以保护(　　)并为客户保密。
   A. 程序　　　　　　B. 样品的完整性　　　C. 计划　　　　　　D. 标准

50. 检验检测机构可在检验检测出现(　　)时，报告测量不确定度。
   A. 临界值　　　　　　　　　　　B. 内部质量控制
   C. 客户有要求　　　　　　　　　D. 检测结果存在误差

51. 检验检测机构应建立和保持监控结果有效性的程序，可包括(　　)等内容。
   A. 定期使用有证标准物质、经过检定或校准的具有溯源性的替代仪器
   B. 参加检验检测机构间的比对或能力验证计划
   C. 使用相同或不同方法进行重复检验检测
   D. 对存留物品进行再检验检测
   E. 分析样品不同结果的相关性

52. 当(　　)，检测报告中需要包括有关不确定度的信息。
   A. 不确定度与检测结果的有效性或应用有关
   B. 客户有要求
   C. 不确定度影响到对规范限度的符合性
   D. 仪器设备校准证书给出了修正因子

53. 检验检测机构从事抽样时，应有完整、充分的信息支撑其检验检测报告或证书，包括(　　)等内容。
   A. 抽样日期、抽样位置
   B. 所用的抽样计划和程序
   C. 样品流转信息
   D. 与抽样方法或程序有关的标准或规范，以及对这些标准或规范的偏离、增加或删减

54. 当需要对报告或证书做出意见和解释时，意见和解释应在检验检测报告或证书中清晰标注。检验检测报告或证书的意见和解释可包括(　　)内容。
   A. 对检验检测结果符合(或不符合)要求的意见
   B. 履行合同的情况
   C. 如何使用结果的建议
   D. 改进的建议

55. 下列关于检验检测报告更正或增补的说法，正确的有(　　)。
   A. 应当按规定的程序执行，并详细记录更正或增补的内容
   B. 应当重新编制新的更正或增补后的检验检测报告，并确保其唯一性标识与原报告一致
   C. 若原检测报告不能收回时，应当声明原检测报告作废
   D. 若原检验检测报告可能导致潜在其他利益方受到影响时，通过公开渠道声明后，原检测报告作废后可不承担相应责任

56. 按照《检验检测机构诚信基本要求》(GB/T 31880—2015)的规定，试验检测机构的人员不应有的行为包括(　　)。

A. 与其所从事检验检测项目委托方存在利益关系
B. 参与被检测产品的生产经营活动
C. 参与样品的抽样活动
D. 出具不客观数据或结果

57. 将检测和校准作为检查和产品认证工作一部分的实验室,政府实施管理行为的是( )。
  A. 计量认证 B. 审查认可 C. 国家实验室认可 D. 等级评审

58. 计量认证使用的标志为( ),审查认可使用的标志为( ),国家实验室认可使用的标志为( )。
  A. CAL B. CMA C. ISO D. CNAS

59. 质量体系指为实施质量管理所需的( )资源。
  A. 组织结构 B. 程序 C. 过程 D. 外部监督

60. 当检测参数通过计量认证同时属于等级证书批准的参数范围的检测报告时,应加盖( )。
  A. CMA 章 B. ISO 章 C. CAL 章 D. 蝴蝶兰 J 章

61. 确定质量方针、目标和职责,并在质量体系中通过诸如( )使其实施全部管理职能的所有活动称为质量管理。
  A. 质量策划 B. 质量控制 C. 质量保证 D. 质量改进

62. 公路水运工程试验检测机构,设备档案一般需包含的内容有( )。
  A. 验收单 B. 使用说明书
  C. 维护维修记录 D. 使用记录

63. 在公路水运工程试验检测机构等级评定现场评审时,抽取的现场考核参数宜重点考虑的方面包括( )。
  A. 难度大的参数 B. 操作较复杂的参数
  C. 涉及结构安全 D. 能代表检测机构能力水平的参数

64. 在公路水运工程试验检测机构等级评审时,以下检查项如得零分视为机构没有通过资格的有( )。
  A. 人员专业配置 B. 环境状况
  C. 仪器设备管理 D. 试验记录、报告

65. 在公路水运工程试验检测机构等级评定现场评审时,如检测机构对存在的问题提出异议,经查证确属评审组客观证据不足或检测机构能提供充足的符合性证据的,评审组应采取的措施有( )。
  A. 维持原有评审结论
  B. 修改有关评审结论
  C. 相关情况可在"现场评审工作备忘录"予以记录
  D. 专家组长及有关专家应签字确认

66. 在公路水运工程试验检测机构等级评定现场评审时,关于业绩扣分标准描述正确的有( )。

A.在省级督查中,受到停业整顿的,每次扣3分
B.在部级督查中,受到通报批评的每次扣3分
C.在省级督查中,受到通报批评的每次扣2分
D.申请的可选参数无业绩报告的,每个参数扣0.5分

67.公路水运试验检测数据记录表标题部分由(　　)组成。
A.记录表名称　　　　　　　　B.唯一性标识编码
C.检测单位名称　　　　　　　D.记录编号
E.页码

68.公路水运试验检测记录表唯一性标识编码采用(　　)组合的形式表示。
A.专业编码　　　　　　　　　B.领域编码
C.项目编码　　　　　　　　　D.参数编码
E.方法区分码

69.公路水运试验检测记录表唯一性标识编码 JGLQ01004a,各字符含义正确的是(　　)。
A.J-桥梁隧道专业　　　　　　B.GL-交通专业
C.Q-工程材料与制品　　　　　D.01-项目编码
E.004-参数编码,a-方法代码

70.公路水运检测类报告的基本信息部分主要包括(　　)等信息。
A.施工单位、工程名称　　　　B.工程部位/用途
C.样品信息　　　　　　　　　D.主要仪器设备

71.检测类试验报告的检验对象属性区部分内应填写(　　)。
A.生产厂家　　B.基础资料　　C.测试说明　　D.制样情况

72.公路水运试验检测记录表的附加声明区部分可用于(　　)。
A.对试验检测的依据、方法、条件等偏离情况的声明
B.其他见证方签认
C.其他需要补充说明的事项
D.试验结果的判定依据

73.公路水运试验检测记录表检验数据部分应包括(　　)。
A.原始观测数据
B.数据处理过程与方法
C.试验结果
D.试验结果的判定依据

74.关于公路水运试验检测记录表检验数据部分,以下表述正确的是(　　)。
A.原始观测数据应包含获取试验结果所需的充分信息
B.应保留试验数据的处理过程,给出由原始观测数据导出试验结果的过程记录、数据修约等
C.原始观测数据必须手工填写
D.应记录试验仪器设备试验过程中的运行状况

75. 在 CMA、CAL、CNAS 标识同时使用时,建议（   ）,仅使用 CNAS 标识时,建议（   ）。

   A. 在报告首页上方从左向右依次盖章

   B. 章盖在报告首页上方居中位置

   C. 在报告首页上方从右向左依次盖章

   D. 章盖在报告首页左上方位置

76. 根据实验室功能区域划分中的垂直布局原则,下列描述正确的是(   )。

   A. 较大振动或噪声的设备宜布置在建筑物的底层

   B. 对振动敏感的设备宜布置在建筑物的顶层

   C. 产生粉尘物质的实验室宜布置在建筑物的底层

   D. 产生有毒有害气体的实验室宜布置在建筑物的顶层

77. 根据《检验检测机构管理和技术能力评价　设施和环境通用要求》（RB/T 047—2020）,当检验检测工作对环境温度和湿度无特殊要求时,工作环境的温度宜维持在(   ),相对湿度宜维持在(   )。

   A. 16~26℃　　　　B. 30%~65%　　　　C. 20℃　　　　D. 90%

78. 以下描述正确的是(   )。

   A. 检验检测机构应根据需要设置普通废弃物的收集场所,废弃物的收集、标识、存储和处置应符合相关标准规范的要求

   B. 检验检测机构应根据需要设置危险废弃物的收集场所,废弃物的收集、标识、存储和处置应符合相关标准规范的要求

   C. 检验检测机构如无法在检验检测场所妥善处理危险废弃物时,应交给有资质的单位处理,并做好危险废弃物处置的追踪记录

   D. 废弃的水泥混凝土试块、钢筋试样、沥青试样、废酸溶液等可收集在同一场所

习题参考答案及解析

一、单项选择题

1. C

   【学习点】《检验检测机构资质认定能力评价　检验检测机构通用要求》（RB/T 214—2017）1 范围。

   【解析】本标准规定了对检验检测机构进行资质认定能力评价时,在机构、人员、场所环境、设备设施、管理体系等方面的通用要求。

   本标准适用于向社会出具具有证明作用的数据、结果的检验检测机构的资质认定能力评价,也适用于检验检测机构的自我评价。

2. B

   【学习点】《检验检测机构资质认定能力评价　检验检测机构通用要求》（RB/T 214—

2017)第4.1.2条。

【解析】 检验检测机构应明确其组织结构及管理、技术运作和支持服务之间的关系。检验检测机构应配备检验检测活动所需的人员、设施、设备、系统及支持服务。

3. A

【学习点】《检验检测机构资质认定能力评价 检验检测机构通用要求》(RB/T 214—2017)第4.2.1条。

【解析】 检验检测机构应建立和保持人员管理程序,对人员资格确认、任用、授权和能力保持等进行规范管理。

4. D

5. D

第4、5题【学习点】《检验检测机构资质认定能力评价 检验检测机构通用要求》(RB/T 214—2017)第4.2.2条。

【解析】 检验检测机构应确定全权负责的管理层,管理层应履行其对管理体系的领导作用和承诺:

a) 对公正性做出承诺;

b) 负责管理体系的建立和有效运行;

c) 确保管理体系所需的资源;

d) 确保制定质量方针和质量目标;

e) 确保管理体系要求融入检验检测的全过程;

f) 组织管理体系的管理评审;

g) 确保管理体系实现其预期结果;

h) 满足相关法律法规要求和客户要求;

i) 提升客户满意度;

j) 运用过程方法建立管理体系和分析风险、机遇。

《通用要求》第4.2.2条将原《评审准则》中的"最高管理者"改为"管理层",因此应由管理层确保制定质量方针和质量目标,负责管理体系的建立和有效运行。

6. B

【学习点】《检验检测机构资质认定能力评价 检验检测机构通用要求》(RB/T 214—2017)第4.2.3条。

【解析】 检验检测机构的技术负责人应具有中级及以上专业技术职称或同等能力,全面负责技术运作;质量负责人应确保管理体系得到实施和保持。应指定关键管理人员的代理人。

《通用要求》对技术负责人有"中级及以上专业技术职称或同等能力",对质量负责人任职条件并无要求。但是公路水运工程试验检测机构等级标准对技术负责人和质量负责人任职条件都有相关要求。

7. D

8. A

第7、8题【学习点】《检验检测机构资质认定能力评价 检验检测机构通用要求》(RB/T

214—2017)第4.2.3、4.2.4条。

【解析】 检验检测机构的授权签字人是由检验检测机构提名,经资质认定部门考核合格后,在其资质认定授权的能力范围内签发检验检测报告或证书的人员。授权签字人应具有中级及以上专业技术职称或同等能力,并经资质认定部门批准,非授权签字人不得签发检验检测报告或证书。

检验检测机构的技术负责人应具有中级及以上专业技术职称或同等能力,全面负责技术运作。

9. D

【学习点】《检验检测机构资质认定能力评价 检验检测机构通用要求》(RB/T 214—2017)第4.2.5条。

【解析】 检验检测机构应对抽样、操作设备、检验检测、签发检验检测报告或证书以及提出意见和解释的人员,依据相应的教育、培训、技能和经验进行能力确认。可通过发布文件和/或持证上岗等形式规定每个岗位的能力范围。

从事国家规定的特定检验检测的人员应具有符合相关法律、行政法规所规定的资格,试验室有责任满足这些专门人员持证上岗的要求。人员资格证书的要求可能是法定的、特殊技术领域标准包含的,或是客户要求的。

10. C

【学习点】《检验检测机构资质认定能力评价 检验检测机构通用要求》(RB/T 214—2017)第4.3.1、4.3.2、4.3.4条。

【解析】 4.3.1 检验检测机构应有固定的、临时的、可移动的或多个地点的场所,上述场所应满足相关法律法规、标准或技术规范的要求。检验检测机构应将其从事检验检测活动所必需的场所、环境要求制定成文件。

4.3.2 检验检测机构应确保其工作环境满足检验检测的要求。检验检测机构在固定场所以外进行检验检测或抽样时,应提出相应的控制要求,以确保环境条件满足检验检测标准或者技术规范的要求。

4.3.4 检验检测机构应建立和保持检验检测场所良好的内务管理程序,该程序应考虑安全和环境的因素。检验检测机构应将不相容活动的相邻区域进行有效隔离,应采取措施以防止干扰或者交叉污染。检验检测机构应对使用和进入影响检验检测质量的区域加以控制,并根据特定情况确定控制的范围。

11. A

【学习点】《检验检测机构资质认定能力评价 检验检测机构通用要求》(RB/T 214—2017)第4.3.3条。

【解析】 当环境条件不利于检验检测的开展时(检测过程中环境已超标准规范允许的范围),应停止检验检测活动。

12. C

13. C

第12、13题【学习点】《检验检测机构资质认定能力评价 检验检测机构通用要求》(RB/T 214—2017)第4.4.1条。

【解析】 检验检测机构应配备满足检验检测(包括抽样、物品制备、数据处理与分析)要求的设备和设施。用于检验检测的设施,应有利于检验检测工作的正常开展。应正确配备检验检测所需要的仪器设备,所用仪器设备的技术指标和功能应满足要求,量程应与被测参数的技术指标范围相适应。

14. A

【学习点】《检验检测机构资质认定能力评价 检验检测机构通用要求》(RB/T 214—2017)第4.4.1条。

【解析】 检验检测机构租用仪器设备开展检验检测时,应确保:
a)租用仪器设备的管理应纳入本检验检测机构的管理体系;
b)本检验检测机构可全权支配使用,即:租用的仪器设备由本检验检测机构的人员操作、维护、检定或校准,并对使用环境和贮存条件进行控制;
c)在租赁合同中明确规定租用设备的使用权;
d)同一台设备不允许在同一时期被不同检验检测机构共同租赁和资质认定。

公路水运工程试验检测机构应执行《公路水运工程试验检测等级管理要求》(JT/T 1181—2018)第6.1.4条要求:检测机构应根据所申请试验检测参数配置符合相应技术规范、标准、规程等要求的仪器设备、配套附件及试验耗材等,并应同时具有其所有权和使用权。其中必选仪器设备应全部配置,可选仪器设备按照相应试验检测参数要求的试验方法配置。

15. B

【学习点】《检验检测机构资质认定能力评价 检验检测机构通用要求》(RB/T 214—2017)第4.4.1、4.4.2条。

【解析】 检验检测机构应建立和保持检验检测设备和设施管理程序,以确保设备和设施的配置、使用和维护满足检验检测工作要求。管理程序应包括设备管理的所有管理要素和程序文件。

16. C

【学习点】《检验检测机构资质认定能力评价 检验检测机构通用要求》(RB/T 214—2017)第4.4.4条。

【解析】 检验检测设备应由经过授权的人员操作并对其进行正常维护。
无论是否取得试验检测师资格证书或助理试验检测师资格证书,依据《通用要求》仪器设备操作人员都应经过授权确认。

17. B

【学习点】《检验检测机构资质认定能力评价 检验检测机构通用要求》(RB/T 214—2017)第4.4.4条及释义。

【解析】 检验检测机构应保存对检验检测具有影响的设备及其软件的记录,该记录至少应包括:
(1)设备及其软件的识别;
(2)制造商名称、型式标识、系列号或其他唯一性标识;
(3)核查设备是否符合规范;
(4)当前的位置(适用时);

(5)制造商的说明书(如果有),或指明其存放地点;

(6)检定、校准报告和证书的日期、结果及复印件,设备调整、验收准则和下次检定、校准的预定日期;

(7)设备维护计划,以及已进行的维护(适用时);

(8)设备的任何损坏、故障、改装或修理。

18. C

19. A

第18、19题【学习点】《检验检测机构资质认定能力评价 检验检测机构通用要求》(RB/T 214—2017)第4.5.1条。

【解析】检验检测机构应建立、实施和保持与其活动范围相适应的管理体系。检验检测机构管理体系至少应包括:管理体系文件、管理体系文件的控制、记录控制、应对风险和机遇的措施、改进、纠正措施、内部审核和管理评审。

检验检测机构的管理体系应覆盖所有的质量管理、行政管理和技术管理活动。

20. D

【学习点】《检验检测机构资质认定能力评价 检验检测机构通用要求》(RB/T 214—2017)第4.5.1条及释义。

【解析】实验室管理体系文件包括质量手册(第一层次)、程序文件(第二层次)、作业指导书(第三层次)及记录、表格、报告等文件(第四层次)。

21. D

22. D

第21、22题【学习点】《检验检测机构资质认定能力评价 检验检测机构通用要求》(RB/T 214—2017)第4.5.3条。

【解析】检验检测机构应建立和保持控制其管理体系的内部和外部文件的程序,明确文件的标识、批准、发布、变更和废止,防止使用无效、作废的文件。文件包括法律法规、标准、规范性文件、质量手册、程序文件、作业指导书和记录表格,以及通知、计划、图纸、图表、软件等。文件受控要点包括:有文件控制和管理程序;无论外来或内部文件都应被控;受控文件应定期审核,修改后的文件应经再批准,并注明;不得使用作废文件,失效或废止文件一般要从使用现场收回,加以标识后销毁或存档。一个文件不得出现不同版本。

23. A

【学习点】《检验检测机构资质认定能力评价 检验检测机构通用要求》(RB/T 214—2017)第4.5.10条。

【解析】检验检测机构应建立和保持在识别出不符合时,采取纠正措施的程序。检验检测机构应通过实施质量方针、质量目标,应用审核结果、数据分析、纠正措施、管理评审、人员建议、风险评估、能力验证和客户反馈等信息来持续改进管理体系的适宜性、充分性和有效性。

24. A

【学习点】《检验检测机构资质认定能力评价 检验检测机构通用要求》(RB/T 214—2017)第4.5.11条及释义。

【解析】检验检测机构应建立和保持记录管理程序,确保记录的标识、贮存、保护、检索、保留和处置符合要求。记录分为质量记录和技术记录两类,技术记录应包括每项检验检测活动和审查数据结果的日期和责任人(包括抽样人员、每项检验检测人员和结果校核人员的签字或等效标识)。记录与报告要求不同,不需要技术负责人、报告签发人、室主任的签字。

25. D
26. A
27. B

第25~27题【学习点】《检验检测机构资质认定能力评价 检验检测机构通用要求》(RB/T 214—2017)第4.5.12条。

【解析】 检验检测机构应建立和保持管理体系内部审核的程序,以便验证其运作是否符合管理体系和本标准的要求。内部审核通常每年一次,由质量主管负责策划内审并制定审核方案,审核应涉及全部要素,包括检验检测活动。审核员须经过培训,具备相应资格,审核员通常应独立于被审核的活动。

28. D

【学习点】《检验检测机构资质认定能力评价 检验检测机构通用要求》(RB/T 214—2017)第4.5.16条。

【解析】 管理评审通常12个月1次,由管理层负责,一般采取会议的形式。

29. B

【学习点】《检验检测机构资质认定能力评价 检验检测机构通用要求》(RB/T 214—2017)第4.5.15条。

【解析】 检验检测机构应根据需要建立和保持应用评定测量不确定度的程序。

30. B

【学习点】《检验检测机构资质认定能力评价 检验检测机构通用要求》(RB/T 214—2017)第4.5.14条。

【解析】《通用要求》规定,必要时检验检测机构应制定作业指导书。不是所有检验检测都要制定作业指导书,如果缺少指导书可能影响检验检测结果就应制定。

31. D

【学习点】《检验检测机构资质认定能力评价 检验检测机构通用要求》(RB/T 214—2017)第4.5.18条。

【解析】 检验检测机构应建立和保持样品管理程序,以保护样品的完整性并为客户保密。检验检测机构应有样品的标识系统,并在检验,检测整个期间保留该标识。在接收样品时,应记录样品的异常情况或记录对检验检测方法的偏离。样品在运输、接收、处置、保护、存储、保留、清理或返回过程中,应予以控制和记录。当样品需要存放或养护时,应维护、监控和记录环境条件。

32. B
33. A
34. A

第32~34题【学习点】《检验检测机构资质认定能力评价 检验检测机构通用要求》(RB/T 214—2017)第4.5.20条。

【解析】检验检测机构应有样品的标识系统,并在检验检测整个期间保留该标识,样品标识应是唯一性标识。盲样管理是对样品实施管理的一种方式,是为了保持最大的公平性,检测人不应知道委托人的信息,但应提供必要的样品信息。

35. C

【学习点】《检验检测机构资质认定能力评价 检验检测机构通用要求》(RB/T 214—2017)第4.5.27条。

【解析】检验检测机构应当对检验检测原始记录、报告、证书归档留存,保证其具有可追溯性。检验检测原始记录、报告、证书的保存期限通常不少于6年。

36. D

【学习点】《检验检测机构资质认定能力评价 检验检测机构通用要求》(RB/T 214—2017)第4.5.20条。

【解析】检验检测报告或证书应至少包括下列信息:

a) 标题;

b) 标注资质认定标志,加盖检验检测专用章(适用时);

c) 检验检测机构的名称和地址,检验检测的地点(如果与检验检测机构的地址不同);

d) 检验检测报告或证书的唯一性标识(如系列号)和每一页上的标识,以确保能够识别该页是属于检验检测报告或证书的一部分,以及表明检验检测报告或证书结束的清晰标识;

e) 客户的名称和联系信息;

f) 所用检验检测方法的识别;

g) 检验检测样品的描述、状态和标识;

h) 检验检测的日期。对检验检测结果的有效性和应用有重大影响时,注明样品的接收日期或抽样日期;

i) 对检验检测结果的有效性或应用有影响时,提供检验检测机构或其他机构所用的抽样计划和程序的说明;

j) 检验检测报告或证书签发人的姓名、签字或等效的标识和签发日期;

k) 检验检测结果的测量单位(适用时);

l) 检验检测机构不负责抽样(如样品是由客户提供)时,应在报告或证书中声明结果仅适用于客户提供的样品;

m) 检验检测结果来自于外部提供者时的清晰标注;

n) 检验检测机构应做出未经本机构批准,不得复制(全文复制除外)报告或证书的声明。只有当检验检测出现临界值、客户有要求时,报告测量不确定度。

37. C

【学习点】《检验检测机构资质认定能力评价 检验检测机构通用要求》(RB/T 214—2017)第4.2.5条。

【解析】对报告提出意见和解释人员应进行能力确认。

38. D

【学习点】《检验检测机构资质认定能力评价 检验检测机构通用要求》(RB/T 214—2017)第4.5.21条。

【解析】报告或证书涉及使用客户提供的数据时,应有明确的标识。当客户提供的信息可能影响结果的有效性时,报告或证书中应有免责声明。

39. B

【学习点】《实验室资质认定工作指南》(国家认证认可监督管理委员会编,中国计量出版社出版,下同)。

【解析】第二方实验室是组织内实验室,目的是提高和控制供方产品质量。

40. B

【学习点】《实验室资质认定工作指南》。

【解析】第一方实验室是组织内实验室,数据为自己所用,目的是提高和控制自己产品质量。

41. C

【学习点】《实验室资质认定工作指南》。

【解析】第三方实验室独立于第一方和第二方实验室,数据为社会所用,目的是为提高和控制社会产品质量。

42. B

【学习点】《实验室资质认定工作指南》。

【解析】国家实验室认可向中国合格评定国家认可委员会提出申请,由中国合格评定国家认可委员会实施。

43. B

【学习点】15份配套工作程序和技术要求附件4《检验检测机构资质认定 标志及其使用要求》。

【解析】CMA 是 China Inspection Body and Laboratory Mandatory Approval 的英文缩写。

44. C

【学习点】2021年版考试用书《公共基础》。

【解析】认证与认可是合格评定链中的不同环节,认证是对组织的体系、产品、人员进行的第三方证明,认可是对合格评定机构能力的证实,二者不可以互相替代。行政许可的执行主体是国家行政机关,对公民、法人或其他组织从事特定活动的行为予以批准。

45. A

【学习点】《检测和校准实验室能力认可准则》(CNAS-CL01:2018)1 范围。

【解析】本准则规定了实验室能力、公正性以及一致运作的通用要求。本准则适用于所有从事实验室活动的组织,不论其人员数量多少。实验室的客户、法定管理机构、使用同行评审的组织和方案、认可机构及其他机构采用本准则确认或承认实验室能力。

46. A

【学习点】《检验检测机构诚信评价规范》(GB/T 36308—2018)附录A 检验检测机构诚信评价指标和分值分配表。

【解析】加分项包括标准制修订、贯标、试点应用及文化传播四个方面。

47. D

【学习点】《检验检测机构诚信基本要求》(GB/T 31880—2015)第4.4.8条。

【解析】 诚信文化建设包括:质量意识、诚信理念、品牌效应、社会承诺。

48. C

【学习点】《检验检测机构诚信基本要求》(GB/T 31880—2015)第4.3.5条。

【解析】 检验检测机构应有环境控制文件及记录,确保设施和环境条件满足检验检测的要求。检验检测机构应建立、实施并保持应急准备和响应程序,以应对可能对结果造成影响的紧急情况或事故。检验检测机构的建筑安全应符合相关标准要求。

49. D

【学习点】《检验检测机构诚信评价规范》(GB/T 36308—2018)第5.3条。

【解析】 诚信评价应是连续的,得出评价结果后,应按年度对检验检测机构诚信建设能力和表现进行持续评价,包括对年度诚信报告的确认,至少每6年复评一次,达到保持和改进的目的。

50. C

【学习点】《检验检测机构诚信评价规范》(GB/T 36308—2018)第8.1条。

【解析】 检验检测机构诚信评价结果包括A、B、C、D四个等级。

51. C

【学习点】《公路水运工程试验检测等级管理要求》(JT/T 1181—2018)第7.3.7.11条。

【解析】 换证复核现场评审时,通过近5年的试验检测典型报告,核查检测机构所开展试验检测参数是否覆盖批准的所有试验检测项目且不少于批准参数的85%。检测机构设立的工地试验室所开展的试验检测参数可作为其开展参数的业绩;对于有模拟报告而无实际业绩的参数,不应计入检测机构已开展参数。

52. D

53. A

第52、53题**【学习点】**《公路水运工程试验检测等级管理要求》(JT/T 1181—2018)第7.3.9.3.4条。

【解析】 现场试验操作考核过程中若出现下列情况,应按以下规定处理:

a) 当采用现场演示试验进行能力确认时,评审专家应对操作演示的全过程进行跟踪,并进行有针对性的提问考核和查验典型报告,以评定人员操作的熟练程度、正确性和完整性。演示试验数量一般不宜大于技术考核参数总量的10%。

b) 由于样品制备、处理或测试时间较长,由检测人员提出偏离申请报技术负责人审核,得到专家批准后方可实施偏离,偏离申请应作为检测报告附件。

54. C

【学习点】《公路水运工程试验检测等级管理要求》(JT/T 1181—2018)第7.2.1.2条。

【解析】 在申请等级评定或换证符合时,所申请试验检测参数的典型报告及业绩证明应覆盖所有试验检测项目,且不应低于所申请等级必选参数总量的10%;主要仪器设备的权属证明材料和检定/校准证书应不低于所申请等级必选仪器设备总量的40%。

55. D

【学习点】《公路水运工程试验检测等级管理要求》(JT/T 1181—2018)第7.3.10条。

【解析】 评审组应根据现场评审情况,确认检测机构具备能力的试验检测参数,作为

质监机构核准检测机构业务范围的依据,即试验检测能力确认,且遵循以下原则:

a) 能力确认一般以技术能力考核结果和评审专家的专业判断为依据,确认方式主要有现场试验(含演示试验)、现场提问、核对仪器设备配置、查阅检测报告、查阅试验检测机构参加能力验证的情况等。

注:质量技术监督部门、交通运输行业主管部门和有关专业机构组织的能力验证,可作为相应能力确认的依据。

b) 试验检测能力应以现有的条件为依据,不得以许诺、推测作为依据。

c) 租用、临时借用仪器设备不得作为相应试验检测能力的确认依据。

d) 若检测机构存在不能提供试验检测标准、检测人员不具备相应的技能、无试验检测仪器设备或试验检测仪器设备配置不正确、环境条件不满足检验检测要求等情况,均应按不具备相应试验检测能力处理。

e) 试验检测参数所应具备的试验检测能力尚应满足附录C的试验方法要求。

f) 评审组应按规定对变更的技术、质量负责人等关键岗位技术人员,可根据其职责,通过提问、书面考试、交流、现场操作考核等方式进行能力确认。

56. B

【学习点】《公路水运工程试验检测等级管理要求》(JT/T 1181—2018)第7.3.16.3条。

【解析】评分小于80分或被终止现场评审或在规定期限内未完成整改工作的,检测机构没有通过等级评定或换证复核的资格。

57. D

【学习点】《公路水运工程试验检测等级管理要求》(JT/T 1181—2018)第7.2.1.3条。

【解析】检测机构应确保提供的申请材料真实、有效,并承担因弄虚作假行为而导致的后果。

58. C

【学习点】《公路水运工程试验检测等级管理要求》(JT/T 1181—2018)第7.3.7.3条。

【解析】检查检测机构所列持证检测人员的劳动关系情况。一般检查签订的劳动合同和办理的社会保险等是否齐全、规范、有效,应至少检查近3个月的证明材料,且应重点检查劳务派遣持证检测人员的证明材料。

59. B

【学习点】《公路水运工程试验检测等级管理要求》(JT/T 1181—2018)第7.3.15条。

【解析】发生下列情况之一,评审组经报告质监机构同意后可终止评审工作:

a) 检测机构实际状况与申请资料严重不符,包括人员、场地等强制性指标要求的实际情况低于材料申报内容。如:

1) 持证检测人员实际数量低于等级标准要求;

2) 未配置必选仪器设备或所配置必选仪器量程、准确度不满足要求;

3) 场地面积低于等级标准要求。

b) 申请检测项目与实际能力不符,不满足基本条件,如:

1) 必选参数要求的仪器设备不能正常工作,必选参数不能按规定要求完成;

2) 所抽查典型报告中涉及结构安全的参数出现重要数据及主要结论错误、失实等;

3）必选试验检测参数的原始记录和试验检测报告或模拟检测报告缺失。

c）检测机构管理体系控制失效，相关记录缺失或失实。

d）检测机构有意干扰评审工作，评审工作不能进行。如检测机构未按要求提供评审所需的必要条件，无法提供评审所需的有关资料等。

e）发现检测机构存在伪造试验检测报告、出具虚假数据等弄虚作假行为。

f）存在人员冒名顶替、借(租)用检测仪器设备用于能力确认的证明等。

g）检测机构存在其他严重的违法违规问题。如发生可直接确定为D级的失信行为，以及被有关主管部门通报存在严重违规行为等。

60. D

【学习点】《公路水运工程试验检测等级管理要求》(JT/T 1181—2018)第7.3.9.2条。

【解析】当检测机构出具给客户的试验检测报告与存档报告在计算、数据、结论等方面存在不一致时，属于报告失实。

61. D

【学习点】《公路水运工程试验检测等级管理要求》(JT/T 1181—2018)第A.3.1条。

【解析】等级证书中的证书编号应由发证机构简称、所属专业、检测行业缩写、等级类型简称、评定年份、本等级流水号顺序组成。其中：

a）发证机构简称编写规则为："交通"由部工程质量监督机构发证专门使用。其他发证机构则采用该发证机构所属省级行政区简称，如京、苏等。

b）所属专业为1位大写英文字母。公路工程专业等级采用"G"，水运工程专业等级采用"S"。

c）检测行业缩写由"检测"两个汉字拼音首字母组成，即"JC"。

d）等级类型简称编写规则为：公路工程综合类等级简称分别为"综甲""综乙""综丙"，桥梁隧道工程专项等级简称为"桥隧"，交通工程专项等级简称为"交工"；水运工程材料类等级简称分别为"材甲""材乙""材丙"，水运工程结构类等级简称分别为"结甲""结乙"。

e）评定年份采用"YYYY"形式编写。

f）本等级流水号由3位阿拉伯数字组成，每个等级从"001"开始编写。

62. A

【学习点】《公路水运试验检测数据报告编制导则》第4.5条。

【解析】公路水运试验检测机构的检测类报告应由标题、基本信息、检测对象属性、检测数据、附加声明、落款六部分组成。

63. C

【学习点】《公路水运试验检测数据报告编制导则》第5.1.3.1条。

【解析】记录表名称应以JT/T 1181—2018所示试验检测项目、试验检测参数为依据，宜采用"项目名称"+"参数名称"+"试验检测记录表"的形式命名。

当试验检测参数有多种测试方法可选择时，宜在试验记录表后将选用的测试方法以括号的形式加以标识。如：土颗粒组成试验检测记录表(筛分法)。

当同一项目中具有不同检测对象细分条目时，宜按细分条目分别编制记录表。如：水泥混凝土稠度试验检测记录表。

当对同一样品在一次试验中得到两个以上参数值时,记录表名称宜列出全部参数名称,并用"、"号分隔,参数个数不宜大于4。如:水泥标准稠度用水量、凝结时间、安定性试验检测记录表。

当参数能明确地体现测试内容时,项目名称可省略,以"参数名称"+"试验检测记录表"为表格名称。如:砂当量试验检测记录表。

64. A

【学习点】《公路水运试验检测数据报告编制导则》第 3.5 条。

【解析】 公路水运综合评价类报告,以获得新建及既有工程性质评价结果为目的,针对材料、构件、工程制品及实体的一个或多个技术指标进行检测而出具的数据结果、检测结论和评价意见。

65. B

【学习点】《公路水运试验检测数据报告编制导则》第 5.5.2 条。

【解析】 检测、记录及复合应签署实际承担相应工作的人员姓名,日期为记录表的复核日期,以 YYYY 年 MM 月 DD 日的形式表示。

66. A

【学习点】《公路水运试验检测数据报告编制导则》第 6.6.3 条。

【解析】 导则规定检测审核批准应签署实际承担相应工作的人员姓名。《公路水运试验检测管理办法》规定试验检测报告应当由试验检测师审核、签发。报告中的试验签字人应持有签字领域助理试验检测师以上证书,审核人应持有签字领域试验检测师证书,批准人应为持有试验检测师证书的授权签字人。

67. D

【学习点】《公路水运试验检测数据报告编制导则》第 6.1.3.2 条。

【解析】 检测专用章应端正盖压在检测单位名称上,注意"专用章"和"专用标识章"的使用方法不同。

68. C

【学习点】《实验室信息管理系统管理规范》(RB/T 028—2020)。

【解析】 实验室应建立和保持 LIMS 使用人员培训程序,明确 LIMS 的使用、安全、LIMS 应急预案、新增功能等培训内容和培训效果评价细则,组织有效的培训并评价。

实验室应有 LIMS 使用人员监督和能力监控程序,定期对 LIMS 使用人员监督和能力监控。

应建立和保持 LIMS 人员岗位授权机制,确保 LIMS 能够正确识别相应权限的操作人员,实验室尚保留线下管理时,应设置线上和线下人员岗位的对照关系,确保实验室活动的一致性和可追溯性。

二、判断题

1. √

【学习点】 术语:模拟报告。

【解析】模拟报告应是指依据试验规范标准对真实的样品进行检测所形成的检测报告,与业绩报告的差异只是缺少资质印章。

2. √

【学习点】《检验检测机构资质认定能力评价　检验检测机构通用要求》(RB/T 214—2017)第4.1.1条。

【解析】检验检测机构应是依法成立并能够承担相应法律责任的法人或者其他组织。检验检测机构或者其所在的组织应有明确的法律地位,对其出具的检验检测数据、结果负责,并承担相应法律责任。不具备独立法人资格的检验检测机构应经所在法人单位授权。

3. ×。正确答案为所有可能影响检验检测活动的人员。

【学习点】《检验检测机构资质认定能力评价　检验检测机构通用要求》(RB/T 214—2017)第4.1.2条。

【解析】检验检测机构中所有可能影响检验检测活动的人员,无论是内部还是外部人员,均应行为公正,受到监督,胜任工作,并按照管理体系要求履行职责。

4. ×。正确答案为:检验检测机构应确定全权负责的管理层,管理层应履行其对管理体系的领导作用和承诺。

【学习点】《检验检测机构资质认定能力评价　检验检测机构通用要求》(RB/T 214—2017)第4.2.2条。

【解析】检验检测机构应确定全权负责的管理层,管理层应履行其对管理体系的领导作用和承诺。最高管理者并不等同于管理层。

5. √

6. √

第5、6题【学习点】《检验检测机构资质认定能力评价　检验检测机构通用要求》(RB/T 214—2017)第4.2.3条。

【解析】检验检测机构的质量负责人应确保管理体系得到实施和保持;应指定关键管理人员的代理人。技术负责人、质量负责人都是关键管理人员。检验检测机构不同的技术活动范围广涉及多学科专业,因此技术负责人可以是多人。

7. ×。正确答案为:检验检测机构应保留人员的相关资格、能力确认、授权、教育、培训和监督的记录。

【学习点】《检验检测机构资质认定能力评价　检验检测机构通用要求》(RB/T 214—2017)第4.2.7条。

【解析】检验检测机构应保留人员的相关资格、能力确认、授权、教育、培训和监督的记录,记录包含能力要求的确定、人员选择、人员培训、人员监督、人员授权和人员能力监控。

《通用要求》要求保留人员的相关记录,该条款所指人员包括技术人员和其他人员。

8. ×。正确答案为:检验检测机构应将其从事检验检测活动所必需的场所、环境要求制定成文件。

【学习点】《检验检测机构资质认定能力评价 检验检测机构通用要求》(RB/T 214—2017)第4.3.1条。

【解析】检验检测机构固定的、临时的、可移动的或多个地点的场所应满足相关法律法规、标准或技术规范的要求,机构应将其从事检验检测活动所必需的场所、环境要求制定成文件,以便控制场所、环境对检验检测结果的影响。

9. ×。正确答案为:检验检测机构应对现场抽样提出环境控制要求。

【学习点】《检验检测机构资质认定能力评价 检验检测机构通用要求》(RB/T 214—2017)第4.3.2条。

【解析】检验检测机构在固定场所以外进行检验检测或抽样时,应提出相应的控制要求,以确保环境条件满足检验检测标准或者技术规范的要求。

10. ×。正确答案为:控制进入和使用对工作质量有影响的区域。

11. ×。正确答案为:控制进入和使用对工作质量有影响的区域,允许客户合理进入。

第10、11题【学习点】《检验检测机构资质认定能力评价 检验检测机构通用要求》(RB/T 214—2017)第4.3.4、4.5.7条。

【解析】检验检测机构应建立和保持检验检测场所良好的内务管理程序,该程序应考虑安全和环境的因素。检验检测机构应将不相容活动的相邻区域进行有效隔离,应采取措施以防止干扰或者交叉污染。检验检测机构应对使用和进入影响检验检测质量的区域加以控制,并根据特定情况确定控制的范围。

检验检测机构应建立和保持服务客户的程序,包括:保持与客户沟通,对客户进行服务满意度调查、跟踪客户的需求,以及允许客户或其代表合理进入为其检验检测的相关区域观察。

12. √

13. ×

第12、13题【学习点】《检验检测机构资质认定能力评价 检验检测机构通用要求》(RB/T 214—2017)第4.3.1、4.5.1条。

【解析】检验检测机构应有固定的、临时的、可移动的或多个地点的场所,上述场所应满足相关法律法规、标准或技术规范的要求。检验检测机构应建立、实施和保持与其活动范围相适应的管理体系,管理体系应覆盖所有场所,应将其政策、制度、计划、程序和指导书制订成文件,管理体系文件应传达至有关人员,并被其获取、理解、执行。

14. ×。正确答案为内部和外部文件程序。

【学习点】《检验检测机构资质认定能力评价 检验检测机构通用要求》(RB/T 214—2017)第4.5.3条。

【解析】检验检测机构应建立和保持控制其管理体系的内部和外部文件的程序,明确文件的标识、批准、发布、变更和废止,防止使用无效、作废的文件。

15. √

【学习点】《检验检测机构资质认定能力评价 检验检测机构通用要求》(RB/T 214—2017)第4.5.3条及释义。

【解析】为确保文件的持续适宜性和有效性,检验检测机构应定期审查文件。包括外来文件的审查和内部文件的审查。为保证使用的外来文件现行有效,应在文件控制程序中规定外来文件确认和跟踪查询程序,包括明确职责跟踪方式、查询频次及查询时间等并有记录。

16. ×。正确答案为:对各种文件实施管理控制。

【学习点】《检验检测机构资质认定能力评价　检验检测机构通用要求》(RB/T 214—2017)第4.5.3条。

【解析】检验检测机构应建立和保持控制其管理体系的内部和外部文件的程序,明确文件的标识、批准、发布、变更和废止,防止使用无效、作废的文件。

给文件加盖受控章,只是文件管理控制中的一个环节。

17. √。

【学习点】《实验室资质认定工作指南》,15份配套工作程序和技术要求附件8《检验检测机构资质认定　评审工作程序》和2021年版考试用书《公共基础》。

【解析】程序文件是规定试验室质量活动方法和要求的文件,是质量手册的支撑性文件;提供了完成管理体系所有主要活动的方法和指导,分配了所有职责和权限,包括管理、执行、验证活动。编制程序文件的编写要求:

(1)需有程序文件描述的要素,符合《通用要求》的要求;

(2)程序文件之间、程序文件与管理手册关联,与其他管理体系文件协调一致;

(3)具有可操作性,公路水运工程试验检测行业应覆盖交通行业领域。

18. ×。正确答案为:不符合是指检验检测机构活动或结果不符合其自身程序或与客户达成一致的要求。

【学习点】《检验检测机构资质认定能力评价　检验检测机构通用要求》(RB/T 214—2017)第4.5.9条。

【解析】检验检测机构应建立和保持出现不符合工作的处理程序,当检验检测机构活动或结果不符合其自身程序或与客户达成一致的要求时,检验检测机构应实施该程序。

19. ×。正确答案为记录的程序。

20. √。

第19、20题【学习点】《检验检测机构资质认定能力评价　检验检测机构通用要求》(RB/T 214—2017)第4.5.11条。

【解析】检验检测机构应建立和保持记录管理程序,确保记录的标识、贮存、保护、检索、保留和处置符合要求。程序包括管理全过程的控制。

21. ×。正确答案为质量负责人。

22. √。

第21、22题【学习点】《检验检测机构资质认定能力评价　检验检测机构通用要求》(RB/T 214—2017)第4.5.12条。

【解析】内部审核通常每年一次,由质量负责人策划内审并制定审核方案。内审员须经过培训,具备相应资格,内审员应独立于被审核的活动。检验检测机构应:

a)依据有关过程的重要性、对检验检测机构产生影响的变化和以往的审核结果,策划、制定、实施和保持审核方案,审核方案包括频次、方法、职责、策划要求和报告;

b)规定每次审核的审核要求和范围;

c) 选择审核员并实施审核；

d) 确保将审核结果报告给相关管理者；

e) 及时采取适当的纠正和纠正措施；

f) 保留形成文件的信息，作为实施审核方案以及审核结果的证据。

23. ×。正确答案为由管理层负责。

【学习点】《检验检测机构资质认定能力评价　检验检测机构通用要求》(RB/T 214—2017) 第 4.5.13 条。

【解析】管理评审通常 12 个月一次，由管理层负责。管理层应确保管理评审后，得出的相应变更或改进措施予以实施，确保管理体系的适宜性、充分性和有效性。

24. √

【学习点】《检验检测机构资质认定能力评价　检验检测机构通用要求》(RB/T 214—2017) 第 4.5.14 条。

【解析】应优先使用标准方法，并确保使用标准的有效版本。在使用标准方法前，应进行验证。检验检测机构应跟踪方法的变化，并重新进行验证或确认。必要时，检验检测机构应制定作业指导书。

25. ×。正确答案为不执行偏离程序。

26. ×。正确答案为不属于方法偏离一种形式。

第25、26题【学习点】《检验检测机构资质认定能力评价　检验检测机构通用要求》(RB/T 214—2017) 第 4.5.14 条。

【解析】在使用非标准方法（含自制方法）前，应进行确认。非标准方法（含自制方法）的使用，应事先征得客户同意，并告知客户相关方法可能存在的风险。偏离是指一定的允许范围、一定的数量和一定时间段等条件下的书面许可。不应将非标准方法作为方法偏离处理，不要把不符合作为偏离处理。

常见偏离有：抽样方式、数量、比例的改变；样品的处理方法、过程的改变（养护时间）；试验方法的改变；数据传输、处理、计算方法的改变。

27. ×。正确答案为应在委托合同和结果报告中予以说明。

【学习点】《检验检测机构资质认定能力评价　检验检测机构通用要求》(RB/T 214—2017) 第 4.5.14 条及释义。

【解析】当客户建议的方法不适合或已过期时，应通知客户。如果客户坚持使用不适合或已过期的方法时，检验检测机构应在委托合同和结果报告中予以说明，并在报告中明确该方法获得资质认定的情况。

28. ×。正确答案为后期正常升级需再次确认。

29. ×。正确答案为不能直接使用。

第28、29题【学习点】《检验检测机构资质认定能力评价　检验检测机构通用要求》(RB/T 214—2017) 第 4.5.16 条。

【解析】当利用计算机或自动化设备对检验检测数据进行采集、处理、记录、报告、存储或检索时，检验检测机构应：

a) 将自行开发的计算机软件形成文件，使用前确认其适用性，并进行定期确认、改变或升

级后再次确认,应保留确认记录;

　　b)建立和保持数据完整性、正确性和保密性的保护程序;

　　c)定期维护计算机和自动设备,保持其功能正常。

30. ×。正确答案为可以避免。

　　【学习点】《检验检测机构资质认定能力评价　检验检测机构通用要求》(RB/T 214—2017)第4.5.18条。

　　【解析】检验检测机构应建立和保持样品管理程序,以保护样品的完整性。样品在运输、接收、处置、保护、存储、保留、清理或返还过程中应予以控制和记录。

31. √

　　【学习点】《检验检测机构资质认定能力评价　检验检测机构通用要求》(RB/T 214—2017)第4.5.18条。

　　【解析】当样品需要存放或养护时,应维护、监控和记录环境条件。

32. √

　　【学习点】《检验检测机构资质认定能力评价　检验检测机构通用要求》(RB/T 214—2017)第4.5.20条。

　　【解析】检验检测机构不负责抽样(如样品是由客户提供)时,应在报告或证书中声明结果仅适用于客户提供的样品。

33. √

　　【学习点】《检验检测机构资质认定能力评价　检验检测机构通用要求》(RB/T 214—2017)第4.5.20条。

　　【解析】检验检测机构应做出未经本机构批准,不得复制(全文复制除外)报告或证书的声明。

34. ×。正确答案为:委托单和原始记录中无法填写的信息不能在报告中体现。

　　【学习点】《检验检测机构资质认定能力评价　检验检测机构通用要求》(RB/T 214—2017)第4.5.16、4.5.20条。

　　【解析】检验检测机构应获得检验检测活动所需的数据和信息,并对其信息管理系统进行有效管理。应准确、清晰、明确、客观地出具检验检测结果,符合检验检测方法的规定,并确保检验检测结果的有效性。

　　报告中的所有信息应保证其准确性和真实性,所有信息均应有记录。

35. ×。正确答案为:修订后的检验检测报告应注以唯一性标识。

　　【学习点】《检验检测机构资质认定能力评价　检验检测机构通用要求》(RB/T 214—2017)第4.5.26条。

　　【解析】检验检测报告或证书签发后,若有更正或增补应予以记录。修订的检验检测报告或证书应标明所代替的报告或证书,并注以唯一性标识。

36. √

　　【学习点】《检验和校准实验室能力认可准则》。

　　【解析】本准则等同采用《检测和校准实验室能力的通用要求》(ISO/IEC 17025:2017)。

37. ×。正确答案为:当偏离合同带来了不良后果的,检测机构应承担相应责任。

【学习点】《检验检测机构诚信基本要求》(GB/T 31880—2015)第4.4.6条。

【解析】 检验检测机构实施检验检测时,需要或者已经发生偏离合同要求时,应及时告知客户,配合客户分析偏离带来的影响,并取得客户的书面同意。当偏离合同带来不良后果的,检验检测机构应当承担相应责任。

38. ×。正确答案为:满足等级标准要求检测机构应当掌握的试验方法。

【学习点】《公路水运工程试验检测等级管理要求》(JT/T 1181—2018)第6.1.3条、附录C。

【解析】 同一个试验检测参数具有多个试验方法时,检测机构的试验检测能力还应符合相应等级的试验方法要求。试验检测参数所应具备的试验检测能力尚应满足附录C的试验方法要求。试验方法要求一栏所示内容根据等级标准规定及试验检测参数所依据标准规范及行业习惯编写。黑体字为等级标准要求检测机构应当掌握的试验方法,非黑体字为检测机构可以掌握的试验方法;未标注内容的,则应具备公路工程试验检测领域常用标准规范要求的试验方法。

39. √

【学习点】《公路水运工程试验检测等级管理要求》(JT/T 1181—2018)第6.1.4条。

【解析】 检测机构应根据所申请试验检测参数配置符合相应技术规范、标准、规程等要求的仪器设备、配套附件及试验耗材等,并应同时具有其所有权和使用权。其中,必选仪器设备应全部配置,可选仪器设备按照相应试验检测参数要求的试验方法配置。

40. √

【学习点】《公路水运工程试验检测等级管理要求》(JT/T 1181—2018)第6.2.2条,表5新旧试验检测人员证书专业对应表。

【解析】 根据交通运输部关于公路水运工程试验检测专业技术人员管理的相关规定,原试验检测工程师证书效用等同于试验检测师证书,原试验检测员证书效用等同于助理试验检测师证书。当多项专业对应一项国家职业资格证书专业时,持多项专业中的单项专业证书的,在等级评定或换证复核中等同于相应国家职业资格证书专业。

41. ×。正确答案为:模拟报告不可作为业绩证明该机构具备该参数的检测能力。

【学习点】《公路水运工程试验检测等级管理要求》(JT/T 1181—2018)第7.3.7.11条。

【解析】 检测机构设立的工地试验室所开展的试验检测参数可作为其开展参数的业绩;对于有模拟报告而无实际业绩的参数,不应计入检测机构已开展参数。

42. √

【学习点】术语定义。

【解析】 母体试验检测机构按照等级标准要求设立,取得相应资质等级的永久性试验环境检测机构,是工地试验室的授权机构。

43. √

【学习点】术语定义。

【解析】 工地试验室设立在工地现场,有母体试验检测机构授权,按照合同约定承担公路水运工程施工工地现场试验检测的临时结构。

44. ×。正确答案为:依据试验规范对真实的样品进行环境检测所形成的检测报告。

【学习点】 管理术语。

【解析】 模拟报告与正式报告的区别就是缺少盖章,试验检测程序完全一样。

45. ×。正确答案为:永久性试验环境检测机构。

【学习点】 管理术语。

【解析】 母体试验检测机构是按照等级标准要求设立,取得相应资质等级的永久性试验环境检测机构是工地试验室的授权机构。

46. ×。正确答案为:所需的组织机构、程序、过程的资源。

【学习点】 管理术语。

【解析】 质量体系为实施质量管理所需的组织机构、程序、过程的资源,质量体系的内容应以满足质量目标的需要为准。

47. ×。正确答案为:质量管理是由一系列质量活动组成。

【学习点】 管理术语。

【解析】 质量管理包括确定质量方针、目标和职责,并在管理体系中通过诸如质量策划、质量控制、质量保证和质量改进,促进其实施全部管理职能的所有活动。

48. ×。正确答案为:授权签字人不仅要通过授权还要经考核,才能在被认可范围的检测报告上签字。

【学习点】 管理术语。

【解析】 授权签字人是指由实验室提名,经过计量认证审核组考核及格,能在实验室被认可范围的检测报告或校准证书上获准签字的人员。

49. ×。正确答案为:在一定的范围内获得最佳秩序,对实际的或潜在的问题制订共同的和重复使用的规则的活动。

【学习点】 管理术语。

【解析】 标准化包括制定、发布及实施标准的过程。

50. ×。正确答案为试验的起止时间。

【学习点】《公路水运试验检测数据报告编制导则》第5.2.3.4条及释义。

【解析】 当日完成的试验检测工作可填写当日日期,一日以上的试验检测工作应表征试验的起止日期,日期以 YYYY 年 MM 月 DD 日的形式表示。

51. √

【学习点】《公路水运试验检测数据报告编制导则》第6.3.2、6.3.2条。

【解析】 检测对象属性部分应包括基础资料、测试说明、抽样情况、制样情况等。
检验对象属性应如实反映检测对象的基本情况,视报告具体内容需要确定,并具有可追溯性,具体要求如下:

a) 基础资料宜描述工程实体的技术参数,如设计参数、地质情况、成型工艺等;

b) 测试情况说明宜包括测试点位、测试路线、图片资料等,若对检验结果有影响时,还应说明试验后样品状态;

c) 制样情况应描述制样方法及条件、养护条件、养护时间及依据等;

d)抽样情况应描述抽样日期、抽样地点、抽样程序、抽样依据以及抽样过程中可能影响到检测结果解释的环境条件等。

52. ×。正确答案为:检测类报告标题部分由报告名称、唯一性标识编码、检测单位名称、专用章、报告编号、页码等内容组成。

【学习点】《公路水运试验检测数据报告编制导则》第6.1.2、7.1条。

【解析】检测类报告标题部分由报告名称、唯一性标识编码、检测单位名称、专用章、报告编号、页码等内容组成。综合评价类报告有封面部分,没有标题部分。

53. ×。正确答案为:记录表唯一性标识编码不同于记录编号。

【学习点】《公路水运试验检测数据报告编制导则》第5.1.3.2、5.1.3.4条。

【解析】唯一性标识编码用以区分试验检测记录表格的管理编码,具有唯一性,与表格名称同处一行,靠右对齐。编码由9位或10位字母和数字组成。

记录编号用于具体记录表的身份识别,由检测单位自行编制。记录编号在确保唯一的前提下,宜简洁且易于分类管理。

54. ×。正确答案为:记录表中的试验检测日期与落款区日期不一致。

【学习点】《公路水运试验检测数据报告编制导则》第5.2.3.4、5.5.2条。

【解析】试验检测日期,当日完成的试验检测工作可填写当日日期,一日以上的试验检测工作应表征试验的起止日期。记录表落款区日期应为记录表的复核日期。

55. ×。正确答案为:试验检测机构专用章是指试验检测机构报告专用章或行政章。

【学习点】《〈公路水运试验检测数据报告编制导则〉释义手册》第6.1.3.2条。

【解析】检测类报告专用章应盖在检测单位名称上,专用标识章应盖在报告首页右上角。

56. ×。正确答案为:不能填写"只对来样负责的声明"。

【学习点】《〈公路水运试验检测数据报告编制导则〉释义手册》第7.1.4条。

【解析】可以填写对试验检测的依据、方法、条件等偏离情况的声明及其他需要补充说明的事项,填写对报告结果的使用建议,抽样信息,不确定度表示等。

57. ×。正确答案为:用于表征试验记录表格的属性信息。

【学习点】《公路水运试验检测数据报告编制导则》第5.3.1、6.1.1条。

【解析】标题部分由表格/报告名称、唯一性标识编码、检测单位、记录/报告编号、页码等内容组成,不属于技术信息。

58. ×。正确答案为:试验检测记录表的唯一性标识编码应按照导则要求编制。

【学习点】《公路水运试验检测数据报告编制导则》第6.1.1条。

【解析】导则给出了记录表的唯一性标识编码和报告的唯一性标识编码编制要求,应根据要求编制。

59. √

【学习点】《公路水运试验检测数据报告编制导则》第7.1.2.7条。

【解析】根据检测不同工作方式和目的可分为委托送样检测、见证取样检测、委托抽样检测、质量监督检测、仲裁检测及其他。

三、多项选择题

1. AB

【学习点】《检验检测机构资质认定能力评价 检验检测机构通用要求》(RB/T 214—2017) 第4.1.1条及释义。

【解析】检验检测机构应是依法成立并能够承担相应法律责任的法人或者其他组织。检验检测机构或者其所在的组织应有明确的法律地位,对其出具的检验检测数据、结果负责,并承担相应法律责任。不具备独立法人资格的检验检测机构应经所在法人单位授权。

2. ABC

【学习点】《检验检测机构资质认定能力评价 检验检测机构通用要求》(RB/T 214—2017) 第4.1.3条及释义。

【解析】检验检测机构及其人员从事检验检测活动,应遵守国家相关法律法规的规定,遵循客观独立、公平公正、诚实信用原则,恪守职业道德,承担社会责任。

3. ABD

【学习点】《检验检测机构资质认定能力评价 检验检测机构通用要求》(RB/T 214—2017) 第4.1.5条及释义。

【解析】检验检测机构应建立和保持保护客户秘密和所有权的程序,该程序应包括保护电子存储和传输结果信息的要求。检验检测机构及其人员应对其在检验检测活动中所知悉的国家秘密、商业秘密和技术秘密负有保密义务,并制定和实施相应的保密措施。

4. AB

【学习点】《检验检测机构资质认定能力评价 检验检测机构通用要求》(RB/T 214—2017) 第4.2.4条及释义。

【解析】检验检测机构的授权签字人应具有中级及以上专业技术职称或同等能力,并经资质认定部门批准,非授权签字人不得签发检验检测报告或证书。

对于公路水运工程试验检测机构,试验检测报告应当由试验检测师审核、签发。

5. ABCD

【学习点】《检验检测机构资质认定能力评价 检验检测机构通用要求》(RB/T 214—2017) 第4.2.5条及释义。

【解析】检验检测机构应对抽样、操作设备、检验检测、签发检验检测报告或证书以及提出意见和解释的人员,依据相应的教育、培训、技能和经验进行能力确认。

6. ABC

【学习点】《检验检测机构资质认定能力评价 检验检测机构通用要求》(RB/T 214—2017) 第4.3.3条及释义。

【解析】检验检测标准或者技术规范对环境条件有要求时或环境条件影响检验检测结果时,应监测、控制和记录环境条件。当环境条件不利于检验检测的开展时,应停止检验检测活动。

7. ABCDE,F

【学习点】《检验检测机构资质认定能力评价 检验检测机构通用要求》(RB/T 214—

2017)第4.4.1条及释义。

【解析】 检验检测机构应配备满足检验检测(包括抽样、物品制备、数据处理与分析)要求的设备和设施。用于检验检测的设施,应有利于检验检测工作的正常开展。设备包括检验检测活动所必需并影响结果的仪器、软件、测量标准、标准物质、参考数据、试剂、消耗品、辅助设备或相应组合装置。检验检测机构使用非本机构的设施和设备时,应确保满足本标准要求。

检验检测机构配备的设施包括固定的、临时的和移动的。

8. ABCD

【学习点】《检验检测机构资质认定能力评价 检验检测机构通用要求》(RB/T 214—2017)第4.4.1条。

【解析】 检验检测机构租用仪器设备开展检验检测时,应确保:

a)租用仪器设备的管理应纳入本检验检测机构的管理体系;

b)本检验检测机构可全权支配使用,即:租用的仪器设备由本检验检测机构的人员操作、维护、检定或校准,并对使用环境和贮存条件进行控制;

c)在租赁合同中明确规定租用设备的使用权;

d)同一台设备不允许在同一时期被不同检验检测机构共同租赁和资质认定。

9. ABD

【学习点】《检验检测机构资质认定能力评价 检验检测机构通用要求》(RB/T 214—2017)第4.4.1、4.4.2条及释义。

【解析】 检验检测机构应配备满足检验检测(包括抽样、物品制备、数据处理与分析)要求的设备和设施,对检验检测结果、抽样结果的准确性或有效性有影响或计量溯源性有要求的设备,包括用于测量环境条件等辅助测量设备有计划地实施检定或校准。设备在投入使用前,应采用核查、检定或校准等方式,以确认其是否满足检验检测的要求。

10. ABC

【学习点】《检验检测机构资质认定能力评价 检验检测机构通用要求》(RB/T 214—2017)第4.4.4条及释义。

【解析】 记录至少应包括:

(1)设备及其软件的识别;

(2)制造商名称、型式标识、系列号或其他唯一性标识;

(3)核查设备是否符合规范;

(4)当前的位置(如适用);

(5)制造商的说明书(如果有),或指明其地点;

(6)所有校准报告和证书的日期、结果及复印件,设备调整、验收准则和下次校准的预定日期;

(7)设备维护计划,以及已进行的维护(适当时);

(8)设备的任何损坏、故障、改装或修理。

11. ACD

【学习点】《检验检测机构资质认定能力评价 检验检测机构通用要求》(RB/T 214—2017)第4.4.5条及释义。

【解析】设备出现故障或者异常时,检验检测机构应采取相应措施,如停止使用、隔离或加贴停用标签、标记,直至修复并通过检定、校准或核查表明能正常工作为止。应核查这些缺陷或偏离对以前检验检测结果的影响。

12. ABCD

【学习点】《检验检测机构资质认定能力评价 检验检测机构通用要求》(RB/T 214—2017)第4.4.5条及释义。

【解析】设备出现故障或者异常时,检验检测机构应采取相应措施,如停止使用、隔离或加贴停用标签、标记,直至修复并通过检定、校准或核查表明能正常工作为止。

曾经过载或处置不当、给出可疑结果、已显示出缺陷、超出规定限度的设备均应停止使用。

13. ABCD

【学习点】《检验检测机构资质认定能力评价 检验检测机构通用要求》(RB/T 214—2017)第4.5.1条及释义。

【解析】管理体系是指为建立方针和目标并实现这些目标的体系,检验检测机构应建立、实施和保持与其活动范围相适应的管理体系。检验检测机构管理体系至少应包括:管理体系文件、管理体系文件的控制、记录控制、应对风险和机遇的措施、改进、纠正措施、内部审核和管理评审。

应将其政策、制度、计划、程序和指导书制订成文件,管理体系文件应传达至有关人员,并被其获取、理解、执行。

14. ABD

【学习点】《检验检测机构资质认定能力评价 检验检测机构通用要求》(RB/T 214—2017)第4.5.1条及释义。

【解析】检验检测机构应建立、实施和保持与其活动范围相适应的管理体系。

管理体系是指为建立方针和目标并实现这些目标的体系。包括质量管理体系、技术管理体系和行政管理体系。管理体系的运作包括体系的建立、体系的实施、体系保持和体系的持续改进。检验检测机构管理体系至少应包括:管理体系文件、管理体系文件的控制、记录控制、应对风险和机遇的措施、改进、纠正措施、内部审核和管理评审。

15. AB

16. ABCD

17. ABCD

18. ABE

第15～18题【学习点】《检验检测机构资质认定能力评价 检验检测机构通用要求》(RB/T 214—2017)第4.5.1条及释义,2021年版考试用书《公共基础》。

【解析】程序文件是规定实验室质量活动方法和要求的文件,是质量手册的支撑性文件;提供了完成管理体系所有主要活动的方法和指导,分配了所有职责和权限,包括管理、执行、验证活动。并非所有活动都要制定程序文件,是否制定程序文件有两个原则:

(1)《通用要求》中明确提出要建立程序文件;

(2)活动的内容复杂且涉及的部门较多,在质量手册中无法表示清楚,必须制定相应的支持性程序文件。

工地试验室管理程序为公路水运工程试验检测机构需增的程序文件。

程序文件不涉及具体的技术问题及操作细节,大型仪器设备操作指导书不属于程序文件。

编制程序文件的编写要求如下:

(1) 需有程序文件描述的要素,符合《通用要求》的要求;

(2) 程序文件之间、程序文件与管理手册关联,与其他管理体系文件协调一致;

(3) 具有可操作性,公路水运工程试验检测行业应覆盖交通行业领域。

19. ABCD

【学习点】《检验检测机构资质认定能力评价　检验检测机构通用要求》(RB/T 214—2017)第4.5.1条及释义。

【解析】检验检测机构应建立、实施和保持与其活动范围相适应的管理体系,应将其政策、制度、计划、程序和指导书制订成文件。管理体系文件一般分为三个或四个层次,下层文件支持上层文件。第一层次为质量手册,第二层次为程序文件,第三层次为作业指导书,第四层次为管理记录和技术记录格式。

20. ABCDE

【学习点】《检验检测机构资质认定能力评价　检验检测机构通用要求》(RB/T 214—2017)第4.5.2条及释义,2021年版考试用书《公共基础》。

【解析】检验检测机构应阐明质量方针,制定质量目标,并在管理评审时予以评审。质量手册应包括质量方针声明、检验检测机构描述、人员职责、支持性程序、手册管理等。

21. ABCDE

【学习点】《检验检测机构资质认定能力评价　检验检测机构通用要求》(RB/T 214—2017)第4.5.2、4.2.2条及释义,2021年版考试用书《公共基础》。

【解析】检验检测机构应阐明质量方针,制定质量目标,并在管理评审时予以评审。管理层应履行其对管理体系的领导作用和承诺。质量方针应满足《通用要求》相关要求,至少包括以下内容:

a) 管理层对良好职业行为和为客户提供检验检测服务质量的承诺;

b) 管理层关于服务标准的声明;

c) 管理体系的目的;

d) 要求所有与检验检测活动有关的人员熟悉质量文件,并执行相关政策和程序;

e) 管理层对遵循本准则及持续改进管理体系的承诺。

22. ABD

【学习点】《检验检测机构资质认定能力评价　检验检测机构通用要求》(RB/T 214—2017)第4.5.2条及释义。

【解析】质量方针声明应在管理手册中予以阐明也可单独发布;质量手册应描述整个管理体系文件的构架;质量手册应明确规定技术负责人和质量负责人的职责、权限和作用;质量手册应包括支持性程序文件,并不是所有文件。

23. AB

24. ABCD

25. ABCD

26. ACD

第23~26题【学习点】《检验检测机构资质认定能力评价 检验检测机构通用要求》(RB/T 214—2017)第4.5.3条及释义。

【解析】检验检测机构应建立和保持控制其管理体系的内部和外部文件的程序,明确文件的标识、批准、发布、变更和废止,防止使用无效、作废的文件。

应保证检验检测机构有效运行的所有重要作业场所,都能得到相应文件的授权版本,文件均应保持现行有效且易于员工取阅。

文件在发布之前应经授权人员审批。程序文件中应对文件批准发布的职责权限有明确的规定。

文件应有唯一性标识,包括发布日期、修订状态、标识、页码总页数或表示文件结束的标记和发布机构等。

为了防止使用无效、作废的文件且便于查询,机构可以采用编制受控文件清单,表明管理体系文件构成及其修订状态,还应建立文件分发清单,记录文件去向,便于监督、核查和文件变化时及时更新。

应及时地从所有使用现场和发布处撤除无效或作废的文件,或通过适当标识等其他方法确保防止误用。

为确保文件的持续适宜性和有效性,检验检测机构应定期审查文件,包括外来文件的审查和内部文件的审查。

27. ABCD

28. ABC

第27、28题【学习点】《检验检测机构资质认定能力评价 检验检测机构通用要求》(RB/T 214—2017)第4.5.4条及释义。

【解析】检验检测机构应建立和保持评审客户要求、标书、合同的程序。对要求、标书、合同的偏离、变更应征得客户同意并通知相关人员。委托书也是合同。

29. ABCD

【学习点】《检验检测机构资质认定能力评价 检验检测机构通用要求》(RB/T 214—2017)第4.5.4、4.5.6、4.5.7、4.5.8条及释义。

【解析】检验检测机构应建立和保持评审客户要求、标书、合同的程序;

检验检测机构应建立和保持选择和购买对检验检测质量有影响的服务和供应品的程序;

检验检测机构应建立和保持服务客户的程序;

检验检测机构应建立和保持处理投诉的程序。

30. BCD

【学习点】《检验检测机构资质认定能力评价 检验检测机构通用要求》(RB/T 214—2017)第4.5.5条及释义。

【解析】检验检测机构需分包检验检测项目时,应分包给已取得检验检测机构资质认定并有能力完成分包项目的检验检测机构,具体分包的检验检测项目和承担分包项目的检验检测机构应事先取得委托人的同意。出具检验检测报告或证书时,应将分包项目予以区分。

检验检测机构实施分包前,应建立和保持分包的管理程序,并在检验检测业务洽谈、合同评审和合同签署过程中予以实施。

检验检测机构不得将法律法规、技术标准等文件禁止分包的项目实施分包。

31. AC

【学习点】《检验检测机构资质认定能力评价 检验检测机构通用要求》(RB/T 214—2017) 第4.5.5条及释义。

【解析】检验检测机构因工作量、关键人员、设备设施、环境条件和技术能力等原因,需分包检验检测项目时,应分包给已取得检验检测机构资质认定并有能力完成分包项目的检验检测机构,具体分包的检验检测项目和承担分包项目的检验检测机构应事先取得委托人的同意。检验检测机构不得将法律法规、技术标准等文件禁止分包的项目实施分包。除非是客户或法律法规指定的分包,检验检测机构应对分包结果负责。

32. ABC

【学习点】《检验检测机构资质认定能力评价 检验检测机构通用要求》(RB/T 214—2017) 第4.5.6条及释义。

【解析】检验检测机构应建立和保持选择和购买对检验检测质量有影响的服务和供应品的程序。明确服务、供应品、试剂、消耗材料等的购买、验收、存储的要求,并保存对供应商的评价记录。办公设施不会影响检验检测质量,不需要对供应商进行评价。

33. ABCD

【学习点】《检验检测机构资质认定能力评价 检验检测机构通用要求》(RB/T 214—2017) 第4.5.9条。

【解析】检验检测机构应建立和保持出现不符合工作的处理程序,当检验检测机构活动或结果不符合其自身程序或与客户达成一致的要求时,检验检测机构应实施该程序。该程序应确保:

a) 明确对不符合工作进行管理的责任和权力;

b) 针对风险等级采取措施;

c) 对不符合工作的严重性进行评价,包括对以前结果的影响分析;

d) 对不符合工作的可接受性做出决定;

e) 必要时,通知客户并取消工作;

f) 规定批准恢复工作的职责。

34. AB

【学习点】《检验检测机构资质认定能力评价 检验检测机构通用要求》(RB/T 214—2017) 第4.5.9、4.5.10条及释义。

【解析】检验检测机构应建立和保持出现不符合工作的处理程序。应建立和保持在识别出不符合时,采取纠正措施的程序。

35. ABC

36. BCD

第35、36题【学习点】《检验检测机构资质认定能力评价 检验检测机构通用要求》(RB/T 214—2017) 第4.5.11条及释义。

【解析】检验检测机构应建立和保持记录管理程序,确保记录的标识、贮存、保护、检索、保留和处置符合要求。

质量记录应包括内部审核报告和管理评审报告以及纠正措施和预防措施的记录。技术记录应包括原始观察、导出数据和建立审核路径有关信息的记录、校准记录、员工记录、发出的每份检验检测报告或证书的副本。校准记录是技术记录，不是质量记录。

每项检验检测的记录应包含充分的信息，确保该检验检测在尽可能接近原始条件情况下能够重复。

观察结果、数据和计算应在产生时予以记录，不允许补记、追记、重抄。对记录的所有改动应有改动人的签名或等效标识，但原始数据不得日后更改，只能当时修改。

所有记录的存放条件应有安全保护措施，没有不可以借阅的相关规定。

37. AC

【学习点】《检验检测机构资质认定能力评价　检验检测机构通用要求》(RB/T 214—2017)第4.5.12条及释义。

【解析】检验检测机构应建立和保持管理体系内部审核的程序，以便验证其运作是否符合管理体系和本标准的要求。

38. ACD

39. ABCD

第38、39题【学习点】《检验检测机构资质认定能力评价　检验检测机构通用要求》(RB/T 214—2017)第4.5.12条及释义。

【解析】检验检测机构应建立和保持管理体系内部审核的程序，以便验证其运作是否符合管理体系和本标准的要求，管理体系是否得到有效的实施和保持。内部审核通常每年一次，由质量负责人策划内审并制定审核方案。内审员须经过培训，具备相应资格，内审员应独立于被审核的活动。

内部审核通常每年一次，根据出现的特殊情况，应增加审核频次：管理体系有重大变更或机构和职能发生重大变更时；内部监督员发现某质量要素存在严重不符合项；出现质量事故，或客户对某一环节连续申诉投诉；认证认可机构安排现场评审或监督评审前；年度审核计划经审批后组织实施。

40. BCDE

【学习点】《检验检测机构资质认定能力评价　检验检测机构通用要求》(RB/T 214—2017)第4.5.13条及释义。

【解析】管理评审输出应包括以下内容：

a) 管理体系及其过程的有效性；

b) 符合本标准要求的改进；

c) 提供所需的资源；

d) 变更的需求。

41. CD

【学习点】《检验检测机构资质认定能力评价　检验检测机构通用要求》(RB/T 214—2017)第4.5.13条及释义。

【解析】管理评审输入应包括以下信息：

a) 检验检测机构相关的内外部因素的变化;

b) 目标的可行性;

c) 政策和程序的适用性;

d) 以往管理评审所采取措施的情况;

e) 近期内部审核的结果;

f) 纠正措施;

g) 由外部机构进行的评审;

h) 工作量和工作类型的变化或检验检测机构活动范围的变化;

i) 客户反馈;

j) 投诉;

k) 实施改进的有效性;

l) 资源配备的合理性;

m) 风险识别的可控性;

n) 结果质量的保障性;

o) 其他相关因素,如监督活动和培训。

42. ABC

【学习点】《检验检测机构资质认定能力评价 检验检测机构通用要求》(RB/T 214—2017) 第4.5.14条及释义。

【解析】检验检测机构应建立和保持检验检测方法控制程序。检验检测方法包括标准方法、非标准方法(含自制方法)。在使用标准方法前,应进行验证。在使用非标准方法(含自制方法)前,应进行确认。检验检测机构应跟踪方法的变化,并重新进行验证或确认。验证不仅需要识别相应的人员、设施和环境、设备等技术能力能否满足要求,还应通过试验证明结果的准确性和可靠性,必要时应进行检验检测机构间的比对或能力验证。

43. ABCD

44. ABD

45. ACD

第43~45题【学习点】《检验检测机构资质认定能力评价 检验检测机构通用要求》(RB/T 214—2017) 第4.5.14条及释义。

【解析】偏离是指在一定的允许范围、一定的数量和一定的时间段等条件下实施过程对方法的偏离。如确需方法偏离应有文件规定,经技术判断,获得批准和客户同意。检验检测方法偏离常见有:抽样方式、数量比例的改变,样品处理方法、过程的改变,试验方法的改变,数据传输、处理、计算方法的改变。

46. ABCD

【学习点】《检验检测机构资质认定能力评价 检验检测机构通用要求》(RB/T 214—2017) 第4.5.14条及释义。

【解析】检验检测机构应建立和保持检验检测方法控制程序。这些程序与方法包括送样、处理、运输、存储和准备、检验检测、结果分析或对比、结果和符合性判断等方面。

使用非标准方法(含自制方法)前,应进行确认。非标准方法(含自制方法)的使用应事先征得客户同意,并告知客户相关方法可能存在的风险。

检验检测机构应记录作为确认证据的信息:使用的确认程序、规定的要求、方法性能特征的确定、获得的结果和描述该方法满足预期用途的有效性声明。

47. ABCD

【学习点】《检验检测机构资质认定能力评价 检验检测机构通用要求》(RB/T 214—2017)第4.5.14条及释义。

【解析】《通用要求》规定,必要时,检验检测机构应制定作业指导书。所谓必要,是指如果标准、规范、方法不能被操作人员直接使用,获其内容不便于理解,规定不够简明或缺少足够的信息,或方法中有可选择的步骤,会在方法运用时造成因人而异,可能影响检验检测数据和结果正确性时,则应制定作业指导书。作业指导书用于指导检测过程、设备使用操作、样品准备和处置、数据处理等。

48. ABD

【学习点】《检验检测机构资质认定能力评价 检验检测机构通用要求》(RB/T 214—2017)第4.5.17条及释义。

【解析】检验检测机构为后续的检验检测,如需对物质、材料或产品进行抽样,应建立和保持抽样控制程序。抽样计划应根据适当的统计方法制定,抽样应确保检验检测结果的有效性。当客户对抽样程序有偏离的要求时,应予以详细记录,同时告知相关人员。如果客户要求的偏离影响到检验检测结果,应在报告、证书中做出声明。

49. AB

【学习点】《检验检测机构资质认定能力评价 检验检测机构通用要求》(RB/T 214—2017)第4.5.18条及释义。

【解析】检验检测机构应建立和保持样品管理程序,以保护样品的完整性并为客户保密。程序是指为进行某项活动所给定的途径,要求对从样品运输到最后对样品的清理全过程建立程序。样品管理全过程包括运输、接收、处置、保护、存储、保留、清理。

50. ABC

【学习点】《检验检测机构资质认定能力评价 检验检测机构通用要求》(RB/T 214—2017)第4.5.15条及释义。

【解析】检验检测机构可在检验检测出现临界值、内部质量控制或客户有要求时,报告测量不确定度。测量不确定度与测量误差没有关系。

51. ABCDE

【学习点】《检验检测机构资质认定能力评价 检验检测机构通用要求》(RB/T 214—2017)第4.5.19条及释义。

【解析】检验检测机构应建立和保持监控结果有效性的程序。检验检测机构可采用定期使用标准物质、定期使用经过检定或校准的具有溯源性的替代仪器、对设备的功能进行检查、运用工作标准与控制图、使用相同或不同方法进行重复检验检测、保存样品的再次检验检测、分析样品不同结果的相关性、对报告数据进行审核、参加能力验证或机构之间比对、机构内部比对、盲样检验检测等进行监控。检验检测机构所有数据的记录方式应便于发现其发展趋势,若发现偏离预先判据,应采取有效的措施纠正出现的问题,防止出现错误的结果。质量控制应有适当的方法和计划并加以评价。

52. ABC

【学习点】《检验检测机构资质认定能力评价　检验检测机构通用要求》(RB/T 214—2017)第4.5.21条及释义。

【解析】当需对检验检测结果进行说明时,检验检测报告或证书中还应包括下列内容:

a)对检验检测方法的偏离、增加或删减,以及特定检验检测条件的信息,如环境条件;

b)适用时,给出符合(或不符合)要求或规范的声明;

c)当测量不确定度与检验检测结果的有效性或应用有关,或客户有要求,或当测量不确定度影响到对规范限度的符合性时,检验检测报告或证书中还需要包括测量不确定度的信息;

d)适用且需要时,提出意见和解释;

e)特定检验检测方法或客户所要求的附加信息。报告或证书涉及使用客户提供的数据时,应有明确的标识。当客户提供的信息可能影响结果的有效性时,报告或证书中应有免责声明。

53. ABD

【学习点】《检验检测机构资质认定能力评价　检验检测机构通用要求》(RB/T 214—2017)第4.5.22条及释义。

【解析】检验检测机构从事抽样时,应有完整、充分的信息支撑其检验检测报告或证书。应包括但不限于以下内容:

(1)抽样日期;

(2)抽取的物质、材料或产品的清晰标识(适当时,包括制造者的名称、标示的型号或类型和相应的系列号);

(3)抽样位置,包括简图、草图或照片;

(4)所用的抽样计划和程序;

(5)抽样过程中可能影响检验检测结果的环境条件的详细信息;

(6)与抽样方法或程序有关的标准或规范,以及对这些标准或规范的偏离、增加或删减。

54. ABCD

【学习点】《检验检测机构资质认定能力评价　检验检测机构通用要求》(RB/T 214—2017)第4.5.23条及释义。

【解析】当需要对报告或证书做出意见和解释时,检验检测机构应将意见和解释的依据形成文件。意见和解释应在检验检测报告或证书中清晰标注。应对提出意见和解释的人员,依据相应的教育、培训、技能和经验进行能力确认。

意见和解释可包括:对检验检测结果符合(或不符合)要求的意见,履行合同的情况、如何使用结果的建议及改进的建议等内容。

55. AC

【学习点】《检验检测机构资质认定能力评价　检验检测机构通用要求》(RB/T 214—2017)第4.5.26条及释义。

【解析】检验检测报告或证书签发后,若有更正或增补应予以记录。修订的检验检测报告或证书应标明所代替的报告或证书,并注以唯一性标识。

(1) 当需要对已发出的结果报告作更正或增补时,应按规定的程序执行,详细记录更正或增补的内容,重新编制新的更正或增补后的检验检测报告或证书,并注以区别于原检验检测报告或证书的唯一性标识。

(2) 若原检验检测报告或证书不能收回,应在发出新的更正或增补后的检验检测报告或证书的同时,声明原检验检测报告或证书作废。原检验检测报告或证书可能导致潜在其他方利益受到影响或者损失的,检验检测机构应通过公开渠道声明原检验检测报告或证书作废,并承担相应责任。

56. ABD

【学习点】《检验检测机构诚信基本要求》(GB/T 31880—2015)第4.4.4条。

【解析】检验检测机构的人员不应(但不限于):

a) 与其所从事的检验检测项目委托方,存在不正当利益关系;

b) 参与任何有碍于检验检测判断独立性和公正性的活动;

c) 参与和检验检测项目或者类似的竞争性项目有关系的产品的生产、经营活动;

d) 谋求不正当利益、威胁、诱骗或者利用欺诈的手段影响检验检测数据和结果;

e) 出具虚假数据和结果或不客观报告数据和结果。

57. AB

【学习点】《实验室资质认定工作指南》。

【解析】计量认证和审查认可都是国家对检验检测机构和质检机构实施法制管理的范围,是强制性的,由国家认监委和省质量技术监督部门负责实施。国家实验室认可是自愿的,属国际通行做法,由中国合格评定国家认可委员会实施。

58. BAD

【学习点】《实验室资质认定工作指南》。

【解析】三者均发证书,使用的标志不同。

59. ABC

【学习点】《实验室资质认定工作指南》、2021年版考试用书《公共基础》。

【解析】质量体系是为满足内部组织管理的需要而设置的,是指为实施质量管理所需的组织结构、程序、过程的资源。

60. AD

【学习点】《公路水运工程试验检测机构等级评定及换证复核工作程序》《检验检测机构资质认定 标志及其使用要求》。

【解析】蝴蝶兰J章为"公路水运试验检测机构"专用标识。

61. ABCD

【学习点】《实验室资质认定工作指南》、2021年版考试用书《公共基础》。

【解析】质量管理是指确定质量方针、目标和职责,并在质量体系中通过诸如质量策划、质量控制、质量保证、质量改进使其实施全部管理职能的所有活动。

62. ABCD

【学习点】《公路水运工程试验检测等级管理要求》(JT/T 1181—2018)第7.3.8.2条。

【解析】公路水运工程试验检测机构等级评定现场评审时,仪器设备管理情况应检查仪器设备档案是否齐全完整、分类清晰、管理规范、查询方便,仪器设备档案应包含但不限于设备验收单、使用说明书、检校证书、使用记录、维护记录、维修记录等信息;随机抽查主要仪器设备的使用记录、维修记录、检定/校准/内部校准证书及确认记录;重点核查有疑问仪器设备的所有权凭证。

63. ABCD

【学习点】《公路水运工程试验检测等级管理要求》(JT/T 1181—2018)第7.3.4.3条。

【解析】抽取的现场试验操作考核参数应覆盖全部申请试验检测项目,并不低于必选参数总量的15%,且宜重点考虑以下方面:

a)难度较大、操作复杂、涉及结构安全(如基桩、钢结构、混凝土结构、桥梁隧道工程等检测项目),以及能够代表检测机构能力水平的试验检测参数;

b)在资料审查中发现的技术能力薄弱方面,以及开展频率很低或未开展的试验检测参数;

c)能力验证结果存在问题的试验检测参数;

d)最近2年内标准规范发生变更的试验检测参数;

e)最近1年内安排新上岗检测人员进行操作的试验检测参数;

f)当为多项等级申请合并评审时,现场试验操作考核应按不同等级类型分别进行考核,并以新申请等级或增加部分为主。

64. ACD

【学习点】《公路水运工程试验检测等级管理要求》(JT/T 1181—2018)附表Ⅲ-2 公路水运工程试验检测机构现场评分表。

【解析】附表Ⅲ-2 注规定:

1. 本表适用于等级评定和换证复核现场评审评分,每名评审专家独立评分。

2. 现场评审中若发现检测机构未能满足等级标准强制性要求,即视为不通过,不再填写此表。

3. 各考核项目评分不得大于规定分值,最低为零分。

4. 标"*"项得零分视为没有通过资格。

"*"项包括:技术负责人、质量负责人,人员专业配置,管理体系运行有效性评价,试验记录、报告,仪器设备管理。

65. BCD

【学习点】《公路水运工程试验检测等级管理要求》(JT/T 1181—2018)第7.3.12条。

【解析】评审组长组织评审组与检测机构主要负责人进行座谈,通报评审中发现的主要问题,听取检测机构的意见。如检测机构对存在的问题提出异议,评审组应列举客观证据进行说明。确属评审组客观证据不足或检测机构能提供充足的符合性证据的,应修改有关评审记录。相关情况可在附表Ⅲ-14"现场评审工作备忘录"予以记录,专家组长及有关专家应签字确认。

66. BC

【学习点】《公路水运工程试验检测等级管理要求》(JT/T 1181—2018)附表Ⅲ-2 公路水运工程试验检测机构现场评分表。

【解析】(1)申请的可选参数无业绩或模拟报告的,每个参数扣0.5分。

(2)在部、省级主管部门(质监机构)组织的督查中受到通报批评或停业整顿的,部级的每次扣3分,省级的每次扣2分。

申请的可选参数无业绩报告应提供模拟报告,对于换证符合的检验机构所开展的试验检测参数覆盖批准的所有试验检测项目且不少于批准参数的85%。

67. ABCDE

【学习点】《公路水运试验检测数据报告编制导则》第5.1.2条及释义。

【解析】记录表标题部分位于记录表的上方,用于表征其基本属性,由记录表名称、唯一性标识编码、检测单位名称、记录编号、页码组成。

68. ABCDE

【学习点】《公路水运试验检测数据报告编制导则》第5.1.3.2条及释义。

【解析】试验记录表唯一性标识编码采用"3+1+2+3+1"五段位的编码形式,即用"专业编码"+"领域编码"+"项目编码"+"参数编码"+"方法区分码"的形式表示。

领域编码见《公路水运工程试验检测等级管理要求》(JT/T 1181—2018)第5.3条,分别为Q(公路材料与制品)、P(工程实体与结构)、Z(工程环境与其他)。

69. CDE

【学习点】《公路水运试验检测数据报告编制导则》第5.1.3.2条及释义。

【解析】J代表记录表,GL代表公路专业,Q代表公路材料与制品领域,01代表"土"项目编码,004代表(颗粒组成)参数编码,a代表(筛分法)方法区分码。

70. ABCD

【学习点】《公路水运试验检测数据报告编制导则》第6.2.2条及释义。

【解析】检测类报告的基本信息部分主要包含但不限于施工/委托单位、工程名称、工程部位/用途、委托单编号、样品信息、试验依据、判定依据、主要仪器设备名称及编号信息。

71. BCD

【学习点】《公路水运试验检测数据报告编制导则》第6.3条及释义。

【解析】检验对象属性部分用于对被检对象、测试过程中有关技术信息的描述。包括基础资料、测试说明、制样情况、抽样情况等。

72. ABC

【学习点】《公路水运试验检测数据报告编制导则》第5.4条及释义。

【解析】附加声明区部分用于说明需要提醒和声明的事项。包括:对试验检测的依据、方法、条件等偏离情况的声明,其他见证方签认,其他需要补充说明的事项。

见证方签认只能填在记录表的附加声明区,不能填在报告的附加声明区。

73. ABC

【学习点】《公路水运试验检测数据报告编制导则》第5.3.2条及释义。

【解析】检验数据区包括原始观测项目、数据处理过程、试验结果等内容。

74. AB

【学习点】《公路水运试验检测数据报告编制导则》第 5.3.2、5.3.3 条及释义。

【解析】检验数据区包括原始观测项目、数据处理过程、试验结果,不包含试验仪器设备试验过程中的运行状况。原始观测数据包括手工填写和仪器自动采集两种。

75. AB

【学习点】《公路水运试验检测数据报告编制导则》第 6.1.3 条及释义。

【解析】在 CMA、CAL、CNAS 标识同时使用时,建议在报告首页上方从左向右依次盖章,仅使用 CNAS 标识时,建议将章盖在报告首页上方居中位置。

76. AD

【学习点】《检验检测实验室技术要求验收规范》(GB/T 37140—2018) 第 5.2.3 条。

【解析】实验室功能区域划分中在垂直布局中应遵循如下原则:

——大型或重型设备宜布置在建筑物的底层。

——大型或重型测试样品对应的测试区域宜布置在建筑物的底层。

——较大振动或噪声较大的设备宜布置在建筑物的底层。

——对振动极其敏感的设备宜布置在建筑物的底层。

——需要做设备强化地基的实验室宜布置在建筑物的底层。

——产生有毒有害气体的实验室宜布置在建筑物的顶层。

——产生粉尘物质的实验室宜布置在建筑物的顶层。

实验室平面功能区域的划分遵循如下组合规划原则:

——同类型实验室宜组合在一起。

——有隔振要求的实验室宜组合在一起。

——有防辐射要求的实验室宜组合在一起。

——有毒性物质产生的实验室宜组合在一起。

——有相同层高要求的特殊设备宜组合在同一层。

实验室平面布局过程应遵循的其他原则:

——需避免日光直射的实验室、设备和材料储藏室不宜布置在靠建筑外窗的位置。

——宜引起环境影响的实验室、功能区之间应考虑分开布局、单独防护,以避免对相邻区域造成质量、环境或安全的影响。如噪声、发热、强光、电磁干扰、异味等。

——对于有专门标准规范实验室布局的特殊实验检测实验室,应满足相应的标准规范的要求。

77. A,B

【学习点】《检验检测机构管理和技术能力评价 设施和环境通用要求》(RB/T 047—2020)。

【解析】检验检测机构应对温度和湿度加以控制,并根据特定情况确定控制的范围:当检验检测工作对环境温度和湿度无特殊要求时,工作环境的温度宜维持在 16~26℃,相对湿度宜维持在 30%~65%。当检验检测工作对环境温度和湿度有特殊要求时,环境温度和湿度应符合相关国家标准或行业标准的规定。

78. AC

【学习点】《检验检测机构管理和技术能力评价　设施和环境通用要求》(RB/T 047—2020)。

【解析】检验检测机构应根据需要设置普通废弃物的收集场所,废弃物的收集、标识、存储和处置应符合 GB 18597 和 GB/T 27476.1 相关要求。检验检测机构如无法在检验检测场所妥善处理危险废弃物时,应交给有资质的单位处理,并做好危险废弃物处置的追踪记录。

第三章 试验检测基础知识

一、单项选择题

1. 国家法定计量单位由(　　)组成。
   A. 全部由国际单位制计量单位
   B. 国家选定的非国际单位制
   C. 部分国际单位制计量单位和国家选定的其他计量单位
   D. 国际单位制计量单位和国家选定的其他计量单位
2. 国际单位制SI单位包括基本单位和(　　)。
   A. 法定单位　　　　B. 倍数单位　　　　C. 组合单位　　　　D. 导出单位
3. 10^{12}的SI倍数单位词头符号是(　　)。
   A. G　　　　　　　B. M　　　　　　　C. T　　　　　　　D. P
4. 10^{-9}的SI倍数单位词头符号是(　　)。
   A. d　　　　　　　B. p　　　　　　　C. f　　　　　　　D. n
5. 下列导出单位书写不正确的是(　　)。
   A. Hz　　　　　　B. Pa　　　　　　C. Lx　　　　　　D. lm
6. 下列单位符号属于国际单位制基本单位的一组是(　　)。
   A. mol　cd　m　K　　　　　　　B. A　Km　kg　m
   C. m　s　A　℃　　　　　　　D. t　N　MPa　m
7. 以下(　　)不是国际单位制的内容。
   A. SI单位　　　　　　　　　　B. SI词头
   C. 国家选定的其他计量单位　　　D. SI单位的十进制的倍数单位
8. 质量热容的单位符号为"J/(kg·K)",其名称为(　　)。
   A. 焦耳每千克开尔文　　　　　　B. 焦耳每千克每开尔文
   C. 每千克开尔文焦耳　　　　　　D. 每千克每开尔文焦耳
9. 词头符号"m"表示(　　)。
   A. 米　　　　　　B. 毫　　　　　　C. 千米　　　　　　D. 微
10. 单位"mm",第一个"m"表示(　　)。
    A. SI基本单位　　　　　　　　B. SI辅助单位
    C. SI导出单位　　　　　　　　D. 词头
11. 力矩的单位为(　　)。
    A. N·km　　　　　　　　　　B. kN·m

C. km·N   D. kN·km

12. 数字42000,若有3个无效零,则为两位有效位数,应写为( )。
   A. $4.2×10^4$ B. $42×10^3$ C. $420×10^2$ D. $4200×10$

13. 数字0.0109、102.0、0.12、105、0.120,有效数字为三位的是( )。
   A. 102.0、105   B. 0.0109、105、0.120
   C. 0.12、105   D. 106

14. 下列数字中,有效数字位数最少的是( )。
   A. 0.2350   B. 2.0350   C. 0.00235   D. 2350.0

15. 石灰钙镁含量测定时,用万分之一的电子天平称量石灰,显示数据为0.5055g,如果要求保留到0.01g,原始记录数据表达正确的是( )。
   A. 0.51g   B. 0.5055g   C. 0.505g   D. 0.50g

16. 石灰钙镁含量测定时,用万分之一的电子天平称量石灰,显示数据应为( )。
   A. 0.5075g   B. 0.508g   C. 0.51g   D. 0.5g

17. 如指定修约间隔为0.1,相当于将数值修约到( )。
   A. 一位小数   B. 二位小数   C. 三位小数   D. 四位小数

18. 修约间隔是1,修约57.46正确的是( )。
   A. 57.4   B. 57.5   C. 57   D. 58

19. 将下列数修约到个位数,正确的是( )。
   A. 21.5→22   B. 34.5→35   C. 21.5→21   D. 21.48→22

20. 将50.28修约到个数位的0.5单位,得( )。
   A. 50   B. 50.3   C. 50.0   D. 50.5

21. 将3.61、4.781分别按0.5间隔进行修约,结果正确的是( )。
   A. 3.5、5.0   B. 4.0、4.5
   C. 3.5、4.5   D. 4.0、5.0

22. 实测值为16.5203,报出值为16.5⁺,要求修约到个数位后进行判定,则修约值为( )。
   A. 16   B. 17   C. 16.0   D. 17.0

23. 由下列一组实测值得出的"报出值""修约值"多保留1位,并将其修约到个位数,表达正确的是( )。

选　项	实　测　值	报　出　值	修　约　值
A	37.4701	37.5⁻	38
B	24.5002	24.5⁺	25
C	−28.5001	−28.5⁺	−28
D	−34.5000	−34.5	34

24. 四位数字12.8、3.25、2.153、0.0284相加,结果应为( )。
   A. 18.2314   B. 18.231   C. 18.23   D. 18.2

25. 4.412×5.13×0.65757 的积计算正确的是( )。
   A. 14.8831500492   B. 14.9   C. 14.88   D. 14.8861314

26. 按照有效数字乘除运算的计算规则,计算25.0、0.1436、76.5的乘积为( )。
   A. 270   B. 275.4   C. 275   D. 275.0

27. 计算 6.54^2 =( )。
   A. 42.7716   B. 42.8   C. 42.7   D. 42.78

28. 在数字计算中,下列说法错误的是( )。
   A. 加减法运算中,有效数字以小数点位数最少为准
   B. 乘除计算中,有效数字以最少有效数字位数为准
   C. 常数π的有效数字位数需要几位报几位
   D. 将常数开方后,结果必须比原数少一位

29. $A \sim B$(从A到B)表示的极限值范围为( )。
   A. $A \leq X \leq B$ B. $A < X \leq B$ C. $A \leq X < B$ D. $A < X < B$

30. 100_{-1}^{+2}mm,表示( )符合要求。
   A. $99 \leq X \leq 102$ B. $99 < X \leq 102$ C. $99 \leq X < 102$ D. $99 < X < 102$

31. 550(1±5%)(不含5%),指实测值或其计算值R对于550的相对偏差值[(R-550)/550],( )符合要求。
   A. 从-5%到+5%
   B. 从超过-5%到+5%
   C. 从超过-5%到接近但不足+5%
   D. 从-5%到接近但不足+5%

32. 测得一组数据为7.82、7.80、7.55、7.58、7.54,依据规范要求其测定值为0.1修约,当大于或等于7.6判定其合格,用全数值判定该组数据,合格值表达正确的是( )。
   A. 7.82、7.80、7.55、7.58、7.54
   B. 7.82、7.80、7.55、7.58
   C. 7.82、7.80、7.58
   D. 7.82、7.80

33. 在判定测定值或计算值是否符合标准时,若将测定值或计算值进行修约,修约位数应( )。
   A. 与规定的极限值数位一致
   B. 比规定的极限值数位多一位
   C. 比规定的极限值数位多两位
   D. 比规定的极限值数位少一位

34. 从一个批序列中分离出来,不属于当前序列的批为( )。
   A. 单批   B. 子批   C. 孤立批   D. 批量

35. 批中确定的一部分称( )。
   A. 单批   B. 子批   C. 孤立批   D. 批量

36. 批量是指批中( )。
   A. 产品数量
   B. 用于抽检的产品数量
   C. 子批数量
   D. 孤立批数量

37. 样本的定义是( )。
   A. 用于检查的单位产品
   B. 总的单位产品
   C. 样本单位的全体
   D. 样本单位数量

38. 公路工程粗集料筛分试验,其试样的制备通常采用( )缩分。

A. 对称法　　　　　B. 四分法　　　　　C. 八分法　　　　　D. 没有要求

39. 抽样方案是指所使用的(　　)的组合。
   A. 样本量和有关批接受准则　　　　B. 抽样框和判定数组
   C. 样品大小和判定数组　　　　　　D. 判定数组

40. 抽样分布是指(　　)分布。
   A. 样本大小　　　B. 统计量　　　C. 正态　　　D. t

41. 要从10000名职工中抽出200名组成一个样本,则(　　),就是抽样框。
   A. 200名职工的名册　　　　　　　B. 10000名职工的名册
   C. 200名职工的抽样顺序　　　　　D. 抽样图表

42. 抽样检查是为了统计推断产品(　　)的质量状况。
   A. 单位产品(样品)　　　　　　　B. 样本
   C. 样品和样本　　　　　　　　　D. 检查批

43. 常用的简单随机抽样的两种方法是(　　)。
   A. 重复抽样和不重复抽样　　　　B. 系统抽样和分层抽样
   C. 交叉抽样和成对抽样　　　　　D. 抽签法和随机数法

44. 一批10000件的样本中任意抽取100件,这种抽样方式属于(　　)。
   A. 简单随机抽样　　　　　　　　B. 分层抽样
   C. 系统抽样　　　　　　　　　　D. 整群抽样

45. 测量是指通过实验室获得并可合理赋予某量一个或多个量值的(　　)。
   A. 活动　　　B. 校准　　　C. 检定　　　D. 过程

46. 重复性测量条件简称重复性条件,可以不包括(　　)。
   A. 相同的测量程序　　　　　　　B. 相同的操作者
   C. 相同的操作条件　　　　　　　D. 相同的时间

47. 在不同的测量条件下,同一被测量的测量结果之间的一致性称为测量结果的(　　)。
   A. 重复性　　　B. 复现性　　　C. 稳定性　　　D. 统一性

48. 有关测量误差的描述正确的是(　　)。
   A. 测量得的量值与参考量值之差称测量误差
   B. 测量误差包括因设备操作不当产生的误差
   C. 测量误差可采用修正值进行补偿
   D. 测量误差包括样品制备不当产生的误差

49. (　　)是指测量结果减去被测量的真值所得差。
   A. 系统误差　　　　　　　　　　B. 随机误差
   C. 过失误差　　　　　　　　　　D. 测量误差

50. 根据误差产生的原因,按照误差的性质,下列不属于测量误差分类的是(　　)。
   A. 系统误差　　　　　　　　　　B. 过失误差
   C. 随机误差　　　　　　　　　　D. 环境误差

51. 随机误差又被称之为(　　)。
   A. 恒定误差　　　B. 偶然误差　　　C. 绝对误差　　　D. 相对误差

52. 关于随机误差以下描述正确的是( )。
    A. 随机误差不可预料,因此也不能消除
    B. 随机误差出现是有规律的,是可以消除或降低的
    C. 随机误差产生的原因能够控制
    D. 只要试验检测人员认真操作就可以避免随机误差

53. 随机误差是由( )造成的。
    A. 仪器误差   B. 人为误差
    C. 试剂误差   D. 不可预料的原因

54. 下列哪种情况引起的误差属于随机误差( )。
    A. 测量人的身高时,测量结果的起伏
    B. 测量人体体重时,空载秤没有归零
    C. 收敛仪零点读数不为零又未修正
    D. 地轴罗盘指针偏角的影响

55. 当无限多次重复性试验后,所获得的平均值为( )。
    A. 测量结果 + 随机误差   B. 真值 + 系统误差
    C. 测量结果 – 系统误差   D. 真值

56. 示值误差是指( )。
    A. 测量仪器示值与对应输入量的参考值之差
    B. 测量仪器示值与多次测量示值的平均值之差
    C. 单次测量结果与无穷多次测量结果平均值之差
    D. 单次测量结果与被测量真值之差

57. 仪器设备的示值是2.9,修正因子是1.2,所以仪器设备的测量值应为( )。
    A. 2.9   B. 3.5   C. 4.1   D. 1.2

58. 一台烘箱的校准证书显示其温度示值与标准温度的偏差为 – 1.5℃,当需要在110℃下进行试验时,该烘箱设定温度为( )。
    A. 108.5℃   B. 111.5℃   C. 110℃   D. 113℃

59. 试验室用的烘箱在示值为182℃处的实际值为180℃,烘箱在此处的相对误差为( )。
    A. 1.1%   B. – 2℃   C. – 1.1%   D. – 0.25%

60. 用钢尺测量某结构层厚度为50mm,已知该钢尺的最大允许误差为0.5mm,则该结构层的厚度及相对误差表述正确的是( )。
    A. 50mm ± 0.5mm,1%   B. 50mm,0.5%
    C. 50mm ± 0.5mm,0.5%   D. 50mm,1%

61. 300kN力学试验机检定证书提供的结果如下:

最大试验力(kN)	试验力(kN)	示值相对误差(%)	重复性(%)
300	50	1.2	0.2
	100	1.0	0.2

续上表

最大试验力(kN)	试验力(kN)	示值相对误差(%)	重复性(%)
300	150	1.0	0.1
	200	1.1	0.1
	250	1.0	0.1
	300	0.9	0.1

下列说法正确的是(　　)。

A. 根据检定结果可以判定该设备符合 2 级要求

B. 根据检定结果可以判定该设备符合 1 级要求

C. 由于为检定证书,无须进行计量确认

D. 对该试验机进行计量确认时,必须依据其计量检定规程

62. 测量不确定度是与测量结果联系的参数,表示合理地赋予被测量之值的(　　)。

　　A. 分散性　　　　B. 偏差　　　　C. 误差　　　　D. 偶然误差

63. 下列关于测量不确定度的表述,正确的是(　　)。

　　A. 测量不确定度应为非负值

　　B. 测量不确定度用于表征测量结果偏离被测量的程度

　　C. 测量不确定度越大,说明测量结果的分散程度越小

　　D. 测量误差应作为一个分量,参与测量不确定的评定

64. 以下不属于测量不确定度来源的是(　　)。

　　A. 被测量的定义不完整

　　B. 检测人员违规操作仪器

　　C. 测量仪器计量性能的局限性

　　D. 取样的代表不够

65. 标准不确定度是指(　　)的测量不确定度。

　　A. 用标准差表示　　　　　　　B. 用标准方法测量

　　C. 用标准仪器测量　　　　　　D. 用标准方法表示

66. 用合成不确定度的倍数表示的测量不确定度称为(　　)。

　　A. A 类不确定度　　　　　　　B. B 类不确定度

　　C. 扩展不确定度　　　　　　　D. 合成不确定度

67. 当测量结果全部处于扩展不确定度区域外侧时,判定其测量结果(　　)。

　　A. 不合格　　B. 无法判定　　C. 合格　　D. 判定依据不详

68. 被评定仪器设备的示值误差的绝对值小于或等于其最大允许误差的绝对值与示值误差的扩展不确定度之差时,(　　)。

　　A. 可判为合格　　　　　　　　B. 不一定合格

　　C. 可判为不合格　　　　　　　D. 判定方法不正确

69. 关于误差和测量不确定度,下列说法不正确的是(　　)。

　　A. 误差在数轴上是一个点,而不确定度是一个区间

B. 误差只能估计，不确定度可以评定

C. 测量不确定度有自由度，而误差没有

D. 可通过误差推算测量不确定度

70. 在 n 次重复试验中，事件 A 出现了 m 次，则 m/n 称为事件 A 的（　　）。
    A. 频数　　　　　B. 频率　　　　　C. 概率　　　　　D. 频度

71. 事件 A 与事件 B 在任何一次试验中不会同时发生，那么事件 A 与事件 B 为（　　）。
    A. 互斥事件　　　　　　　　　　B. 相互独立事件
    C. 小概率事件　　　　　　　　　D. 必然事件

72. 两个相互独立事件同时发生的概率，等于每个事件发生的概率的积。即（　　）。
    A. $P(A \cdot B) = P(A) \cdot P(B)$　　　　　B. $P(A+B) = P(A) + P(B)$
    C. $P(A \cdot B) = P(A) + P(B)$　　　　　D. $P(A+B) = P(A) \cdot P(B)$

73. （　　）反映样本数据的相对波动状况。
    A. 平均差　　　　　B. 极差　　　　　C. 标准差　　　　　D. 变异系数

74. 采用摆式摩擦仪测定沥青混凝土路面甲乙两路段的摩擦摆值的算术平均值分别为 56.4、58.6，标准差分别为 4.21、4.32，则抗滑性能相对波动（　　）。
    A. 甲 > 乙　　　　　B. 乙 > 甲　　　　　C. 甲 = 乙　　　　　D. 无法比较

75. 标准偏差也称为标准离差，它是衡量统计数据离散程度的指标，工程试验检测中常采用（　　）。
    A. 样本的标准偏差　　　　　　　B. 总体的标准偏差
    C. 样本的极差　　　　　　　　　D. 总体的极差

76. 极差是一组数据中最大值与最小值之差，适用于（　　）。
    A. 样本容量较小（$n<10$）情况　　　B. 样本容量较小（$n<5$）情况
    C. 样本容量较大（$n>10$）情况　　　D. 样本容量较大（$n>20$）情况

77. 当测量值与平均值之差大于 2 倍标准差时，则该测量值应（　　）。
    A. 保留　　　　　B. 存疑　　　　　C. 舍弃　　　　　D. 保留但需存疑

78. 采用 3s 法确定可疑数据取舍的判定公式为（　　）。
    A. $|x_k - \bar{x}| \geq 3s$　　　　　B. $|x_k - \bar{x}| > 3s$
    C. $|x_k - \bar{x}| \leq 3s$　　　　　D. $|x_k - \bar{x}| < 3s$

79. 当相关系数 r（　　）时，x 和 y 之间符合直线函数关系，称 x 与 y 完全相关。
    A. = 0　　　　　B. = 2　　　　　C. = ±1　　　　　D. 接近 1

80. 采用最小二乘法确定回归方程 $Y = ax + b$ 的常数项，正确的计算公式是（　　）。
    A. $b = L_{xy}/L_{xx}, a = \bar{y} - b\bar{x}$　　　　　B. $b = L_{xx}/L_{xy}, a = \bar{y} - b\bar{x}$
    C. $a = L_{xy}/L_{xx}, b = \bar{y} - a\bar{x}$　　　　　D. $a = L_{xx}/L_{xy}, b = \bar{y} - b\bar{x}$

81. 相关系数的计算公式是（　　）。
    A. $r = \dfrac{L_{yy}}{\sqrt{L_{xx}L_{xy}}}$　　B. $r = \dfrac{L_{xx}}{\sqrt{L_{xx}L_{xy}}}$　　C. $r = \dfrac{L_{xy}}{\sqrt{L_{xx}L_{yy}}}$　　D. $r = \dfrac{L_{xy}}{\sqrt{L_{xy}}}$

82. 相关系数的临界值可以依据（　　）在表中查出。
    A. 置信区间和测量组数 n　　　　　B. 显著性水平 β 和测量组数 n

C. 置信区间和测量组数 $n-2$　　　　D. 显著性水平 β 和测量组数 $n-2$

83. 实验室对30块混凝土试件进行强度试验,分别测定了其抗压强度 R 和回弹值 N,现建立了 R-N 的线性回归方程。经计算 $L_{xx}=632.47$, $L_{xy}=998.46$, $L_{yy}=1788.36$,相关系数临界值 $r_\beta=0.361$,检验 R-N 的相关性为(　　)。

　　A. $r=0.47$, $r>0.361$, R-N 之间线性相关
　　B. $r=0.94$, $r>0.361$, R-N 之间线性相关
　　C. $r=0.47$, $r>0.361$, R-N 之间无线性关系
　　D. $r=0.94$, $r>0.361$, R-N 之间无线性关系

84. 实验室应从能力验证组织和设计的评价中(　　)。
　　A. 对自己的能力做出结论　　　　B. 对参加者的能力做出结论
　　C. 对组织者做出评价　　　　　　D. 总结教训

85. 实验室间比对是按照预先规定的条件,由两个或多个实验室对(　　)的被测物品进行检测的组织、实施和评价。
　　A. 不相似　　　B. 不同　　　C. 完全一样　　　D. 相同或类似

86. 关于实验室间比对作用,以下说法不正确的是(　　)。
　　A. 对实验室的校准或检测能力进行判定
　　B. 借助外部力量来提高实验室能力和水平
　　C. 识别实验室存在的问题与实验室间的差异
　　D. 作为量值溯源的依据

87. 能力验证评价时,确定指定值的常用方法有已知值、有证参考值、参考值、由各专家试验室获得公议值、由参加试验室获得公议值,其中不确定度最大的是(　　)。
　　A. 已知值　　　　　　　　　　　B. 参考值
　　C. 由各专家试验室获得公议值　　D. 由参加试验室获得公议值

88. 计量是实现单位统一,量值准确可靠的(　　)。
　　A. 活动　　　B. 校验　　　C. 检定　　　D. 比对

89. 以下属于仪器设备计量溯源常见方式的是(　　)。
　　A. 检验　　　B. 校准　　　C. 相关试验　　　D. 核查

90. 计量溯源链是指用于将测量结果与参照对象联系起来的(　　)。
　　A. 测量标准　　　　　　　　　B. 校准次序
　　C. 测量标准和校准次序　　　　D. 检定规程

91. 量值溯源等级图是一种代表等级顺序的框图,用以表明计量器具的(　　)与给定量的基准之间的关系。
　　A. 准确性　　　B. 计量特性　　　C. 标准差　　　D. 分散性

92. 计量技术机构对仪器设备开展计量检定,应依据(　　)进行。
　　A. 计量检定规程　　　　　　　B. 计量校准规程
　　C. 仪器设备的使用说明书　　　D. 委托单位提供的其他技术文件

93. 对校准描述不正确的是(　　)。
　　A. 确定由测量标准提供的量值与相应的示值之间的关系

B. 确定由示值获得测量结果的关系

C. 测量标准值提供的量值与相应示值都具有测量不确定度

D. 校准是测量系统的调整

94. 针对校准结果产生的( ),检验检测机构应确保在其检测数据及相关记录中加以利用并备份和更新。

   A. 随机误差　　　B. 系统误差　　　C. 不确定度　　　D. 修正信息

95. 用于试验检测的仪器设备需要校准的具体技术指标应由( )确定。

   A. 仪器设备校准机构　　　　　B. 仪器设备使用单位

   C. 资质认定机构　　　　　　　D. 仪器设备生产企业

96. 以下关于试验检测用仪器设备内部校准方法,描述错误的是( )。

   A. 应优先采用标准方法

   B. 可以直接使用自编的方法

   C. 经确认可使用设备制造商推荐的方法

   D. 使用外部非标准方法时先转化为试验室文件

97. 仪器设备的校准证书一般不包括( )。

   A. 校准结果

   B. 被校准仪器设备合格与否

   C. 校准结果测量不确定度

   D. 示值的具有测量不确定度的修正值或修正因子

98. 仪器设备无法溯源到国家基准或国家测量标准的,检验检测机构应当( )。

   A. 采用设备内部比对证明满足要求

   B. 告知客户

   C. 提供设备比对、能力验证结果与同类检验检测机构的一致性证据

   D. 采用期间核查证明满足要求

99. 对试验检测用仪器设备自校准的理解,正确的是( )。

   A. 自校准是一种有效的量值溯源活动

   B. 自校准也是内部校准

   C. 一般情况下,自校准不是一种有效的量值溯源活动

   D. 自校准合格的可以贴绿色状态标识

100. 计量确认是确保测量设备处于满足预期使用要求的状态所需要的一组操作。预期使用要求不包括( )。

   A. 设备产品要求　　B. 最大允许误差　　C. 分辨力　　　　D. 测量范围

101. 取得校准证书的设备( )。

   A. 一定是符合要求的设备

   B. 一定是不符合要求的设备

   C. 不一定符合要求,应经技术人员对校准证书进行确认

   D. 不一定符合要求,应经设备采购人员对校准证书进行确认

102. 确认校准后仪器设备是否满足要求的依据是( )。

A. 校准规范　　　B. 校准规程　　　C. 作业指导书　　　D. 设备说明书

103. 一级精度的设备经校准为二级精度,设备状态标识应使用(　　)。
　　A. 红色标识　　　B. 蓝色标识　　　C. 绿色标识　　　D. 黄色标识

104. 设备状态标识(　　)分别对应绿、黄、红颜色。
　　A. 停用、准用、合格　　　　　　　B. 准用、停用、合格
　　C. 合格、准用、停用　　　　　　　D. 停用、合格、准用

105. 试验室内的所有设备均应有状态标识,还应有资产标识卡,一般为(　　)。
　　A. 红色　　　B. 蓝色　　　C. 绿色　　　D. 黄色

106. 当需要利用期间核查来保持设备校准状态的(　　)时,应建立和保持相关的程序。
　　A. 可信度　　　B. 可使用　　　C. 正确　　　D. 可持续

107. 为了在两次校准或检定的间隔期间防止使用不符合技术规范要求的设备,应进行设备的(　　)。
　　A. 校准　　　B. 检定　　　C. 校准或检定　　　D. 期间核查

108. 检验检测机构所用仪器设备是否需要进行期间核查是由(　　)。
　　A. 标准规定　　　　　　　B. 检验检测机构自行识别规定
　　C. 客户约定　　　　　　　D. 法律法规规定

109. 下列不属于仪器设备期间核查方法的是(　　)。
　　A. 留样再测法　　　　　　　B. 标准物质法
　　C. 实物标样检查法　　　　　D. 维护保养法

110. 标准物质可分为(　　)。
　　A. 二级　　　B. 四级　　　C. 三级　　　D. 五级

111. 以下关于标准物质期间核查说法正确的是(　　)。
　　A. 有证标准物质不需要期间核查
　　B. 无证标准物质期间核查可使用已知的稳定可靠的有证标准物质
　　C. 无法获得有证标准物质时,无证标准物质可以不进行期间核查
　　D. 标准物质不需要进行期间核查

112. 按《检验检测实验室技术要求验收规范》(GB/T 37140—2018)要求,在实验过程中产生(　　)时,应设置通风柜等工艺排风设施。
　　A. 振动　　　B. 固体废弃物　　　C. 气味　　　D. 噪声

113. 按照《检验检测实验室技术要求验收规范》(GB/T 37140—2018)要求,下列不属于实验室核心区域的是(　　)。
　　A. 样品接受区　　　B. 样品制备区　　　C. 客户接待室　　　D. 危化品区

114. 从试验检测工作安全管理的角度,下列哪种行为是不被允许的(　　)。
　　A. 使用高温电阻炉燃烧炉等加热器具用于室内试验
　　B. 使用易制毒化学药品用于室内试验
　　C. 使用易燃易爆化学用品用于室内试验
　　D. 用于金属材料拉伸试验的万能试验机未设防护装置。

115. 使用危险化学品的(　　)对本单位的危险化学品安全管理工作全面负责。

A. 单位主要负责人 B. 实验室主任
C. 安全员 D. 试验人员

116. 检验检测机构应建立并保持( ),确保化学危险品、毒品、有害生物、电离辐射、高温、高电压、撞击,以及水、气、火、电等危及安全的因素和环境得以有效控制,并有相应的应急处理措施。
A. 安全作业管理程序 B. 安全技术规范
C. 质量管理手册 D. 安全记录

117. 对于钢筋拉伸试验,出于安全考虑,( )。
A. 应设置防护网 B. 操作人员应戴安全帽
C. 做好安全记录 D. 操作人员应穿防护服

118. 实验室应建立并保持安全作业管理程序,确保危及安全的因素和环境得以有效控制,并有相应的( )。
A. 安全服装 B. 灭火装置
C. 防盗装置 D. 应急处理措施

119. 《公路工程标准体系》结构分为三层,以下( )为公路建设板块。
A. 检测 B. 检测评价 C. 养护施工 D. 运行检测

120. 《公路工程标准体系》(JTG 1001—2017),标准代码中的第一位数字1代表( )。
A. 模块序号 B. 板块序号 C. 公路建设 D. 标准序号

121. 《公路工程标准体系》结构,其第三层为( )。
A. 模块 B. 板块 C. 规程 D. 标准

122. 在《公路工程标准体系》中,检测评价模块应属于( )。
A. 公路建设 B. 公路管理 C. 公路养护 D. 公路运营

123. 一台准确度等级为2.5级的电流表,其满量程值为100A,某次测量中对输入50A的标准电流,其示值为52A,则此次测量中电流表的相对误差为( )。
A. −0.025 B. 2% C. 2.5% D. 4%

124. 某标准中要求测距仪的最大允许误差MPE为±1mm,仪器校准证书的示值误差为0.5mm,测量不确定度为:$U=0.3$mm,$k=2$,则依据该标准是否合格( )。
A. 合格 B. 不合格 C. 不确定 D. 判定信息不充足

二、判断题

1. 我国选定了若干非SI单位与SI单位一起,作为国家的法定计量单位,它们具有不同的地位。( )
2. 速度单位为米每秒(m/s),是SI基本单位。( )
3. 焦耳是SI导出单位,代替了牛顿·米(N·m)。( )
4. 选用SI单位的倍数单位,一般应使用量的数值处于0.1~1000范围内。( )
5. 20℃可以写成或读成摄氏20度。( )
6. 将830修约到"百"数位的0.2单位,得820。( )
7. 修约13.456,修约间隔为1。正确的做法是:13.456→13.46→13.5→14。( )

8. 将 1158 修约到"百"数位,得 12×10^2。（　　）
9. 拟舍弃数字的最左一位数字为 5,而右面无数字或皆为 0 时,应进 1。（　　）
10. 有效数字中,0 不算作有效数字。（　　）
11. 计算 4.231、0.02、1.5672 三个数字的乘积时,按照修约的规则,结果应为 0.13262。
（　　）
12. 当标准对极限值(包括带有极限偏差值的数值)无特殊规定时应采用全数值比较法进行判定。（　　）
13. 标准或有关文件中,若对极限数值无特殊规定时,均应使用修约值比较法。（　　）
14. 采用修约值比较法,应将测定值或计算值进行修约,修约数位与规定的极限数值数位一致。（　　）
15. 全数值比较法比修约值比较法相对严格,所以全数值比较判定为不合格的,修约值比较可能判为合格,全数值比较判定为合格的,修约值比较肯定判为合格。（　　）
16. 批是指按照抽样目的,在基本相同条件下组成总体的一个确定部分。（　　）
17. 简单随机抽样分为重复抽样和不重复抽样。（　　）
18. 不重复抽样是每次从总体随机抽取一个样本单位后,将该单位重新放回总体参加下一个抽样。（　　）
19. 样本制作是将产品转化为试样的一组操作。（　　）
20. 分层抽样是先将总体的单位按某种特征分为若干层,然后再从每一层内进行单纯随机抽样,组成一个样本。（　　）
21. 抽样检验应当具有代表性和典型性,因此要尽可能选择质量缺陷大的样品进行检测,以降低对整体工程质量评定的风险。（　　）
22. 比对是在规定的条件下,对相同准确度等级的同类计量基准、标准或工作计量器具之间的量值所进行的比对,其目的是考核量值的误差。（　　）
23. 量是指可测量的量,它是现象、物体或物质可定性区别和定量确定的属性。（　　）
24. 量的数值是用数和参照对象一起表示的量的大小。（　　）
25. 人们可以通过完善的测量得到唯一的真值。（　　）
26. 阿伏伽德罗常数值 $6.0221367 \times 10^{23} \mathrm{mol}^{-1}$ 为约定真值。（　　）
27. 大量的实践证明,一切测量结果都存在误差。（　　）
28. 误差的存在是必然和普遍的,是不能完全消除的,只能减少和削弱。（　　）
29. 随机误差的参考值是对同一被测量由无穷多次重复测量得到的平均值。（　　）
30. 系统测量误差的参考值是真值,或是测量不确定度可忽略不计的测量标准的测得值,或是约定量值。（　　）
31. 系统误差一般是有规律的,产生的原因往往是可知的或可掌握的。（　　）
32. 系统误差的出现是有规律的,其产生原因往往可知或可掌握,通过仔细观察和研究各种系统误差的来源是可以设法消除或降低影响的。（　　）
33. 系统误差有一定的规律,可以识别,并可通过试验或用分析方法掌握其变化规律,在测量结果中加以修正。（　　）
34. 系统误差虽然可以利用修正值进行补偿,但这种补偿是不完全的。（　　）

35. 系统误差可利用修正值进行补偿,这种补偿能够完全消除测量误差。（   ）
36. 修正因子是为补偿系统误差而与未修正测量结果相乘的数字因子。（   ）
37. 用代数方法与未修正测量结果相加,以补偿其系统误差的值,称为修正因子。（   ）
38. 修正因子是用代数方法与未修正测量结果相加,以补偿其系统误差的值。（   ）
39. 用修正值和修正因子可以完全补偿系统误差。（   ）
40. 测量偏移就是随机测量误差。（   ）
41. 某测值为1000,真值为998,则测量误差为 −2,修正值为2。（   ）
42. 示值误差是指测量仪器示值与对应输入量的真值之差。（   ）
43. 精密度高表示随机误差小。（   ）
44. 测量精密度越高,测量准确度越高。（   ）
45. 精密度是表示测量的再现性,是保证准确度的先决条件,高的精密度一定能保证高的准确度。（   ）
46. 测量正确度与随机测量误差有关,与系统测量误差无关。（   ）
47. 相对误差通常以百分数表达,虽然能够表示误差的大小,但不能表示测量的精密程度,因此通常采用绝对误差表示测量误差。（   ）
48. 当测量所得的绝对误差相同时,测量的量大者精度高。（   ）
49. 电子万能试验机所显示的有效位数是设备传感器测量精度的反映。（   ）
50. 只有赋值的标准物质才可以用于测量精度的控制。（   ）
51. 赋值或未赋值的标准物质都可以用于测量精度控制,只有赋值的标准物质才可以用于校准或测量正确度控制。（   ）
52. 测量不确定度是表征赋予被测量量值分散性的非负参数。（   ）
53. 测量不确定度一般由系统误差和随机误差产生,可以通过测量误差进行评定。（   ）
54. 测量误差就是测量不确定度。（   ）
55. 同一个量在重复条件下,测量结果不同时的不确定度是不同的。（   ）
56. 测量误差和不确定度都是可根据实验资料经验等信息进行评定是可以定量操作的。（   ）
57. B类不确定度的依据是可靠的说明书、校验证书、测试报告等技术资料,不可以依靠个人的技术经验和知识。（   ）
58. 无论A类还是B类不确定度,最后均用标准差来表示标准不确定度,但合成不确定度时两者的合成方法不同。（   ）
59. 合成不确定度仍然是标准不确定度。（   ）
60. 扩展不确定度是合成不确定度与一个大于1的数字因子的乘积。（   ）
61. 置信区间的半宽度既可以用来表示测量不确定度,也可以用来表示测量误差。（   ）
62. 测量误差没有置信概率。（   ）
63. 测量结果的合格与否与不确定度有关。（   ）
64. 当测量结果全部处于扩展不确定度区域外侧时,就无法判定其是否合格。（   ）
65. 当测量结果全部处于扩展不确定度区域外侧时,应判定为不合格。（   ）

66. 当测量结果全部处于规范区的合格区时,判为合格。（ ）
67. 当测量结果全部处于规范区的合格区时,由于没有考虑不确定度不能判为合格。
（ ）
68. 随机现象的每一种表现或结果称为随机事件。（ ）
69. 必然事件和不可能事件也是随机事件,不是确定的事件。（ ）
70. 随机事件的频率和概率是两个不同的概念。但在通常情况下,通过大量反复试验,把其频率视作概率的近似值。（ ）
71. 分布函数 $F(x)$ 完全决定了事件 $(a \leq x \leq b)$ 的概率。（ ）
72. 极差可以反映数据波动范围的大小,但仅适用样本数量较小,一般 $n < 10$ 的情况。
（ ）
73. 在质量检验中,总体的标准差一般不易求得,通常取用样本的标准差。（ ）
74. 一组样本数据的分散程度越大,标准差就越大。（ ）
75. 对试验数据进行分析处理之前,应首先主观判断去掉那些不理想的数据。（ ）
76. 采用 $3s$ 法进行数据的取舍,当测量值与平均值之差大于 $2s$ 时,则该测量值应保留,但需存疑。（ ）
77. 绘制直方图的步骤为:收集数据→数据分析与整理→确定组数和组距→确定组界值→统计频数→绘制直方图。（ ）
78. 绘制直方图的过程中,确定的组界值应与原始数据的精度一样。（ ）
79. 数据分层法是指性质相同的,在同一条件下收集的数据归纳在一起,以便进行比较分析。（ ）
80. 实验室能力验证是利用实验室间比对来确定实验室的校准/检测的能力。（ ）
81. 能力验证计划的共同特征是将一个实验室所得的结果与一个或多个实验室所得的结果进行比较。（ ）
82. 顺序参加的计划(能力验证)是将能力验证物品连续的从一个参加者传送到下一个参加者,不需要传回能力验证提供者进行再次核查。（ ）
83. 同步能力验证计划是从材料中随机抽取子样,同时分发给参加者共同进行测试,这类计划能较快回收结果。（ ）
84. 当确定能力验证的比对参数时,所用的统计方法应当使极端结果影响最小。（ ）
85. 某一次能力验证计划中的成功或不成功,可能只代表这一次活动的能力,不能反映出持续进行的能力。（ ）
86. 在进行能力统计量计算时,对于半定量结果使用 z 比分数统计量是合适的。（ ）
87. 计量检定系统即量值传递系统。（ ）
88. 实验室间的比对和能力验证可以作为量值溯源的方式。（ ）
89. 对带有合格证的出厂设备进行检定校准是设备管理的需要,对保证试验检测数据准确可靠性并无作用。（ ）
90. 交通行业试验检测机构的所有试验检测设备都必须依法送检定或校准。（ ）
91. 检验检测机构应建立和保持对检验检测结果、抽样结果的准确性或有效性有显著影响的设备在投入使用前进行设备校准的计划和程序。（ ）

92. 检定是对仪器设备特性进行强制性的全面评定,属于自下而上的量值传递。（　　）
93. 强制检定的计量标准和强制检定的工作计量器具统称为强制检定的计量器具。（　　）
94. 周期检定是按时间间隔和规定程序,对仪器设备定期进行的一种后续检定。（　　）
95. 当校准产生了一组修正因子时,试验室应有程序确保其所有备份得到正确更新。
（　　）
96. 实施内部校准的人员,应经过相关计量知识、校准技能等必要的培训、考核合格并持证或经授权。（　　）
97. 校准不具备法制性,是检验检测机构的自愿溯源行为;检定具有法制性,属于计量管理范畴的执法行为。（　　）
98. 校准主要确定测量仪器的示值误差,检定是对测量器具的计量特征及技术要求的全面评定。（　　）
99. 校准的依据是校准规范、校准方法,可作统一规定也可自行制定,检定的依据是检定规程,可作统一规定也可自行制定。（　　）
100. 校准和检定一样,要对所检的计量器具做出合格与否的结论。（　　）
101. 校准结果通常是发校准证书或校准报告,检定结果合格的发检定证书,不合格的发不合格通知。（　　）
102. 仪器设备的校准周期由校准机构确定并在校准证书上明确。（　　）
103. 自校准属于内部校准,是有效的量值溯源活动。（　　）
104. 计量确认是检验检测机构确认为其提供计量服务的机构能力的一组操作。（　　）
105. 只有测量设备已被证实适用于预期使用并形成文件,校准才算完成。（　　）
106. 确认校准后仪器设备是否满足预期使用要求的依据是校准规程。（　　）
107. 当一台设备需对多个参数进行校准时,参数合格的部分可粘绿色标识,误差超出合格范围但可降级使用的部分贴黄色标识。（　　）
108. Ⅰ级精度的试验室电子天平,校准结果是2级,应该停止使用,贴停用标识。（　　）
109. 用于钢筋试验的万能试验机可采用留样再测法进行期间核查。（　　）
110. 当通过期间核查发现测量设备性能超出预期使用要求时,应立即停止使用并进行维修,在重新检定或校准表明其性能满足要求后,方可投入使用。（　　）
111. 期间核查的频次不应考虑成本因素。（　　）
112. 有证标准物质简称 CMC。（　　）
113. 有证标准物质是指附有证书的标准物质,具有可溯源性。（　　）
114. 无证标准物质是指未经国家行政管理部门审批备案的标准物质。（　　）
115. 按照《检验检测试验室技术要求验收规范》的要求,检测试验室平面布局应优先保证实验室安全、卫生、质量和检测功能的实现。（　　）
116. 储存危险化学品的单位应当建立危险化学品出入库核查、登记制度。（　　）
117. 建设单位不得对检测等单位提出不符合工程安全生产法律、法规和工程建设强制性标准规定的要求。（　　）
118. 试验检测单位应当对从业人员进行安全生产教育和培训,保证从业人员具备必要的安全生产知识,熟悉有关的安全生产规章制度和安全操作规程,掌握本岗位的安全操作技能。
(　　)
119. 对影响工作质量和涉及安全的区域和设施应有效控制并正确标识。(　　)
120. 根据《公路工程标准体系》结构,公路建设板块被分为8个模块,包括试验、检验两个模块。(　　)

三、多项选择题

1. 以下(　　)不属于SI基本单位符号。
   A. Pa　　　　　　B. K　　　　　　C. m　　　　　　D. kg
   E. ℃
2. SI基本单位名称包括(　　)。
   A. 牛顿　　　　　B. 秒　　　　　　C. 千克　　　　　D. 坎德拉
3. 以下属于SI的导出单位有(　　)。
   A. ℃　　　　　　B. J　　　　　　C. A　　　　　　D. W
4. 词头用于构成SI单位的倍数单位,(　　)。
   A. 不得单独使用　　　　　　　　　B. 可以单独使用
   C. 不得使用重叠词头　　　　　　　D. 可以使用重叠词头
5. 如果表示一千每秒,可写成1千秒$^{-1}$,此处千为(　　);如果表示一每千秒,可写成1(千秒)$^{-1}$,此处千为(　　)。
   A. 词头　　　　　B. 数词　　　　　C. 倍数　　　　　D. 单位
6. 两个或以上单位相除构成的组合单位,下列表示方式正确的有(　　)。
   A. kg/m³　　　　B. kgm^{-3}　　　C. Kg·m³　　　　D. Kg·m^{-3}
7. 以下关于计量单位书写的描述正确的有(　　)。
   A. 计量单位及词头的名称不得在叙述性文字中使用
   B. 计量单位名称及其符号应各作为一个整体使用不得拆开
   C. 当需要使用计量单位的复数时,可在其符号后加s以示区别
   D. 非物理量可以使用汉字与计量单位的符号构成组合形式的计量单位
8. 下列数字修约到0.1单位正确的组是(　　)。
   A. 26.16→26.2　B. 35.25→35.2　C. 18.150→18.1　D. 30.55001→30.6
9. 以下关于数值修约的描述,正确的有(　　)。
   A. 将12.500修约到个位数,结果是12
   B. 0.001230的有效数字位数为3位
   C. 对97.46进行间隔为1的修约,结果为98
   D. 对小数位不相同的两个数字进行加减运算,结果的小数点保留位数应以小数位少的数字为依据
10. 由下列实测值得出报出值,报出值保留一位小数,并将结果修约到个位数,表达错误的有(　　)。

选 项	实 测 值	报 出 值	修 约 值
A	15.4726	15.5⁻	16
B	25.5462	25.5⁺	26
C	−19.5000	−19.5⁺	−19
D	−14.5000	−14.5	−14

11. 假设极限数值为≥87.0。采用修约值比较法,下列测定值中( )可判定为合格。
　　A.87.00　　　　B.87.01　　　　C.86.96　　　　D.86.94

12. 极限数值表示符合该标准要求的数值范围的界限值,通过给出( )、( )或( )等方式表达。
　　A.最小极限值　　　　　　　B.最大极限值
　　C.基本数值与极限偏差值　　D.不确定度

13. 极限值的判定方法有( )。
　　A.全数比较法　　B.极限法　　C.整数比较法　　D.修约比较法

14. 高速公路对于沥青混合料粗集料压碎值的技术要求是不大于26%,根据以下检测数据按全数值比较符合要求的是( )。
　　A.26.3%　　　　B.26.6%　　　　C.26.0%　　　　D.25.8%

15. 高速公路对于沥青混合料粗集料压碎值的技术要求是不大于26%,根据以下检测数据按修约值比较符合要求的是( )。
　　A.26.3%　　　　B.26.6%　　　　C.26.0%　　　　D.25.8%

16. 如果极限值为16.5~17.5,则下列数据中按照0.1单位修约后符合极限值要求的是( )。
　　A.16.45　　　　B.17.51　　　　C.16.57　　　　D.16.25

17. 抽样检验对样本的基本要求是指抽取的样品应当具有( )。
　　A.经济性　　　　　　B.代表性
　　C.特定性　　　　　　D.随机性
　　E.独立性

18. 抽样方案至少应当包括( )。
　　A.样本量　　　　　　B.质量判定规则
　　C.抽样时间　　　　　D.抽样方法

19. 对重复抽样以下描述正确的是( )。
　　A.重复抽样属于随机抽样
　　B.重复抽样能确保全部样本被抽中的概率相等
　　C.重复抽样是每次从总体中随机抽取的一个样本观察后不再放回总体的一种抽样方式
　　D.重复抽样是每次从总体中随机抽取的一个样本观察后重新放回总体的一种抽样方式

20. 质量检验按检验数量分类有( )。
　　A.全数检验　　　　　B.计量值检验
　　C.抽样检验　　　　　D.计数值检验

21. (　　)检验可靠性好,(　　)经济好,工程中大部分检验采用(　　)。
    A. 全数检验　　　B. 计量值检验　　　C. 抽样检验　　　D. 计数值检验
22. 影响检验的可靠性的因素包括(　　)。
    A. 检验手段的可靠性　　　　　　　B. 抽样检验的经济性
    C. 抽样检验方法的科学性　　　　　D. 抽样方案的科学性
23. 在制样过程中,需要对散料进行样本缩分,常用的方法有(　　)。
    A. 定比缩分　　　B. 切割缩分　　　C. 等距缩分　　　D. 定量缩分
24. 工程中试验检测常用的抽样方式有(　　)及散料抽样和多阶段抽样。
    A. 简单随机抽样　　B. 系统抽样　　　C. 整群抽样　　　D. 分层抽样
25. 简单随机抽样的方法有(　　)。
    A. 抽签法　　　B. 随机数法　　　C. 多阶段法　　　D. 整群法
26. 系统抽样包括(　　)。
    A. 定位系统抽样　　B. 等距抽样　　　C. 散料抽样　　　D. 分层抽样
27. 路基路面现场随机取样方法主要包括(　　)。
    A. 测定区间(或断面)确定方法　　　B. 测点位置确定方法
    C. 整群抽样方法　　　　　　　　　D. 系统抽样方法
28. 以下属于测量设备的是(　　)。
    A. 测量仪器　　　B. 测量标准　　　C. 软件　　　D. 标准物质
29. 以下对测量结果描述正确的是(　　)。
    A. 由测量所得的赋予被测量的值
    B. 可以是平均值
    C. 在测量结果完整表达中应包括不确定度
    D. 是与其他有用的相关信息一起赋予被测量的一组量值
30. 以下(　　)是重复性测量条件,(　　)是复现性测量条件。
    A. 相同的量测系统　　　　　　　B. 相同的操作人员
    C. 不同的量测系统　　　　　　　D. 不同的操作人员
31. 复现性测量条件是指(　　),对同一或相类似被测对象重复测量的一组测量条件。
    A. 不同地点　　　　　　　　　　B. 不同操作者
    C. 不同数据处理方法　　　　　　D. 不同测量系统
32. 测量误差的含义为(　　)。
    A. 测量结果 – 真值　　　　　　　B. 系统误差 + 随机误差
    C. 测量装置的固有误差　　　　　D. 测量结果 – 随机误差
33. 按误差的性质分类,测量误差可分为(　　)。
    A. 过失误差　　　B. 仪器误差　　　C. 随机误差　　　D. 系统误差
34. 有关随机测量误差的描述,正确的是(　　)。
    A. 随机测量误差的参考量值是对同一被测量由无穷多次重复测量得到的平均值
    B. 随机测量误差的参考量值是对不同被测量由无穷多次重复测量得到的平均值
    C. 随机测量误差等于测量误差减系统测量误差

D. 随机测量误差等于测量误差减过失误差

35. 有关系统测量误差的描述,正确的是( )。
   A. 测得量值与参考量值之差称系统测量误差
   B. 在重复测量中保持不变或按可预见方式变化的测量误差的分量称系统测量误差
   C. 测量误差包括样品制备不当产生的误差
   D. 系统测量误差及来源已知时,可采用修正值或修正因子进行补偿

36. 系统误差产生的主要原因是( )。
   A. 仪器原因   B. 人为原因   C. 外界环境原因   D. 方法原因

37. ( )是可以消除或降低的。
   A. 系统误差   B. 随机误差   C. 过失误差   D. 偶然误差

38. 修正是对估计的系统性误差的补偿,下列说法不正确的有( )。
   A. 补偿是在未修正测量结果上加一个修正值或乘一个修正因子
   B. 修正值等于系统误差估计值
   C. 补偿可以从修正值表或修正曲线上得到
   D. 只要经过修正系统误差可以完全消除

39. 对测量结果或测量仪器示值的修正可以采用的方式有( )。
   A. 加修正值   B. 乘修正因子
   C. 给出中位值   D. 通过修正曲线或修正值表计算

40. 下列措施中,有助于降低测量误差的有( )。
   A. 进行多次重复测量取平均值
   B. 改进或选用适宜的测量方法
   C. 用修正值
   D. 进行严格的试验环境条件控制

41. 示值是指( )所给出的量值,示值误差是指( )。
   A. 测量仪器或测量系统
   B. 测量标准
   C. 测量仪器示值与对应输入量的参考值之差
   D. 测量仪器示值与测量仪器示值的平均值之差

42. 某试验室烘箱显示为110℃,实测为108℃,该烘箱的示值相对误差为( )。其中110℃为( ),108℃为( )。
   A. -2℃   B. 1.85%   C. -1.85%   D. 示值
   E. 参考值

43. 试验室所用的烘箱在示值为105℃处的实测值为108℃,烘箱在此处的相对误差错误的是( )。
   A. 2.86%   B. -3℃   C. -2.86%   D. 3℃

44. 关于测量准确度的描述,正确的有( )。
   A. 是测得值与其真值的一致程度
   B. 是无穷多次重复测量所得量值的平均值与一个参考量值间的一致程度

C. 在规定条件下,对同一或类似被测对象重复测量所得示值或测得值间的一致程度

D. 测量准确度不是一个量,不能给出有数字的量值

45. 下列有关测量准确度和测量正确度的描述,正确的有(　　)。

　　A. 测量准确度是测得值与其真值的一致程度

　　B. 测量准确度是无穷多次重复测量所得量值的平均值与一个参考量值间的一致程度

　　C. 测量正确度是在规定条件下,对同一或类似被测对象重复测量所得示值或测得值之间的一致程度

　　D. 测量正确度不是一个量,不能用数值表示

46. 下列有关试验检测技术术语的描述,正确的有(　　)。

　　A. 测量正确度是无穷多次重复测量所得量值的平均值与一个参考量值之间的程度,一般用非负数值表示

　　B. 测量准确度是被测量的测得值与其真值的一致程度

　　C. 测量正确度与测量系统误差有关,与随机误差无关

　　D. 测量精密度是随机误差对测量结果的影响,精密度高表示随机误差小

47. 准确度是指测量结果与被测量真值之间的一致程度,与(　　)和(　　)相关。

　　A. 正确度　　　B. 分散度　　　C. 精密度　　　D. 不确定

48. 准确度等级是指符合一定的(　　)要求,使(　　)保持在规定极限以内的测量仪器的等别、级别。

　　A. 计量　　　B. 测量　　　C. 误差　　　D. 示值

49. 相对误差反映了测量的(　　)。

　　A. 准确度　　　　　　　　　B. B类不确定度

　　C. A类不确定度　　　　　　D. 精密度

50. 测量不确定度可分为(　　)。

　　A. 合成不确定度　　　　　　B. 扩展不确定度

　　C. 标准不确定度　　　　　　D. B类不确定度

51. 标准不确定度可分为(　　)。

　　A. 合成标准不确定度　　　　B. 扩展不确定度

　　C. A类标准不确定度　　　　D. B类标准不确定度

52. 测量不确定度与测量方法有关,测量方法应包括(　　)。

　　A. 测量原理　　　　　　　　B. 测量仪器

　　C. 被测量值的大小　　　　　D. 测量程序

　　E. 数据处理方法

53. 关于不确定度,以下说法正确的是(　　)。

　　A. B类标准不确定度是用统计方法评定的

　　B. A类标准不确定度是用统计方法评定的

　　C. A类标准不确定度和B类标准不确定度都是用标准差的形式表示

　　D. B类标准不确定度是由系统效应导致的

　　E. B类标准不确定度的信息来源可以来自检定证书或校准证书

54. 以下说法正确的是( )。
   A. 误差在数轴上表示为一个点,测量不确定度在数轴上表示为一个区间
   B. 测量结果的不确定度与测量方法有关,与所测的数值大小无关
   C. 测量结果的误差与测量结果的不确定度在数值上存在确定的关系
   D. 测量结果的误差存在置信概率的概念
   E. A 类标准不确定度代表了测量结果的随机误差

55. 下列有关测量不确定度应用的描述,正确的有( )。
   A. 测量不确定度用于表征测量结果的分散性,可直接用于测量结果的修正
   B. 测量不确定度影响测量结果的合格判定
   C. 测量不确定度越大表明测量结果偏离真值越远
   D. 测量不确定度可根据试验、资料、经验等信息进行评定,是可以定量操作的

56. 下列有关测量不确定度的说法,不正确的有( )。
   A. 测量结果的不确定度就是所用仪器设备校准证书给出的不确定度
   B. 测量不确定度表明测量结果的分散性,并不表示测量结果偏离真值多少
   C. 校准证书给出的不确定度是反映仪器设备测量结果与真值的偏差,可以直接作为测量结果修正因子
   D. 测量不确定度通常用测量误差来表示

57. 下列关于因果图的叙述,错误的是( )。
   A. 一种逐步深入研究和讨论质量问题的图示方法
   B. 优于直方图
   C. 又称鱼骨图
   D. 可用于数据统计分析

58. 数据分层法是指将性质相同的在同一条件下收集的数据归纳在一起,以便进行比较分析。直方图中出现的( )都有可能是数据分层不好造成的。
   A. 平顶型   B. 双峰型   C. 折齿型   D. 标准型

59. 正态分布曲线的特点包括( )。
   A. 单峰性   B. 对称性   C. 双峰性   D. 有拐点

60. 对于正态分布的曲线,以下描述正确的是( )。
   A. 总体标准差 σ 愈大,曲线低而宽,随机变量在平均值 μ 附近出现的密度愈小
   B. 总体标准差 σ 愈小,曲线高而窄,随机变量在平均值 μ 附近出现的密度愈大
   C. 当 $\mu=0$、$\sigma=1$ 时,称为标准正态分布
   D. 曲线以平均值为轴,左右两侧对称

61. 概率分布曲线的形式很多,在公路工程质量检测和评价中,常见的分布有( )。
   A. 正态分布   B. 二项分布   C. t 分布   D. 泊松分布

62. 关于 t 分布,下列说法正确的是( )。
   A. 沥青路面厚度检测数据具有 t 分布特点
   B. t 分布与标准正态分布图特征相同
   C. 标准正态分布是 t 分布的特殊形式

D. t 分布与均匀分布图形相似

63. 表示数据离散程度的特征量有( )。
   A. 平均值　　　　B. 极差　　　　C. 标准偏差　　　　D. 变异系数

64. 表示数据的集中位置的特征量有( )。
   A. 平均值　　　　B. 极差　　　　C. 标准偏差　　　　D. 加权平均值

65. 绘制直方图需要分析和整理数据,应确定与绘制直方图相关的( )特征值。
   A. 最大值　　　　B. 标准差　　　　C. 最小值　　　　D. 极差

66. 直方图是通过对数据的加工处理,从而分析和掌握( )的分布和估算( )的一种方法。
   A. 质量数据　　　　　　　　　　B. 工序不合格品率
   C. 随机变量　　　　　　　　　　D. t 分布

67. 异常直方图主要有( )、偏态型、平顶型等类型。
   A. 孤岛型　　　　B. 双峰型　　　　C. 折齿型　　　　D. 陡壁型

68. 如果某一回归方程的相关系数 r 小于临界值 $r(\beta, n-2)$,下列说法( )成立。
   A. 只要 r 不小于 0.90,回归方程仍然可以应用
   B. 说明试验误差可能很大
   C. 说明回归方程的函数类型可能不正确
   D. 增加试验次数 n,r 一定大于临界值 $r(\beta, n-2)$

69. 能力验证活动的常用类型包括( )等。
   A. 定量计划　　　B. 定性计划　　　C. 顺序计划　　　D. 同步计划

70. 能力验证活动的三种基本类型是( )。
   A. 定量的　　　　B. 定性的　　　　C. 混合的　　　　D. 解释性的

71. 能力验证的目的包括( )。
   A. 评定实验室从事特定检测或测量能力及监测实验室的持续能力
   B. 识别实验室存在的问题并启动改进措施
   C. 确定实验室声称的不确定度
   D. 量值溯源

72. 能力验证活动中定量测定的结果是( ),定性检测结果是( )。
   A. 数值型的,适合用统计分析评定能力
   B. 描述性的,适合用统计分析评定能力
   C. 数值型的,不适合用统计分析评定能力
   D. 描述性的,不适合用统计分析评定能力

73. 对能力验证结果进行评价,一般包括( )几个方面内容。
   A. 确定设备的使用状态　　　　　　B. 计算能力统计量
   C. 确定指定值　　　　　　　　　　D. 评价能力
   E. 预先确定被测样品的均匀性和稳定性

74. 判定和处理离群值的目的包括( )。
   A. 识别与诊断找出离群值,从而进行质量控制

B. 识别与诊断找出离群值,以便准确估计参数

C. 识别与诊断找出离群值,以便识别离群操作者

D. 识别与诊断找出离群值,以便识别离群设备

75. 能力验证结果通常需要转化为能力统计量,以下( )为定量结果的常用统计量。

A. 差值 D 　　　　　　　　　　B. 百分相对差 $D(\%)$

C. z 比分数 　　　　　　　　　D. E_n 值

E. 标准差

76. 在进行能力验证结果的评价时,当 z 比分数( )为满意结果,当 z 比分数( )为有问题,当 z 比分数( )为不满意结果。

A. $2.0 < |z| < 3.0$ 　　　　　　B. $|z| \geqslant 2.0$

C. $|z| \leqslant 2.0$ 　　　　　　　D. $|z| \geqslant 3.0$

77. 评价能力验证活动的结果时,下列说法正确的是( )。

A. $|E_n| \leqslant 1.0$,能力满意　　　B. $|z| \leqslant 2.0$,能力满意

C. $|E_n| > 1.0$,能力不满意　　　D. $|z| \leqslant 1.0$,能力满意

78. 利用参加能力验证计划的结果对实验室的能力进行判断时,使用( )作为结论。

A. 合格　　　B. 不合格　　　C. 满意　　　D. 不满意或离群

79. 在能力验证活动中出现不满意结果(离群)的实验室,应采取( )措施。

A. 在约定的时间范围内调查和评议其能力

B. 随后进行可能的能力验证,确认纠正措施是否有效

C. 必要时由合适的技术评审员进行现场评价,确认纠正措施是否有效

D. 进行期间核查,确认纠正措施是否有效

80. 进行能力统计量计算时,检查直方图,如果出现( ),统计分析可能无效。

A. 连续　　　B. 对称　　　C. 不连续　　　D. 严重偏态

81. 计量是实现( )、( )而进行的活动。

A. 单位统一　　B. 量值准确可靠　　C. 管理体系一致　　D. 操作规范

82. 计量工作具有( )的基本特点。

A. 准确性　　B. 一致性　　C. 溯源性　　D. 法制性

83. 溯源的方式包括( )。

A. 检定　　　B. 校准　　　C. 验证　　　D. 自校准

84. 量值传递是指上一级量值检定部门将自身的量值传递给( )其准确度等级的部门,是( )的活动,具有强制性。

A. 低于　　　B. 高于　　　C. 自上而下　　　D. 自下而上

85. 量值溯源是针对自己检测标准的相关量值,主动地与上一级检定机构取得联系,追溯( )自己准确度的量值与之比较,是( )的活动。

A. 低于　　　B. 高于　　　C. 自上而下　　　D. 自下而上

86. 溯源性概念中,使测量结果或计量标准的值能够与规定的参考标准联系起来,参考标准通常是( )。

A. 国际计量基(标)准　　　　　B. 国家计量基(标)准

C. 部门计量标准　　　　　　　　D. 工作计量基准

87. 以下哪一种说法是正确的( )。
   A. 计量检定是进行量值传递的重要形式
   B. 计量检定就是对设备进行检验
   C. 计量检定是保证量值准确一致的重要措施
   D. 计量检定包括检查和加封盖印

88. 计量器具的检定,是查明和确认计量器具是否符合法定要求的活动,包括( )。
   A. 检查　　　B. 加标记　　　C. 出具检定证书　　　D. 纠正

89. 检定具有( ),必须执行( ),必须对计量器具做出( )的结论。
   A. 法制性　　　B. 检定规程　　　C. 溯源等级图　　　D. 合格与否

90. 计量检定规程是指为评定计量器具的计量特性,规定了( )等内容,并对计量器具做出合格与否判定的技术法规。
   A. 计量性能　　　　　　　　B. 法制计量控制要求
   C. 检定条件和检定的方法　　D. 检定周期

91. 后续检定是计量器具首次检定后的任何一种检定,包括( )。
   A. 周期检定　　　　　　　　B. 修理后检定
   C. 周期检定有效期内的检定　D. 强制检定

92. 下列有关仪器设备检定和校准的说法,正确的有( )。
   A. 检定依据计量检定规程,校准可以依据校准规范或其他技术文件
   B. 检定和校准都是仪器设备量值溯源的方式
   C. 检定是强制的,校准是自愿的
   D. 检定结果合格的发出检定证书,不合格的则不发出任何文件

93. ( )主要用以确定测量器具的示值误差。( )是对测量器具的计量特性和技术要求的全面评定。
   A. 检定　　　B. 验证　　　C. 误差　　　D. 校准

94. 一个完整的校准结果可以包括( )。
   A. 被测量的示值　　　　　　B. 被测量的修正值
   C. 测量结果和测量不确定度　D. 测量设备合格与否

95. 校准是指在规定条件下的一组操作,第一步( ),第二步( )。
   A. 在规定条件下确定由测量标准提供的量值与相应示值之间的关系
   B. 出具检定证书
   C. 加盖印章
   D. 用此信息确定从示值与所获得测量结果的关系

96. 校准可以用( )的形式来表示。
   A. 文字说明　　　B. 校准函数　　　C. 校准曲线　　　D. 校准表格

97. 下列有关仪器设备校准的描述,正确的有( )。
   A. 校准可以确定测量标准与相应示值之间的关系
   B. 校准可以用文字说明、也可以用校准函数、校准图、校准曲线或校准表格的形式表

示确定由示值获得测量结果的关系

C. 校准规范是校准结果确认的依据

D. 测量标准提供的量值具有测量不确定度

98. 对内部校准描述正确的是(　　)。

　　A. 在检验检测机构内部实施

　　B. 内部校准人员应经培训、考核合格并持证或被授权

　　C. 校准环境和设施满足校准方法

　　D. 可不出具校准证书,但校准记录应符合相关要求

　　E. 质量控制程序、质量监督计划应覆盖内部校准活动

99. 以下(　　)情况属于试验检测设备未按规定检定校准的。

　　A. 使用中的设备未按时检定校准的

　　B. 实验室内部校准无校准规程的

　　C. 仪器设备有故障的

　　D. 仪器设备无检定校准记录档案的

100. 通过验证方式进行溯源的仪器设备有(　　)等。

　　A. 实验室使用未经定型的专用检测仪器

　　B. 所用仪器设备暂不能溯源国家基准时

　　C. 作为工具使用不传输数据的仪器设备

　　D. 实验室所选用的计算机软件

　　E. 借用的永久控制范围以外的仪器设备

101. 下列仪器设备只需进行功能性验证的有(　　)。

　　A. 击实仪　　　　　　　　B. 用于加热烘干的电炉

　　C. 酸度计　　　　　　　　D. 脱模器

102. 下列(　　)属于需要进行验证的器具。

　　A. 摇筛机　　　B. 脱模器　　　C. 量筒　　　D. 取芯机

103. 下列情况属于自校准的是(　　)。

　　A. 试验室人员对自用试模的校准

　　B. 全站仪开机时的设备自我校准

　　C. 设备厂家对提供的无溯源证书的标准样品的校准

　　D. 试验室对设备进行期间检查

104. 自校准的设备应满足下列条件(　　)。

　　A. 使用频率较高的设备

　　B. 使用环境恶劣的

　　C. 设备厂家提供了无溯源证书的标准样品

　　D. 未经定型的专用检测仪器设备

　　E. 设备自带校准程序

105. 所有需要检定、校准或有有效期的设备,应使用标签、编码或其他标识表明其校准状态,包括(　　)。

A. 上次校准的日期 B. 再校准日期或失效日期
C. 使用日期 D. 维修日期

106. 计量检定或校准结果确认的内容应包括( )。
A. 提供服务的计量技术机构能力是否满足要求
B. 影响到检测结果的参数是否全部进行了检定校准
C. 是否有修正信息
D. 检定或校准的范围是否覆盖设备的全部量程范围

107. 检验检测机构在设备定期检定或校准后应进行确认,确认其满足检验检测要求后方能使用。对核查,检定或校准的结果进行确认的内容应包括( )。
A. 检定结果是否合格,是否满足检验检测方法的要求
B. 校准获得的设备的准确度信息是否满足检验检测项目参数的要求,是否有修正信息,仪器是否满足检验检测方法的要求
C. 适用时,应确认设备状态标识
D. 检定或校准人员的资格是否满足要求

108. 计量确认是指为确保测量设备符合预期使用要求所需的一组操作,通常包括( )。
A. 校准和验证
B. 各种必要的调整或维修及随后的再校准
C. 与设备预期使用的计量要求相比
D. 封印和标签(状态标识)

109. 计量确认是指为确保测量设备符合预期使用要求所需的一组操作。预期用途要求包括( )。
A. 测量范围 B. 检定周期 C. 分辨力 D. 最大允许误差

110. 计量确认的作用是将仪器设备检测校准检定时产生的( ),用于设备的( )或实验结果的( ),以提高检测数据的( )。
A. 功能设置 B. 修正值或修正因子
C. 修正 D. 准确性

111. 下列哪些情况可以确定一些设备的标识为准用( )。
A. 多功能检验设备某些功能丧失,但试验检测所用功能符合要求
B. 仪器设备不符合其标称准确度等级,但符合降低等级的准确度等级要求
C. 仪器设备超过周期,未进行量值溯源
D. 仪器设备部分量程的准确度不满足要求,但试验检测所用量程满足要求

112. 对仪器设备进行符合性评定时,如果设备示值误差的不确定度小于或等于被评定设备的最大允许误差绝对值的1/3(即 $U_{95} \leq 1/3 \text{MPEV}$),请选择正确的答案( )。
A. 可不考虑示值误差测量不确定度的影响
B. 考虑示值误差测量不确定度的影响
C. 若设备的示值误差(Δ)在其最大允许误差限内时,则该测量设备可判为合格
D. 若设备的示值误差(Δ)超出其最大允许误差限时,则该测量设备可判为不合格

113. 对仪器设备进行符合性评定时,如果设备示值误差的不确定度大于被评定设备的最

大允许误差绝对值的 1/3,即示值误差符合性评定当 $U_{95}>1/3\mathbf{MPEV}$ 时,请选择正确的答案( )。

  A. 须考虑示值误差测量不确定度的影响

  B. 不考虑示值误差测量不确定度的影响

  C. 若测量设备的示值误差(Δ)在其最大允许误差限内时,则该测量设备可判为合格

  D. 被评定测量设备的最大示值误差(Δ)的绝对值小于或等于其最大允许误差的绝对值与示值误差的扩展不确定度 U_{95} 之差时,可判为合格

114. 当测量设备示值误差的评定处在不能做出符合性判定时,可以通过改善环境条件与增加测量次数和改变测量方法等措施,降低( ),使满足( )要求,然后对测量设备的示值误差重新进行评定。

  A. 测量不确定度

  B. 设备示值误差的不确定度小于或等于被评定设备的最大允许误差绝对值的 1/3

  C. 示值误差

  D. 设备示值误差的不确定度大于被评定设备的最大允许误差绝对值的 1/3

115. 期间核查的目的是( )。

  A. 在两次校准或检定的间隔期间,防止使用不符合技术规范要求的设备

  B. 缩短检定校准周期和一般检查

  C. 确定计量标准、标准物质或测量仪器是否保持原有状态

  D. 对所有的设备进行校准状态可信程度的确认

116. 测量设备期间核查对象包括( )。

  A. 仪器设备性能不稳定,漂移率大的   B. 使用非常频繁的

  C. 经常携带到现场的   D. 在恶劣环境下使用的

  E. 曾经过载或怀疑有质量问题的

117. 判断仪器设备是否需要进行期间核查应考虑的因素有( )。

  A. 检定或校准周期   B. 质量控制结果

  C. 使用频率   D. 操作人员及环境发生变化

118. 对测量设备进行期间核查标准,核查标准性能应稳定,可以是( )计量标准、标准物质,也可是准确度等级更高或较低的同类设备或( )。

  A. 上个等级   B. 下个等级   C. 同等级   D. 实物样品

119. 仪器设备期间核查方法包括( )等。

  A. 仪器间的比对方法   B. 标准物质法

  C. 实物样件检查法   D. 留样再测法

  E. 送计量部门检定/校准

120. 下列有关仪器设备期间核查的描述,错误的有( )。

  A. 期间核查就是确定仪器设备的基本功能是否正常

  B. 期间核查必须严格按照计量检定规程开展

  C. 对于期间核查发现技术状态偏离的,应当重新确定仪器设备的使用状态,并识别该偏离对以往所出具数据报告的影响

D. 一次严密的期间核查可以代替量值溯源

121. 下面有关期间核查的描述,正确的有( )。
   A. 期间核查是指对仪器设备两次检定校准之间所做的技术状态确认工作
   B. 期间核查必须严格按照计量检定规程开展
   C. 应当对所有再用仪器设备开展期间核查
   D. 在可能条件下,应当选用稳定的核查标准开展期间核查工作

122. 采用标准物质去检查被核查设备时,判别准则为 $\left|\dfrac{y-Y}{\Delta}\right| \leqslant 1$,其中 y 为( ),Y 为( ),Δ 为( )。
   A. 测量值
   B. 标准物质代表的值
   C. 与被核查设备准确度等级对应的允许差
   D. 标准差

123. 对于标准物质,检验检测机构应( )。
   A. 建立和保持标准物质的管理程序
   B. 尽可能溯源到 SI 单位或有证标准物质
   C. 根据程序对标准物质进行期间核查,维持其可信度
   D. 按照程序要求,安全处置、运输、存储和使用标准物质,确保其完整性

124. 标准物质和有证标准物质有多种名称,包括( )。
   A. 标准样品   B. 参考标准物质
   C. 留样   D. 质量控制物质

125. 对于有证标准物质,生产者提供的信息中包含规定特性的( )。
   A. 标准值   B. 相关的测量不确定度
   C. 计量溯源性   D. 检定校准要求

126. 标准物质是具有一种或多种足够均匀和很好地确定了的特性,用以( )的材料或物质。
   A. 校准测量装置   B. 评价测量方法
   C. 给材料赋值   D. 用于试验检测

127. 标准物质的作用有( )。
   A. 作为校准物质用于仪器的定度
   B. 作为已知物质用于测量评价测量方法
   C. 作为测量仪具使用
   D. 作为控制物质与待测物质同时进行分析

128. 一级标准物质应溯源到( ),二级标准物质溯源到( )。
   A. SI 单位   B. 二级标准物质
   C. 一级标准物质   D. 国家法定计量单位

129. 标准物质分为两级,一级由( )制作颁发或出售,二级由( )制作供厂矿或实验室日常使用。

A. 省级计量部门 　　　　　　　　B. 经国家批准省级计量部门
C. 实验室自己制作 　　　　　　　D. 各专业部门

130. 以下对于安全生产描述正确的是( )。
   A. 制定用火、用电、使用易燃易爆材料等各项消防管理制度和操作规程,设置消防通道,配备相应的消防设施和灭火器材
   B. 应当向作业人员提供必需的安全防护用具和安全防护服装
   C. 作业人员应当遵守安全施工的工程建设强制性标准、规章制度
   D. 在采用新技术、新工艺、新设备、新材料时,应当对作业人员进行相应的安全生产教育培训

131. 在仪器设备使用中,操作人员应( ),发现异常情况应( )。
   A. 不得擅自离开
   B. 立即停机、切断电源和水源
   C. 异常情况包括设备运转异常、漏油、下雨等
   D. 严格遵守操作规程

132. 对于开放交通的道路检测,要求( )。
   A. 检测人员穿反光服,头戴安全帽
   B. 按公路养护安全作业规程要求布置作业控制区
   C. 制定安全规程
   D. 尽量采用自动化检测设备

133. 按照危险化学品相关管理规定。对剧毒化学品以及储存数量构成重大危险源的其他危险化学品,应当采取的措施包括( )。
   A. 在专用储藏室内存放
   B. 双人收发
   C. 双人保管
   D. 在专用仓库内单独存放

134. 标准可以是( )等名称的统称。
   A. 标准 　　B. 规范 　　C. 导则 　　D. 规程

135. 关于试验依据与判定标准的选择描述,正确的是( )。
   A. 交通行业标准独立于国家标准时,优先采用交通行业标准
   B. 优先采用最新发布国家标准或新发布交通行业标准
   C. 根据判定标准选择试验方法
   D. 如果交通行业标准引用了国家标准,优先采用国家标准

136. 标准编号由( )组成。
   A. 标准代号 　　　　　　　　B. 板块、模块序号
   C. 标准序号 　　　　　　　　D. 标准发布年号

137. 某电流表为1.0级,量程为100mA,分别测80mA、20mA 的电流,测量时的绝对误差和相对误差分别为( )。
   A. 1.0mA、1.25% 　B. 1.0mA、1.25% 　C. 1.0mA、5% 　D. 1.0mA、5%

138. 以下属于实物量具的有（　　）。
    A. 电子天平　　　　B. 量块　　　　C. 水银温度计　　　　D. 标准电阻器
139. 用游标卡尺对一个标称值为 x_0 的量块进行测量,测得值为 x,则对测量误差表示正确的有（　　）。
    A. $x - x_0$　　　　B. $x_0 - x$　　　　C. $|x - x_0|$　　　　D. $(x - x_0)/x_0$

◆◆◆ 习题参考答案及解析 ◆◆◆

一、单项选择题

1. D

【学习点】法定计量单位。

【解析】国家实行法定计量单位制度。计量法规定我国的法定计量单位是国际单位制计量单位和国家选定的其他计量单位。国家法定计量单位的名称、符号和非国家法定计量单位的废除办法,按照国务院关于在我国统一实行法定计量单位的有关规定执行。

2. D

【学习点】国际单位制。

【解析】国际单位制 SI 单位包括基本单位、导出单位。

3. C

4. D

第 3、4 题【学习点】国际单位制。

【解析】SI 中规定了 20 个构成十进倍数和分数单位的词头和所表示的因数,相应于因数 10^3（含）以下的词头符号必须用小写正体,等于或大于因数 10^6 的词头符号必须大写正体,$10^3 \sim 10^{-3}$ 是十进制,其余是千进制。10^{12} 的 SI 倍数单位词头符号是 T,10^{-9} 的 SI 倍数单位词头符号是 n。

5. C

【学习点】国际单位制 SI 导出单位。

【解析】SI 导出单位是按一贯性原则,通过比例因数为 1 的量的定义方程式由 SI 基本单位导出的单位。导出单位是组合形式的单位,他们是由两个以上基本单位幂的乘积来表示。选项中,除了（光）照度的符号写错（应该是 lx）,其余 3 个都是 SI 导出单位。

6. A

【学习点】国际单位制基本单位。

【解析】SI 基本单位共有 7 个,见下表。

量 的 名 称	单 位 名 称	单 位 符 号
长度	米	m
质量	千克(公斤)	kg
时间	秒	s

续上表

量的名称	单位名称	单位符号
电流	安[培]	A
热力学温度	开[尔文]	K
物质的量	摩[尔]	mol
发光强度	坎[德拉]	cd

7. C

【学习点】国际单位制。

【解析】国家选定的其他计量单位属于法定计量单位,但不属于国际单位制的内容。

8. A

【学习点】国际单位制SI导出单位。

【解析】组合单位的名称与符号表示的顺序一致,除号对应的名称是"每",无论分母中有几个单位,"每"字只能出现一次。

9. B

10. D

第9、10题【学习点】国际单位制SI倍数单位。

【解析】词头符号"m"表示毫,表示的因数是10^{-3},词头与紧接着的单位作为一个整体对待,词头不得单独使用。

11. B

【学习点】国际单位制SI倍数单位。

【解析】通过相乘构成的组合单位,词头加在第一个单位之前,一般不在组合单位的分子分母中同时使用词头。

12. B

13. B

14. C

第12~14题【学习点】有效数字概念解析。

【解析】有效数字,具体地说,对于在分析工作中实际能够测量到的数字。能够测量到的是包括最后一位估计的、不确定的数字。我们把通过直读获得的准确数字叫作可靠数字,把通过估读得到的那部分数字叫作存疑数字。把测量结果中能够反映被测量大小的带有一位存疑数字的全部数字叫有效数字。规定有效数字是为了体现测量值和计算结果实际达到的准确度。注意:数字0可以是测量得到的有效数字,但当0只用来定位时,就不能是有效数字,并且有效数字的位数与小数点的位置无关。

15. B

【学习点】有效数字概念。

【解析】有效数字一方面反映了数量的大小,同时也反映了测量的精密程度。因此原始记录应记录有效数字,不能进行修约。

16. A

【学习点】 有效数字概念。

【解析】 电子天平的精度有相对精度分度值与绝对精度分度值之分,而绝对精度分度值达到 0.1mg 的就称为万分之一天平,万分之一是指天平的最小分度值是 0.0001g。

17. A
18. C
19. A

第17~19题**【学习点】** 数字修约规则。

【解析】 修约间隔指修约值的最小数值单位,是指确定修约保留位数的一种方式。修约间隔的数值一经确定,修约值即应为该数值的整数倍。指定修约间隔为 0.1,修约值即应在 0.1 的整数倍中选取,相当于将数值修约到一位小数。

拟舍去数字的最左一位数字小于 5 时,则舍去,即保留的各位数字不变。拟舍去数字的最左一位数字大于 5,则进 1,即所保留的末位数字加 1。拟舍去的数字中,其最左面的第一位数字等于 5,而后面的数字并非全是 0 时,则进 1,即将所保留的末位数字加 1。拟舍去的数字中,其最左边的第一位数等于 5,而后面无数字或全部为 0 时,所保留的末位数字为奇数(1、3、5、7、9),则进 1;为偶数(2、4、6、8、0)则舍去。

20. D
21. A

第20、21题**【学习点】** 数字修约规则。

【解析】 0.5 单位修约是指修约间隔为指定数位的 0.5 单位,即修约到指定数位的 0.5 单位。修约时,将拟修约数值乘以 2,按指定数位依照进舍规则修约,所得数值除以 2。

本题修约:

拟修约数值	乘2	2A 修约值	A 修约值
(A)	(2A)	(修约间隔为1)	(修约间隔为0.5)
50.28	100.56	101	50.5

同理,将 3.61、4.781 分别按 0.5 间隔进行修约结果是 3.5、5.0。

22. B
23. B

第22、23题**【学习点】** 数字修约规则。

【解析】 在具体实施中,有时测试与计算部门先将获得数值按指定的修约位数多一位或几位报出,而后由其他部门判定。为避免产生连续修约的错误,应按下述步骤进行:

(1)报出数值最右的非零数字为 5 时,应在数值右上角加"＋"或"－"或不加符号,以分别表明已进行过舍、进或未舍、未进。

(2)如果对报出值需要进行修约,当拟舍弃数字的最左一位数字为 5,而后面无数字或皆为零时,数值右上角有"＋"者进一,有"－"者舍去,其他仍按"进舍规则"进行。

负数修约时,先将它的绝对值按规定进行修约,然后在修约值前面加上负号。

24. D

【学习点】 有效数字的计算规则。

【解析】 加减法,以小数点后位数最少的为准先修约后加减,结果位数也按小数点后位数最少的算。

本题:
```
   12.8        修约后     12.8
    3.25                   3.2
    2.153                  2.2
+)  0.0284                 0.0
                         ─────
                          18.2
```

25. B
26. C

第25、26题【学习点】有效数字的计算规则。

【解析】乘除法,以有效数字位数最少者为准,先修约然后计算,结果保留位数应与有效数字位数最少者相同。为提高计算的准确性,在计算过程中可暂时多保留一位有效数字,计算完后再修约。

第25题: 数字4.412、5.13、0.65757,有效数字位数最少者为5.13,修约后的数字相乘 $4.41 \times 5.13 \times 0.658 = 14.8861314$,修约后应为14.9。

第26题: 数字25.0、0.1436、76.5,有效数字位数最少是3位,修约后的数字相乘 $25.0 \times 0.144 \times 76.5 = 275.4$,修约后应为275。

27. B

【学习点】有效数字的计算规则。

【解析】乘方或开方,结果有效数字位数不变。$6.54^2 = 42.7716$,修约后为42.8。

28. D

【学习点】有效数字的计算规则。

【解析】乘方或开方,结果有效数字位数不变。

29. A

【学习点】极限数值的判定。

【解析】表达极限数值的基本用语及符号见下表。

组合基本用语	组合允许用语	符号		
		表示方式Ⅰ	表示方式Ⅱ	表示方式Ⅲ
大于或等于A且小于或等于B	从A到B	$A \leqslant X \leqslant B$	$A \leqslant \cdot \leqslant B$	$A \sim B$
大于A且小于或等于B	超过A到B	$A < X \leqslant B$	$A < \cdot \leqslant B$	$> A \sim B$
大于或等于A且小于B	至少A不足B	$A \leqslant X < B$	$A \leqslant \cdot < B$	$A \sim < B$
大于A且小于B	超过A不足B	$A < X < B$	$A < \cdot < B$	

30. A

31. D

第30、31题【学习点】极限数值的判定。

【解析】基本数值A,若极限上偏差值 $+b_1$ 和(或)极限下偏差值 $-b_2$ 使得 $A + b_1$ 和

(或)$A-b_2$ 不符合要求,则应附加括号,写成 $A_{-b_2}^{+b_1}$(不含 b_1 和 b_2)或 $A_{-b_2}^{+b_1}$(不含 b_1)、$A_{-b_2}^{+b_1}$(不含 b_2)。

32. D

【学习点】极限数值的判定。

【解析】全数值比较法,是指使用测试所得的测定值或其计算值不经修约处理(或虽经修约处理,但应标明经舍、进或未进未舍而得),用该数值与规定的极限数值作比较。只要超出极限值规定的范围(不论超出程度大小),都判定为不符合要求。

33. A

【学习点】极限数值的判定。

【解析】修约值比较法,需要对测试所得的测定值或其计算值修约处理,用该数值与规定的极限数值作比较,修约位数应与规定的极限值数位一致。

34. C

35. B

36. A

第34~36题【学习点】抽样技术。

【解析】批是指按照抽样的目的,在基本相同条件下组成总体的一个确定部分;子批是批中确定的一部分;孤立批是从一个批序列中分离出来的,不属于当前序列的批;单批是在特定条件下组成的,不属于常规序列的批;批量指批中产品的数量。注意批、子批、单批、孤立批及批量的定义。

37. C

【学习点】抽样技术,样本的基本概念。

【解析】研究中研究对象的全部称为总体,从总体中抽取一部分个体(样本单位),样本单位的全体称为样本。

38. B

【学习点】抽样技术。

【解析】公路工程集料属于散料,《公路工程集料试验规程》对集料的取样方法、取样数量及制样方法都给出了要求,粗集料筛分试验常用的试样缩分方法为四分法。

39. A

【学习点】抽样方案定义。

【解析】抽样方案是由样本量和对样本的要求两部分组成。根据批量大小,接收质量限检验严格程度等因素定出样本大小和判定数组,就可以对给定的批进行抽样和判定。

40. B

【学习点】抽样分布。

【解析】统计量的分布称为抽样分布。统计量是样本的函数,它是一个随机变量。

41. B

【学习点】抽样分布。

【解析】抽样框又称"抽样框架""抽样结构",是指对可以选择作为样本的总体单位列出名册或排序编号,以确定总体的抽样范围和结构。设计出了抽样框后,便可采用抽签的方式或按照随机数表来抽选必要的单位数。若没有抽样框,则不能计算样本单位的概率,从而也就无法进行概率选样。好的抽样框应做到完整而不重复。10000名职工的名册就是本题的抽样框。

42. D

【学习点】抽样技术。

【解析】抽样检验是从一批产品中抽出少量的单个产品进行检验,从而推断该批产品质量状况。

43. D

【学习点】抽样技术。

【解析】简单随机抽样抽选方法有抽签法和随机数法。

44. A

【学习点】抽样技术。

【解析】一批10000件的样本中任意抽取100件,未经过分单元、分层及分群等程序,是简单随机抽样。

45. D

【学习点】试验检测技术术语,测量的定义。

【解析】测量是赋予量的量值的过程。

46. D

【学习点】技术术语,重复性条件。

【解析】测量重复性条件包括相同的测量程序、相同的操作者、相同的操作条件和相同的地点,并在短时间内对同一或相类似被测对象重复测量的一组测量条件。

47. B

【学习点】技术术语,测量结果的复现性。

【解析】在改变了的测量条件下,同一被测量的量测结果之间的一致性被称为测量结果的复现性。

48. A

49. D

50. D

第48~50题【学习点】技术术语,测量误差。

【解析】测量值与真值的差值称为测量误差,用测得的量值减去参考量值。测量误差可分为系统误差、随机误差、过失误差。

51. B

52. A

53. D

54. A

第51~54题【学习点】技术术语,随机误差。

【解析】随机误差也称为偶然误差,在重复测量中按不可预见方式变化的测量误差的分量。随机误差是由不可预料和不可控制的原因造成的,这种误差出现完全是偶然没有规律性，因此也不能消除。随机测量误差的参考值是对同一被测量由无穷多次测量得到的平均值。测量人体体重时空载秤没有归零、收敛仪零点读数不为零又未修正、地轴罗盘指针偏角的影响都是可知可掌握，不属于随机误差。

55. B

【学习点】随机误差，系统误差。

【解析】系统测量误差的参考值是真值 x_0，测得量值为 x_i，随机测量误差的参考值是对同一被测量由无穷多次测量得到的平均值 $\bar{x}$，系统测量误差的参考值是真值 x_0。

随机误差 $= x_i - \bar{x}$

系统误差 $= \bar{x} - x_0$

56. A

【学习点】示值误差的概念。

【解析】示值误差是指测量仪器示值与对应输入量的参考值之差。

57. B

【学习点】系统误差的补偿。

【解析】修正因子是为补偿系统误差而与未修正测量结果相乘的数字因子。

仪器设备的测量值 $=2.9 \times 1.2 = 3.48$，修约后为 3.5。

58. B

【学习点】示值误差。

【解析】测得值减去其参考值，称为偏差。

校准证书给出了偏差值为 $-1.5℃$，$110℃$ 为参考值，烘箱设定温度应为 $111.5℃$。

59. A

【学习点】绝对误差，相对误差。

【解析】误差表达方式有绝对误差和相对误差，绝对误差是指测量值与真值的差值，相对误差是指绝对误差与被测真值的比值。本题烘箱示值 $182℃$ 为测量值，被测真值是 $180℃$，则相对误差为 $(2℃/182℃) \times 100\% = 1.1\%$。

60. A

【学习点】绝对误差，相对误差。

【解析】测得量值为 $50mm$，最大允许误差为 $0.5mm$，实际厚度应为 $50mm \pm 0.5mm$，相对误差应为 1%。

61. A

【学习点】精度。

【解析】基本误差又称引用误差或相对误差，是一种简化的相对误差。仪表的引用误差定义为：

引用误差 $=$（最大绝对误差/仪表量程）$\times 100$

$=$（检测仪表的指示值 $-$ 被测量真值）$MAX/$（测量上限 $-$ 测量下限）$\times 100\%$

为了便于量值传递，国家统一规定了仪表的精确度（精度）等级系列。将仪表的引用误差去掉"$\pm$"号及"%"号，便可以套入国家统一的仪表精确度等级系列。

目前，常用的精确度等级有 0.005，0.02，0.05，0.1，0.2，0.4，0.5，1.0，1.5，2.5，4.0 等。

测量仪表一般采用最大引用误差不能超过的允许值作为划分精度等级的尺度。

本题的设备最大相对误差为1.2%,可以判定该设备符合2级要求。

62. A

63. A

第62、63题【学习点】测量不确定度的定义。

【解析】表征合理地赋予被测量之值的分散性、与测量结果相联系的参数(非负数),称为测量不确定度。由于测量不完善和人们的认识不足,所得的被测量值具有分散性,即每次测得的结果不是同一值,而是以一定的概率分散在某个区域内的许多个值。测量不确定度是一个与测量结果"在一起"的参数,在测量结果的完整表示中应包括测量不确定度。

测量不确定度就是说明被测量之值分散性的参数,它不说明测量结果是否接近真值。仅与测量方法有关,与具体测得的数值大小无关,与误差大小无关。

64. B

【学习点】测量不确定度的来源。

【解析】测量不确定度来源包括:

(1)对被测量的定义不完整或不完善;

(2)复现被测量的方法不理想;

(3)取样的代表性不够,即被测量的样本不能代表所定义的被测量;

(4)对测量过程受环境影响的认识不周全,或对环境条件的测量与控制不完善;

(5)对模拟仪器的读数存在人为偏移;

(6)测量仪器的分辨力或鉴别力不够;

(7)赋予计量标准的值或标准物质的值不准;

(8)引用于数据计算的常量和其他参量不准;

(9)测量方法和测量程序的近似性和假定性;

(10)在表面上看来完全相同的条件下,被测量重复观测值的变化。

归纳为四个方面:测量设备、测量人员、测量方法、测量对象的不完善。

65. A

【学习点】标准测量不确定度的定义。

【解析】标准不确定度是以标准差表示的测量不确定度。

66. C

【学习点】扩展不确定度的定义。

【解析】扩展不确定度是确定测量结果区间的量,合理赋予被测量之值分布的大部分可望含于此区间。它有时也被称为范围不确定度。扩展不确定度是由合成标准不确定度的倍数表示的测量不确定度。

67. A

【学习点】不确定度的评定及测量结果的合格判定。

【解析】当测量结果全部处于扩展不确定度区域外侧时,判定其测量结果不合格。当测量结果处于规范两侧以扩展不确定度为半宽的区域内时,无法判定其测量结果是否合格。

68. A

【学习点】不确定度的评定及测量结果的合格判定。

【解析】被评定仪器设备的示值误差的绝对值小于或等于其最大允许误差的绝对值与示值误差的扩展不确定度之差时,意味着测量结果落入合格区内。

69. D

【学习点】不确定度与测量误差的区别。

【解析】误差表示测量结果对真值的偏移量,在数轴上表示为一个点,而测量不确定度表示被测量之值的分散性,在数轴表示一个区域。在测量结果中我们只能得到随机误差和系统误差的估计值;而不确定度则是根据对标准不确定度的评定方法不同而分为 A 类评定和 B 类评定两类。自由度是表示测量不确定度评定可靠程度的指标,它与评定得到的不确定度的相对标准不确定度有关,而误差则没有自由度的概念。测量结果的误差与测量结果的不确定度两者在数值上没有确定的关系。

70. B

【学习点】随机事件、概率。

【解析】频率和频数之间关系,在 n 次重复试验中,事件 A 的出现次数 m 称为事件 A 的频数,比例 m/n 称为事件 A 的频率。

71. A

72. A

第71、72题【学习点】随机事件、概率。

【解析】互斥事件指的是不可能同时发生的两个事件。即事件 A 发生,事件 B 一定不发生;事件 B 发生,事件 A 一定不发生。如果事件 A 与 B 互斥,那么事件 A + B 发生(即 A、B 中有一个发生)的概率,等于事件 A、B 分别发生的概率的和,即 $P(A+B) = P(A) + P(B)$。

事件 A(或 B)是否发生对事件 B(或 A)发生的概率没有影响,这样的两个事件叫作相互独立事件。两个相互独立事件同时发生的概率,等于每个事件发生的概率的积。即 $P(A \cdot B) = P(A) \cdot P(B)$。

两个相互独立事件不一定互斥,即可能同时发生,而互斥事件不可能同时发生。

73. D

74. A

第73、74题【学习点】标准偏差与变异系数。

【解析】标准偏差反映样本数据的绝对波动情况,变异系数是反映相对波动的指标。变异系数 $C_V = \sigma/\bar{x} \times 100\%$,甲:$4.21/56.4 = 7.5\%$,乙:$4.32/58.6 = 7.4\%$。

75. A

【学习点】标准差。

【解析】在质量检验中,总体的标准偏差一般不易求得,因此常采用样本的标准偏差。

76. A

【学习点】极差。

【解析】极差没有充分利用数据的信息,仅适用样本容量较小($n < 10$)情况。

77. D

78. B

第77、78题【学习点】可疑数据的处理方法。

【解析】当试验次数较多时,可简单地用3倍标准差(3s)作为确定可疑数据取舍的标准。根据随机变量的正态分布规律,在多次试验中,测量值落在$\overline{x}-3s$与$\overline{x}+3s$之间的概率为99.73%,出现在此范围之外的概率只有0.27%,这种事件为小概率事件,出现的可能性很小,因而在实际试验中,一旦出现,就可认为该测量数据不可靠,应将其舍弃。

拉依达法以3倍标准差作为判别标准,所以亦称3倍标准差法,简称3s法。判别步骤如下:

(1) 计算数据的平均值$\overline{x}$和标准偏差σ,如总体标准偏差σ未知时,可求出样本标准偏差s;

(2) 计算$|x_k - \overline{x}|$,如果:

$$|x_k - \overline{x}| > 3s$$

则将x_k剔除,否则保留。

另外,当测量值与平均值之差大于2倍标准偏差($|x_k - \overline{x}| > 2s$)时,该测量值应保留,但需存疑。如发现施工、试验过程中,有可疑的变异时,该测量值应予舍弃。

79. C
80. C
81. C
82. D
83. B

第79~83题【学习点】回归分析。

【解析】回归分析法是根据对因变量与一个或多个自变量的统计分析,建立因变量和自变量的关系,最简单的情况就是一元回归分析,一般式为:$y = a + bx$。式中y是因变量,x是自变量,a和b是回归系数,回归分析的任务是通过统计方法求出该直线方程的a、b值。也就是工程上所说的拟合问题,所得关系式称为经验公式,也称作回归方程或拟合方程。

(1) 整理数据:将x、y值对应列表;

(2) 计算L_{xx}和L_{xy}:

$$L_{xx} = \sum_{i=1}^{n}(x_i - \overline{x})^2 = \sum_{i=1}^{n} x_i^2 - \frac{1}{n}\left(\sum_{i=1}^{n} x_i\right)^2$$

$$L_{xy} = \sum_{i=1}^{n}(x_i - \overline{x})(y_i - \overline{y}) = \sum_{i=1}^{n} x_i y_i - \frac{1}{n}\sum_{i=1}^{n} x_i \sum_{i=1}^{n} y_i$$

(3) 计算b、a值:

$$b = \frac{L_{xy}}{L_{xx}}$$

$$a = \overline{y} - b\overline{x}$$

(4) 相关系数——线性关系的显著性检验:

$$r = \frac{\sum(x_i - \overline{x})(y_i - \overline{y})}{\sqrt{\sum(x_i - x)^2 \cdot \sum(y_i - y)^2}} = \frac{L_{xy}}{\sqrt{L_{xx} \cdot L_{yy}}}$$

$$L_{yy} = \sum_{i=1}^{n}(y_i - y)^2 = \sum_{i=1}^{n} y_i^2 - \frac{1}{n}\left(\sum_{i=1}^{n} y_i\right)^2$$

相关系数 r 是描述回归方程线性相关的密切程度的指标,其取值范围为 $(-1,1)$,r 的绝对值越接近于 1,x 和 y 之间的线性关系越好,当 $r=\pm 1$ 时,x 与 y 之间符合直线函数关系,称 x 与 y 完全相关,这时所有数据点均在一条直线上。如果 r 趋近于 0,则 x 与 y 之间没有线性关系,这时 x 与 y 可能不相关,也可能是曲线相关。

只有样本算出的值大于临界值,即 $r>r_\beta$,就可以认为 x 与 y 存在线性相关关系,或者说线性相关关系显著:当 $r\leqslant r_\beta$ 时,则认为 x 与 y 不存在线性相关关系,即线性相关关系不显著,r_β 与检验数据个数 n 和显著性水平 β 有关,可通过查表得出。

83 题中, $r=\dfrac{L_{xy}}{\sqrt{L_{xx}L_{yy}}}=\dfrac{998.46}{\sqrt{632.47\times 1788.36}}=0.94$

由试验次数 $n=30$,显著水平 $\beta=0.05$,查附表得相关系数临界值 $r_{0.05}=0.361$。

所以 $r>r_{0.05}$,说明水泥混凝土抗压强度 R 与回弹模量值 N 是线性相关的。

84. A

【学习点】能力验证。

【解析】实验室应从能力验证组织和设计的评价中对自己的能力做出结论,应考虑因素包括检测品的来源和特征、所用的方法、能力验证的组织及用于评价能力的准则。

85. D

86. D

第85、86题【学习点】实验室间比对定义。

【解析】实验室间比对是按照预先规定的条件,由两个或多个实验室对相同或类似的测试样品进行检测的组织、实施和评价,从而确定实验室能力、识别实验室存在的问题与实验室间的差异,是判断和监控实验室能力的有效手段之一。利用实验室间的比对,对实验室的校准或检测能力进行判定称为能力验证或实验室水平测试。实验室间比对是借助外部力量来提高实验室能力和水平。实验室间的比对和能力验证均不作为量值溯源的依据。

87. D

【学习点】能力验证结果的统计处理和能力评价。

【解析】不确定度最大的是由参加试验室获得公议值,不确定度最小的是已知值。最常使用的是由各专家试验室获得公议值,其使用的方法已经过确认,具有较高的精密度和准确度。

88. A

【学习点】计量的定义。

【解析】计量是实现单位统一,量值准确可靠的活动。

89. B

90. C

91. B

第89~91题【学习点】量值溯源的定义和特点。

【解析】计量溯源性是指通过文件规定的不间断的校准链,将测得结果与参照对象联系起来的特性,校准链中的每项校准均会引入不确定度。

计量溯源链是用于将测量结果与参照对象联系起来的测量标准和校准的次序。量值溯源等级图,也称为量值溯源体系表,它是表明测量仪器的计量特性与给定量的计量基准之间关系的一种代表等级顺序的框图。它对给定量及其测量仪器所用的比较链进行量化说明,以此作为量值溯源性的证据。

溯源方式有检定、校准、验证。

92. A

【学习点】检定的依据。

【解析】按照《计量法》的规定,计量检定必须执行计量检定规程。国家计量检定规程由国务院计量行政部门制定。没有国家计量检定规程的,由国务院有关主管部门和省、自治区、直辖市人民政府计量行政部门分别制定部门计量检定规程和地方计量检定规程。

93. D

【学习点】校准的概念。

【解析】校准是指在规定条件下的一组操作,其第一步是确定由测量标准提供的量值与相应示值之间的关系,第二步是用此信息确定由示值获得结果的关系,所提供的量值与相应示值都具有测量不确定度。测量系统的调整属于维修维护工作,不是校准工作。

94. D

【学习点】《检验检测机构资质认定能力评价　检验检测机构通用要求》(RB/T 214—2017)第4.4.3条。

【解析】针对校准结果产生的修正信息或标准物质所含的参考值,检验检测机构应确保在其检测数据及相关记录中加以利用并备份和更新。

95. B

【学习点】《检验检测机构资质认定能力评价　检验检测机构通用要求》(RB/T 214—2017)第4.4.3条及释义。

【解析】检验检测机构在制定和实施检定校准计划时,应关注检验检测所需要的参数、关键量值及关键量程的检定、校准,应列入检定、校准设备一览表予以明示。

试验室在校准前应确定需要校准仪器设备的参数、范围、不确定度等,送校时提出明确的和针对性的要求。

96. B

【学习点】2021年版考试用书《公共基础》。

【解析】内部校准是指实验检测机构按照CNAS-CL06《量值溯源要求》的有关规定,在内部实施的,使用自有人员、设备及环境等条件,为保证仪器量值准确、可靠而开展的校准活动。检验检测机构需要内部校准时应确保:

(1)校准设备的标准满足计量溯源要求;

(2)限于非强制检定的仪器设备;

(3)实施内部校准的人员经培训和授权;

(4)环境和设施满足校准方法要求;

(5)优先采用标准方法,非标方法使用前应经确认;

(6)进行测量不确校准定度评定

(7)可不出具内部校准证书,但应对校准结果予以汇总;

（8）质量控制和监督应覆盖内部校准工作。

应优选标准方法，当没有标准方法时，可使用自编方法，测量设备制造商推荐的方法等非标方法，非标方法使用前应经过确认。

97. B

【学习点】《检验检测机构资质认定能力评价 检验检测机构通用要求》(RB/T 214—2017)第4.4.3条及释义，校准定义和校准要求。

【解析】 校准可以确定由测量标准提供的量值与相应示值之间的关系，并用此信息确定由示值获得结果的关系，所提供的量值与相应示值都具有测量不确定度。校准可以用文字说明、也可以用校准函数、校准图、校准曲线或校准表格的形式表示，也可以包含示值的具有测量不确定度的修正值或修正因子，但不给出测量设备合格与否的结论。

98. C

【学习点】《检验检测机构资质认定能力评价 检验检测机构通用要求》(RB/T 214—2017)第4.4.3条及释义。

【解析】 无法溯源到国家或国际测量标准时，测量结果应溯源至有证标准物质、公认的或约定的测量方法、标准，或通过比对等途径，证明测量结果与同类检验检测机构的一致性。

99. C

【学习点】 2021年版考试用书《公共基础》。

【解析】 自校准一般是利用测量设备自带的校准的程序或功能（比如智能仪器的开机自校准程序）或设备厂商提供的没有溯源证书的标准样品进行的校准活动，通常情况下，它不是有效地量值溯源活动，但特殊领域另有规定除外。

100. A

101. C

102. C

第100~102题**【学习点】**《检验检测机构资质认定能力评价 检验检测机构通用要求》(RB/T 214—2017)第4.4.3条及释义，校准及计量确认概念。

【解析】 校准是指在规定条件下，为确定测量仪器或测量系统所指示的量值或实物量具或参考物所代表的量值与对应的由标准所复现的量值之间的关系的一组操作。取得校准证书的设备不一定符合要求，应经技术人员对校准证书进行确认。

计量确认是指为保证测量设备处于满足预期使用状态所需要的一组操作。预期使用要求包括：量值、测量范围、精度要求、分辨力、最大允许误差等，因此计量确认的依据应由试验规程规范或作业指导书给出。

103. D

104. C

105. B

第103~105题**【学习点】**《检验检测机构资质认定能力评价 检验检测机构通用要求》(RB/T 214—2017)第4.4.4条及释义，仪器设备标识管理。

【解析】 在实验室管理过程中，通常采用绿、黄、红等三色标识来表示合格、准用、停用等计量检定标识。红色标识（停用证）主要用于经计量检定不合格、已超过检定周期的、性能无法确定的以及损坏的仪器设备。测试设备中虽某一量程准确度不合格但工作所用量程合格者,或虽某些功能丧失但检测工作所用功能正常且校准合格者以及降级使用者,均为准用设备,应为黄色准用标识。经计量检定或校准、验证合格,确认其符合检测/校准技术规范规定使用要求的应使用绿色合格标志。当仪器设备使用情况发生变化时,未及时由仪器管理人更换适当标识,如原设备由合格转为降级使用时,应及时将绿色合格标识改为黄色准用标识。原设备由降级使用转为停止使用时,应及时将黄色准用标识改为红色停用标识。

106. A
107. D
108. B
109. D

第106～109题【学习点】《检验检测机构资质认定能力评价 检验检测机构通用要求》(RB/T 214—2017)第4.4.3条及释义,期间核查。

【解析】设备期间核查是指在两次检定或校准期间进行的核查设备的检定或校准状态的稳定性,是为了确定计量标准、标准物质或测量仪器是否保持原有状态而进行的操作,其目的是防止在两次校准或检定的间隔期间使用不符合技术规范要求的设备。期间核查不是缩短检定校准周期和一般检查。

需要时,检验检测机构对特定设备应编制期间核查程序,确认方法和频率。检验检测机构应根据设备的稳定性和使用情况来判定设备是否需要进行期间核查。期间核查方法包括:仪器间比对、标准物质法、留样再测法、实物样件检查法、自带标样核查法、直接测量法等。

110. A

【学习点】标准物质分级。

【解析】标准物质分为二级,一级由国家计量部门制作颁发或出售,二级由各专业部门制作供试验室日常使用。

111. B

【学习点】《检验检测机构资质认定能力评价 检验检测机构通用要求》(RB/T 214—2017)第4.4.6条及释义。

【解析】检验检测机构应建立和保持标准物质管理程序。标准物质应尽可能溯源到国际单位制(SI)单位或有证标准物质。检验检测机构应根据程序对标准物质进行期间核查。对有证标准物质期间核查时只需对照证书要求,主要对包装、物理性状、存储条件、有效期等进行期间核查即可满足要求。对于无证标准物质,最好的方式是使用已知的稳定可靠的有证标准物质进行期间核查。无法获得有证标准物质时,可以选用以下核查方式:(1)机构间比对;(2)送有资质的校准机构校准;(3)测试近期参加过的水平测试结果满意的样品;(4)使用质控品等。

112. C

【学习点】《检验检测实验室技术要求验收规范》(GB/T 37140—2018)第8.2.2条。

【解析】在实验过程中产生有害气体、蒸汽、气味、烟雾、挥发性物质等时,应设置通风柜等工艺排风设施。

113. C

【学习点】《检验检测实验室技术要求验收规范》(GB/T 37140—2018)第 5.2.2.4 条。

【解析】检验检测实验室的典型总体平面布局可包括实验室核心区域实验室辅助区域和公共设施区域三大部分。核心区域包括样品接收区、样品储存区、样品制备区、实验检测区、样品处理区、危化品区等。实验辅助区域应包括办公区、会议室、设备材料存储区、文件资料存储区、访客接待区等。公共设施区域应包括暖通、给排水、气体、供配电、信息系统等专用房间或区域。

114. D

【学习点】公路水运工程试验检测安全管理、环境保护及职业卫生等方面的相关知识。

【解析】可以使用高温电阻炉燃烧炉等加热器具、易制毒化学药品、易燃易爆化学用品用于室内试验,但需要制定相应的管理程序文件。用于金属材料拉伸试验的万能试验机应设防护装置。

115. A

【学习点】《危险化学品安全管理条例》第 4 条。

【解析】生产、储存、使用、经营、运输危险化学品的单位的主要负责人,对本单位的危险化学品安全管理工作全面负责。

116. A

【学习点】《检验检测机构资质认定能力评价 检验检测机构通用要求》(RB/T 214—2017)第 4.5.31 条。

【解析】检验检测机构的活动涉及风险评估和风险控制领域时,应建立和保持相应识别、评估、实施的程序。应制订安全管理体系文件,并提出对风险分级、安全计划、安全检查、设施设备要求和管理、危险材料运输、废物处置、应急措施、消防安全、事故报告的管理要求,予以实施。

117. A

【学习点】试验检测安全管理。

【解析】对于有飞溅情况的设备应设置有效防护,防止试件飞溅伤人。

118. D

【学习点】试验检测安全管理。

【解析】为了安全生产,实验室应制订安全应急处理措施或安全应急预案。

119. A

【学习点】《公路工程标准体系》第 3.1.2 条。

【解析】公路建设板块包括项目管理、勘测、设计、试验、检测、施工、监理、造价。

120. B

【学习点】《公路工程标准体系》第 5.0.2 条。

【解析】根据标准编号规则第一位数字为标准的板块序号。

121. D

【学习点】《公路工程标准体系》第 3.1 条。

【解析】《公路工程标准体系》结构共分为三个层次,第一层为板块、第二层为模块、第三层为标准。

122. C

【学习点】《公路工程标准体系》第3.1.2及4.5.1条。

【解析】公路养护板块由综合、检测评价、养护决策、养护设计、养护施工、造价等模块构成。

123. D

【学习点】绝对误差,相对误差。

【解析】误差表达方式有绝对误差和相对误差,绝对误差是指测量值与真值的差值,相对误差是指绝对误差与被测真值的比值。本题绝对误差 = 52A − 50A = 2A,相对误差 = 2A/50A = 4%。

124. A

【学习点】示值误差符合性判定。

【解析】对仪器设备特性进行符合性评定时,若评定误差的不确定度与被评定仪器设备的最大允许误差的绝对值之比,小于或等于1:3则可不考虑示值误差评定的测量不确定度的影响。被评定仪器设备的示值误差在其最大允许误差限内时,可判为合格,即为合格。

测距仪的测量扩展不确定度为:$U = 0.3$mm,$k = 2$,最大允许误差的绝对值 MPEV = 1mm,$U < 1/3$ 最大允许误差的绝对值,可以不考虑不确定度的影响,因此示值误差小于最大允许误差,可判为合格。

二、判断题

1. ×。正确答案为具有相同的地位。

【学习点】法定计量单位。

【解析】作为国家的法定计量单位,无论是SI单位还是选定的非SI单位,只要是法定计量单位其地位都是一样的。

2. ×。正确答案为是SI导出单位。

【学习点】国际单位制SI导出单位。

【解析】SI基本单位有7个,包括米、千克、秒、安培、开尔文、摩尔、坎德拉。SI导出单位是由SI基本单位或辅助单位按定义式导出的,也是SI单位。

3. √

【学习点】国际单位制SI导出单位。

【解析】$1J = 1N \cdot m$。SI导出单位是由SI基本单位或辅助单位按定义式导出的,其数量很多。其中,具有专门名称的SI导出单位总共有19个。有17个是以杰出科学家的名字命名的,如牛顿、帕斯卡、焦耳等,以纪念他们在本学科领域里做出的贡献。使用这些专门名称以及用它们表示其他导出单位,如牛顿·米。

4. √

【学习点】国际单位制SI单位及倍数单位的应用。

【解析】选用SI单位的倍数单位,一般应使用量的数值处于 0.1 ~ 1000 范围内,如

15000Pa 可写成 15kPa，0.05kg 可写成 50g。

5. ×。正确答案为不可以写成或读成摄氏 20 度。

【学习点】国际单位制 SI 单位及倍数单位的应用。

【解析】单位名称和单位符号只能作为一个整体使用，摄氏度不得拆开。

6. ×。正确答案为 840。

【学习点】数字修约规则。

【解析】0.2 单位修约是指修约间隔为指定数位的 0.2 单位，即修约到指定数位的 0.2 单位。修约时，将拟修约数值乘以 5，按指定数位依照进舍规则修约，所得数值再除以 5。

本题修约：

拟修约数值	乘 5	5A 修约值	A 修约值
(A)	(5A)	(修约间隔为 100)	(修约间隔为 20)
830	4150	4200	840

7. ×。正确答案为 13.456→13。

【学习点】数字修约规则。

【解析】拟修约数字应在确定修约间隔或指定修约位数后一次修约获得结果，不得多次按"进舍规则"连续修约。

8. √

【学习点】数字修约规则。

【解析】本题的修约间隔为 1×10^2，两个连续的为修约间隔整数倍的数 11×10^2 和 12×10^2，12×10^2 更接近 1158。

9. ×。正确答案为应根据 5 前面的数字而定。

【学习点】数字修约规则。

【解析】可按照"四舍六入，五成双"的原则，即 5 前面的数字必须为偶数。

10. ×。正确答案为要根据 0 在数字中的位置来确定是否是有效数字。

【学习点】有效数字。

【解析】对于有效数字而言，数字中间的"0"和末尾的"0"都是有效数字，而数字前面所有的"0"只起定值作用。以"0"结尾的正整数，有效数字的位数不确定。

11. ×。正确答案为 0.1。

【学习点】有效数字。

【解析】有效数字运算，乘除法以有效数字位数最少者为准，先修约然后计算，结果保留位数应与有效数字位数最少者相同。4.231、0.02、1.5672 三个数字的乘积时，有效数字位数最少的是 0.02（1 位有效数字），计算保留位数也应是 1 位。

12. √

13. ×。正确答案为均应使用全数值比较法。

第 12、13 题【学习点】极限数值的判定。

【解析】标准或有关文件中，若对极限数值无特殊规定时，均应使用全数值比较法。如采用修约值比较法，应在标准中加以说明。标准中极限数值的表示形式及书写位数应适当，其有效数字应全部写出。

14. √

　　【学习点】极限数值的判定。

　　【解析】采用修约值比较法,应将测定值或计算值进行修约,修约数位与规定的极限数值数位一致。当测试或计算精度允许时,应先将获得的数值按指定的修约位数多一位或几位报出,然后按"进舍规则"程序修约至规定的位数。

15. √

　　【学习点】极限数值的判定。

　　【解析】对于同样的极限数值,则全数值比较法比修约值比较法相对较严格。

16. √

　　【学习点】抽样技术批的概念。

　　【解析】对于检验而言,检验批是指按同一生产条件或按规定的方式汇总起来供检验用的,由一定数量样本组成的检验体。

　　对于工程构件检验批就是检测项目相同,质量要求和生产工艺等基本相同,由一定数量构件所构成的检测对象。

17. √

18. ×。正确答案为不将该单位重新放回总体。

第17、18题【学习点】抽样技术随机抽样。

　　【解析】重复抽样和不重复抽样的不同,就是是否将抽取单位重新放回总体。

19. ×。正确答案为将样本转化为试样的一组操作。

　　【学习点】抽样技术。

　　【解析】研究中实际观测或调查的一部分个体称为样本,所谓的抽样就是在总体中抽取样本。样本制作是将样本转化为试样的一组操作。

20. √

　　【学习点】抽样技术。

　　【解析】分层抽样的特点是将科学分组法与抽样法结合在一起,分组减小了各抽样层变异性的影响,抽样保证了所抽取的样本具有足够的代表性。一般在抽样时,将总体分成互不交叉的层,然后按照一定的比例,从各层独立地抽取一定数量的个体,将各层取出的个体合在一起作为样本。在公路工程施工中经常采用分层抽样法,如水泥混凝土拌和站混凝土的抽样就属于分层抽样。

21. ×。正确答案为抽样不能有选择性。

　　【学习点】抽样技术。

　　【解析】抽样检验应当具有代表性和随机性。代表性反映样本与批质量的接近程度,随机性反映样品被抽入样本纯属偶然,由随机因素所决定。

22. ×。正确答案为比对是指同种测量仪器复现量值之间比较。

　　【学习点】试验检测技术术语。

　　【解析】比对在规定的条件下,对相同准确度等级或指定不确定度范围的同种测量仪器复现的量值之间比较的过程。

23. √

24．×。正确答案为量的数值,量值表示中的数。

第23、24题【学习点】试验检测技术术语。

【解析】量是现象、物体或物质的特性,其大小可用一个数和一个参照对象表示(量值),一般由一个数乘以测量单位所表示的特定量的大小,5.34m 或 534m、15kg、10s、-40℃。一个特定量的量值,与所选择的单位无关,而其数值则与所选择的单位的大小成反比。量=量的数值×单位。例如,血压=140mmHg(140×mmHg);那么"量的数值=量/单位",即"140"。量的数值简称数值,是量值表示中的数,不是参照对象的任何数字量的数值简称数值。

25．×。正确答案为真值不是唯一的。

【学习点】试验检测技术术语。

【解析】真值是指与给定的特定量的定义一致的值。真值是一个理想化的概念,从量子效应和测不准原理来看,真值按其本性是不能被最终确定的。但这并不排除对特定量的真值可以不断地逼近。特别是对于给定的实用目的,所需要的量值总是允许有一定的误差范围或不确定度的。因此,总是有可能通过不断改进特定量的定义、测量方法和测量条件等,使获得的量值足够的逼近真值,满足实际使用该量值时的需要。注意真值的三个解释:

(1)量的真值只有通过完善的测量才有可能获得;
(2)真值按其本性是不确定的;
(3)与给定的特定量定义一致的值不一定只有一个。

26．√

【学习点】试验检测技术术语。

【解析】约定真值是指对于给定目的具有适当不确定度的、赋予特定量的值,有时该值是约定采用的。约定真值有时称为指定值、最佳估计值、约定值或参考值,常常用某量的多次测量结果来确定约定真值。

27．√

28．√

第27、28题【学习点】误差。

【解析】测量结果是由测量所得到的赋予被测量的值,是客观存在的量的实验表现,仅是对测量所得被测量之值的近似或估计,显然它是人们认识的结果,不仅与量的本身有关,而且与测量程序、测量仪器、测量环境以及测量人员等有关。测量误差则是表明测量结果偏离真值的差值,它客观存在但人们无法准确得到。

29．√

【学习点】随机误差。

【解析】随机误差是指测量结果与在重复性条件下,对同一被测量进行无限多次测量所得结果的平均值之差,是在重复测量中按不可预见方式变化的测量误差的分量。因此,随机测量误差的参考值是对同一被测量由无穷多次测量得到的平均值。

30．√

31．√

32．√

33．√

第30~33题【学习点】系统误差。

【解析】系统误差是指在重复性条件下,对同一被测量进行无限多次测量所得结果的平均值与被测量的真值之差,因此,系统测量误差的参考值是真值。系统误差是在重复测量中保持不变或按可预见方式变化的测量误差的分量,既然产生原因可以预见可掌握,所以可以设法消除或降低影响。

34. √
35. ×。正确答案为系统误差的补偿不能够完全消除测量误差。
36. √
37. ×。用代数方法与未修正测量结果相加,以补偿其系统误差的值,称为修正值。
38. ×。修正因子是用代数方法与未修正测量结果相乘,以补偿其系统误差的值。
39. ×。正确答案为用修正值和修正因子不可以完全补偿系统误差。

第34~39题【学习点】系统误差。

【解析】系统测量误差及其来源可以是已知的或者是未知的,对已知的系统测量误差可以采用修正补偿。

对估计的系统误差的补偿:
(1)修正值,用代数方法与未修正测量结果相加,以补偿其系统误差的值。修正值等于负的系统误差。
(2)修正因子,为补偿系统误差而与未修正测量结果相乘的数字因子。
(3)由于系统误差不能完全获知,因此这种补偿并不完全。

40. ×。正确答案为不是随机测量误差。

【学习点】试验检测技术术语。

【解析】测量偏移是指一切测量值对真值的偏离。包括测量仪器的不准、样本过小、试验设计不合理、分配或分组不均衡、抽样未随机、测量者有主观倾向等。测量偏移是系统测量误差的估计值。

41. ×。正确答案为无法确定修正值。

【学习点】系统误差。

【解析】系统测量误差等于测量误差减去随机测量误差,按本题给出的条件不能求出系统误差,所以无法确定修正值。

42. √

【学习点】示值误差的概念。

【解析】示值误差是指测量仪器示值与对应输入量的真值之差。由于真值不能确定,所以采用参考值。

43. √
44. ×。正确答案为只有正确度和精密度都高才能保证高的准确度。
45. ×。正确答案为高的精密度不能保证高的准确度。
46. ×。正确答案为与系统测量误差有关,与随机测量误差无关。

第43~46题【学习点】精密度、正确度、准确度的概念。

【解析】测量精密度是在规定条件下,对同一类或类似被测对象重复测量所得示值或测得值间的一致程度,仅依赖于随机误差的分布,与真值无关。精密度也代表了随机误差大小程度,精密度高表示随机误差小。

测量正确度是无穷多次重复测量所得量值的平均值与一个参考值之间的一致程度。测量正确度与系统测量误差有关与随机测量误差无关。

测量准确度是指被测量的测得值与其真值之间的一致程度。准确度是正确度和精密度的组合。

47. ×。正确答案为相对误差可以反映测量的精密程度。

48. √

第47、48题【学习点】绝对误差、相对误差的概念。

【解析】绝对误差是指测量值与真值的差值,相对误差是指绝对误差与被测真值的比值,当测量所得的绝对误差相同时,测量的量大者相对误差小。相对误差不仅反映测量的准确度,又反映测量的精密度,采用相对误差更为合理。

49. ×。正确答案为试验机所显示的有效位数不是设备传感器测量精度的反映。

【学习点】精度的概念。

【解析】将仪表的引用误差去掉"±"号及"%"号,便可以套入国家统一的仪表精确度等级系列。

引用误差 = (最大绝对误差/仪表量程) × 100
　　　　 = (检测仪表的指示值 − 被测量真值)MAX/(测量上限 − 测量下限) × 100%

为了便于量值传递,国家统一规定了仪表的精确度(精度)等级系列。

目前,常用的精确度等级有 0.005、0.02、0.05、0.1、0.2、0.4、0.5、1.0、1.5、2.5、4.0 等。测量仪表一般采用最大引用误差不能超过的允许值作为划分精度等级的尺度。电子万能试验机的传感器测量精度不是试验机所显示的有效位数。

50. ×。正确答案为赋值或未赋值的标准物质都可以用于测量精度控制。

51. √

【学习点】标准物质、精密度、正确度、准确度的概念。

【解析】参考物质(标准物质)具有足够均匀和稳定性的特性物质,其特性被证实适用于测量中或标称特性检验中的预期用途。标准物质既包括具有量的物质,也包括标称特性的物质。赋值或未赋值的标准物质都可用于测量精密度控制,只有赋值的标准物质才可用于校准或测量正确度控制。

52. √

53. ×。正确答案为测量不确定度不可以通过测量误差进行评定。

54. ×。正确答案为测量不确定度与误差是不同概念。

55. ×。正确答案为测量不确定度与测量结果无关。

第52~55题【学习点】测量不确定度的定义。

【解析】表征合理地赋予被测量之值的分散性、与测量结果相联系的参数(非负数),称为测量不确定度。它与人们对被测量的认识程度有关,是通过分析和评定得到的一个区间。测量不确定度意味着对测量结果可信性、有效性的怀疑程度或不肯定程度,是定量说明测量结果的质量的一个参数。测量不确定度就是说明被测量之值分散性的参数,它不说明测量结果是否接近真值。仅与测量方法有关,与具体测得的数值大小无关,与误差大小无关。

56. ×。正确答案为不确定度可以,误差不可以。
57. ×。正确答案为 B 类不确定度评定可以依靠个人的技术经验和知识。
58. ×。正确答案为 A 类还是 B 类不确定度合成时应同等对待。
59. √

第 56~59 题【学习点】 测量不确定度的定义。

【解析】 用对观测列进行统计分析的方法来评定标准不确定度,称为不确定度的 A 类评定。用不同于对观测列进行统计分析的方法来评定标准不确定度,称为不确定度的 B 类评定,可以基于实验或其他信息来估计,也包含评定人员的经验。这两类标准不确定度仅是估算方法不同,不存在本质差异,它们都是基于统计规律的概率分布,都可用标准(偏)差来定量表达,合成时同等对待。合成标准不确定度仍然是标准(偏)差,它表征了测量结果的分散性。

60. √
61. ×。正确答案为置信区间的半宽度不可以用来表示测量误差。
62. √

第 60~62 题【学习点】 扩展不确定度的定义。

【解析】 扩展测量不确定度是用合成不确定度的倍数表示,倍数一般取 2 或 3。扩展不确定度表明了具有较大置信概率的区间半宽度。误差是指测得的量值与真值的差值,没有置信区间和置信概率。

63. √
64. ×。正确答案为应判定为不合格。
65. √
66. ×。正确答案为无法判定其是否合格。
67. √

第 63~67 题【学习点】 不确定度的评定。

【解析】 测量结果合格与否的判定与不确定度的情况有关。当测量结果位于规范线两侧以扩展不确定度为半宽的区域内时,就无法判定其是否合格。只有当测量结果全部处于扩展不确定度区域的外侧时,才能确定其测量结果为不合格。当测量结果全部处于规范区的合格区时,由于没有考虑不确定度不能判为合格。

68. √
69. ×。正确答案为是确定的事件。

第 68、69 题【学习点】 随机事件。

【解析】 事件是一种数学语言,通俗地说是事情或现象。在随机试验中,把一次试验中可能发生也可能不发生,而在大量重复试验中却呈现某种规律性的事情称为随机事件。必然事件和不可能事件都是确定的事件,不是随机事件,为了研究方便通常把必然事件与不可能事件看作特殊的随机事件。

70. √

【学习点】 随机事件。

【解析】 在 n 次重复试验中,事件 A 的出现次数 m 称为事件 A 的频数。概率就是表示随机事件 A 在试验中出现的可能性大小的数值。随机事件的频率和概率是两个不同的概念。频率是一个统计量,表示随机事件在某一试验中出现的量,是变动的;概率则是描述随机事件在试验中出现的可能性大小的量,是客观存在的一个确定的数字。随机事件的频率可以看作是它的概率的随机表现。某些简单随机事件的概率可以通过直接计算求出,但在通常情况下,是通过大量重复试验,把其频率作为概率的近似值。

71. √

【学习点】分布函数。

【解析】设 X 是一个随机变量,x 是任意实数,函数 $F(x)=P\{X\leq x\}$ 称为 X 的分布函数。

对于任意实数 $x_1,x_2(x_1<x_2)$,有 $P\{x_1<X\leq x_2\}=P\{X\leq x_2\}-P\{X\leq x_1\}=F(x_2)-F(x_1)$。

因此,若已知 X 的分布函数,就可以知道 X 落在任一区间 (x_1,x_2) 上的概率,在这个意义上说,分布函数完整地描述了随机变量的统计规律性。

随机变量在不同的条件下由于偶然因素影响,其可能取各种随机变量不同的值,具有不确定性和随机性,但这些取值落在某个范围的概率是一定的,此种变量称为随机变量。

72. √

【学习点】随机变量的基本概念和特点。

【解析】极差是一组数据中最大值与最小值之差 $R=x_{\max}-x_{\min}$,但由于没有充分利用数据的信息,仅适用样本数量较小的情况。

73. √

【学习点】总体、样本、标准差。

【解析】研究中实际观测或调查的一部分个体称为样本,研究对象的全部称为总体。总体包含的观察单位通常是大量的甚至是无限的,在实际工作中,一般不可能或不必要对每个观察单位逐一进行研究。我们只能从中抽取一部分观察单位加以实际观察或调查研究,根据对这一部分观察单位的观察研究结果,再去推论和估计总体情况。因此,在质量检验中,总体的标准差一般不易求得,通常取用样本的标准差。

74. √

【学习点】总体、样本、标准差。

【解析】标准偏差所表示的是每个统计数据以其平均值为基准的偏差大小,s 愈小表示统计数据愈均匀,反之数据的分散程度越大。标准偏差反映样本数据的绝对波动情况。

75. ×。正确答案为应采用现有的可疑数据的剔除方法对可疑的试验数据进行取舍,不能主观判断。

76. √

第75、76题【学习点】可疑数据的处理方法。

【解析】见本章单选题第77、78题解析。

77. √

78. ×。正确答案为与原始数据的精度不一样。

第77、78题【学习点】直方图。

【解析】绘制直方图的步骤为:

(1)收集数据,一般50~100个数据。

(2)数据分析与整理,求出其最大值和最小值。

(3)确定组数和组距,一般根据经验数据个数50以内,分组数5~7个,数据个数50~100,分组数6~11个,用最大值和最小值之差去除组数,求出组距的宽度。

(4)确定组界值,第一组的下界为最小值减去最小测定单位的一半,第一组的上界为其下界值加上组距。为避免数据正好落在组界上,确定的组界值应比原始数据的精度高一位。

(5)统计频数,统计各组数据出现频数,作频数分布表。

(6)作直方图,以组距为底长,以频数为高,作各组的矩形图。

79. √

【学习点】常用数理统计工具:分层法。

【解析】在进行统计分析工作时,要将数据按照来源、性质、使用目的和要求加以分门别类地归纳及加工统计。分层的好坏直接影响数据分析结果。

80. √

【学习点】能力验证定义。

【解析】按照预先制订的准则,通过实验室间比对来评价参加者的能力。

81. √

【学习点】能力验证计划。

【解析】无论采用哪种验证计划其目的都是相同的,并具有共同的特征,就是利用实验室间比对将一个实验室所得的结果与一个或多个实验室所得的结果进行比较。

82. ×。正确答案为有时需要传回能力验证提供者进行再次核查。

【学习点】能力验证计划。

【解析】能力验证在计划实施过程中,有必要在特定阶段对能力验证物品进行核查,确保指定值未发生变化。而且该指定值要具有足够小的测量不确定度。

83. √

【学习点】能力验证计划。

【解析】同步能力验证计划是在规定期限内同时进行检测或测量,不需要一个一个地传递,因此能较快回收结果,但必须确保分发给所有的参加者的能力验证物品是足够均匀的,即各物品的差异不影响对实验室能力评价。

84. √

【学习点】能力验证结果的统计处理和能力评价。

【解析】对离群值的统计处理:

(1)明显错误的结果,如单位错误、小数点错误或者错报为其他能力验证物品的结果,应从数据集中剔除,单独处理。这些结果不再计入离群值检验或稳健统计分析。

(2)当使用参加者的结果确定指定值时,应使用适当的统计方法使离群值的影响降到最低,即可以使用稳健统计方法或当使用传统平均值/标准偏差统计时,计算前剔除离群值。在常规的能力验证计划中,如存在有效的客观判据,则可自动筛除离群值。

(3)如果某结果作为离群值被剔除,则仅在计算总计统计量时剔除该值。但这些结果仍应当在能力验证计划中予以评价,并进行适当的能力评定。

85. √

【学习点】能力验证结果的评价。

【解析】利用能力验证结果去确定实验室的能力时会有一定的局限性,因此不能孤立的使用能力验证结果。

86. ×。正确答案为对于半定量结果使用 z 比分数统计量是不合适的。

【学习点】能力验证结果的评价。

【解析】在进行能力统计量计算时,z 比分数是常用的定量统计量。对于半定量结果可使用特定统计量,如顺序统计量。

87. ×。正确答案为量值传递包括检定或校准。

【学习点】量值传递。

【解析】量值传递是指通过测量仪器的校准或检定,将国家基准所复现的计量单位量值通过各等级计量标准传递到工作测量仪器的活动,以保证测量所得的量值准确一致。量值传递和计量溯源方式都可采用检定或校准。

88. ×。正确答案为量值溯源的方式有检定、校准、验证。

【学习点】《检验检测机构资质认定能力评价 检验检测机构通用要求》(RB/T 214—2017)第4.4.3条,量值溯源的定义和方式。

【解析】计量溯源性通过文件规定的不间断的校准链,测得结果与参照对象联系起来的特性,校准链中的每项校准均会引入不确定度。

溯源方式有检定、校准、验证。

89. ×。正确答案为检定校准可以保证试验检测数据准确可靠性。

【学习点】《检验检测机构资质认定能力评价 检验检测机构通用要求》(RB/T 214—2017)第4.4.3条,量值溯源的目的。

【解析】检定校准的目的都是将量值溯源到国家基准,对保证试验检测数据准确可靠起到重要作用。设备的合格证只能证明产品合格,不能证明是否满足检验检测要求。

90. ×。正确答案为不是所有试验检测设备都必须依法检定或校准。

91. √

第90、91题【学习点】《检验检测机构资质认定能力评价 检验检测机构通用要求》(RB/T 214—2017)第4.4.3条。

【解析】检验检测机构应对检验检测结果、抽样结果的准确性或有效性有影响或计量溯源性有要求的设备,包括用于测量环境条件等辅助测量设备有计划地实施检定或校准(制定检定校准计划),但并不是所有的设备都必须检定或校准。

设备在投入使用前,应采用核查、检定或校准等方式,以确认其是否满足检验检测的要求。

92. ×。正确答案为检定是指查明和确认测量仪器符合法定要求的活动。

【学习点】《检验检测机构资质认定能力评价 检验检测机构通用要求》(RB/T 214—2017)第4.4.3条,检定的定义。

【解析】检定是指查明和确认测量仪器符合法定要求的活动,既是自上而下的量值传递方式,也是自下而上的量值溯源方式。

93. √

【学习点】《计量法》第九条及《计量法实施细则》第五十六条。

【解析】计量器具是指能用以直接或间接测出被测对象量值的装置、仪器仪表、量具和用于统一量值的标准物质,包括计量基准、计量标准、工作计量器具。

县级以上人民政府计量行政部门对社会公用计量标准器具,部门和企业、事业单位使用的最高计量标准器具,以及用于贸易结算、安全防护、医疗卫生、环境监测方面的列入强制检定目录的工作计量器具,实行强制检定。未按照规定申请检定或者检定不合格的,不得使用。实行强制检定的工作计量器具的目录和管理办法,由国务院制定。

对前款规定以外的其他计量标准器具和工作计量器具,使用单位应当自行定期检定或者送其他计量检定机构检定。

94. √

【学习点】检定分类。

【解析】检定分类按时间次序可分为首次检定和后续检定,周期检定属于后续检定。

95. √

【学习点】《检验检测机构资质认定能力评价 检验检测机构通用要求》(RB/T 214—2017)第4.4.3条。

【解析】针对校准结果产生的修正信息或标准物质所含的参考值,检验检测机构应确保在其检测数据及相关记录中加以利用并备份和更新。正确更新就是保证校准结果得到正确应用。

96. √

【学习点】《检验检测机构资质认定能力评价 检验检测机构通用要求》(RB/T 214—2017)第4.4.3条及释义。

【解析】检验检测机构需要内部校准时应确保:

(1)校准设备的标准满足计量溯源要求;

(2)限于非强制检定的仪器设备;

(3)实施内部校准的人员经培训和授权;

(4)环境和设施满足校准方法要求;

(5)优先采用标准方法,非标方法使用前应经确认;

(6)进行测量不确定度评定;

(7)可不出具内部校准证书,但应对校准结果予以汇总;

(8)质量控制和监督应覆盖内部校准工作。

97. √

98. √

99. ×。正确答案为任何企业和其他实体是无权制定检定规程。

100. ×。正确答案为校准不需要做出合格与否的结论。

101. √

第97～101题【学习点】检定、校准的定义,检定、校准的不同点。

【解析】检定、校准的不同点如下：

（1）校准不具备法制性，是实际企业自愿溯源行为，检定具有法制性，属于计量管理范畴的执法行为。

（2）校准主要确定测量仪器的示值误差，检定是对测量器具的计量特征及技术要求的全面评定。

（3）校准的依据是校准规范、校准方法，可作统一规定，也可自行制定，检定的依据是检定规程，任何企业和其他实体无权制定检定规程。

（4）检定要对所检的测量器具做出合格与否的结论，校准则不判断测量器具合格与否。

（5）校准结果通常是发校准证书或校准报告，检定结果合格的发检定证书，不合格的发不合格通知。

102. ×。正确答案为仪器设备的校准周期一般由设备使用者自己来确定。

【学习点】校准、校准周期。

【解析】仪器设备校准周期以及后续校准周期的调整一般均由试验室（设备使用者）自己来确定。即使校准证书给出了校准周期的建议，也不宜直接使用。设备后续校准周期的调整还需要考虑许多因素：

a. 试验室需要或声明的不确定度；

b. 设备超出最大允许误差极限值使用的风险；

c. 试验室使用不满足要求设备所采取纠正措施的代价；

d. 设备类型；

e. 磨损和漂移的趋势；

f. 制造商的建议；

g. 使用的程度和频次；

h. 使用的环境条件；

i. 历史校准结果的趋势；

j. 维护和维修的使用记录；

k. 与其他参考标准或设备相互核查的频率；

l. 期间核查的频率质量及结果；

m. 设备的运输安排及风险；

n. 相关测量项目的质量控制情况及有效性；

o. 操作人员的培训程度。

103. ×。正确答案为自校准不属于内部校准，不是有效的量值溯源活动。

【学习点】自校准的定义。

【解析】自校准是利用测量设备自带的校准程序或功能，或设备厂商提供的标准样品（没有溯源证书）进行的校准活动，但不是有效的量值溯源活动。注意自校准和内部校准（自校验）的区别。

104. ×。正确答案为计量确认是为确保测量设备符合预期使用要求所需的一组操作。

105. ×。正确答案为只有测量设备已被证实适用于预期使用并形成文件，计量确认才算完成。

第 104、105 题【学习点】《检验检测机构资质认定能力评价　检验检测机构通用要求》（RB/T 214—2017）第 4.4.3 条及释义，计量确认的定义。

【解析】校准主要确定测量仪器的示值误差，不证实测量设备是否符合预期使用要求。计量确认是指为确保测量设备符合预期使用要求所需的一组操作，目的是使测量设备在相当长的一段时间内保持满足预期使用要求的准确度。只有测量设备已被证实适用于预期使用并形成文件，计量确认才算完成。

106. ×。正确答案为试验检测规程。

【学习点】《检验检测机构资质认定能力评价　检验检测机构通用要求》（RB/T 214—2017）第 4.4.3 条及释义。

【解析】校准规程是校准设备的依据，确认校准后仪器设备是否满足预期使用要求的依据是试验检测规程对仪器的量值、测量范围及精度要求。

107. ×。正确答案为应贴黄色标识。

108. ×。正确答案为应贴黄色标识。

第 107、108 题【学习点】《检验检测机构资质认定能力评价　检验检测机构通用要求》（RB/T 214—2017）第 4.4.3 条及释义，仪器设备标识管理。

【解析】存在部分缺陷，在限定范围内可以使用或降等级后使用的仪器应贴黄色标识，一个设备只能贴一个标识。

109. √

【学习点】期间核查方法。

【解析】在同一根钢筋截取的样品分阶段进行试验，比较设备检定后立即测量的力值和使用一段时间后测得的力值的变化情况。

110. √

【学习点】期间核查结果处理。

【解析】有问题的设备要经过"停止使用""维修""重新检定校准"及"确认"符合要求后才能使用。

111. ×。正确答案为应考虑成本因素。

【学习点】期间核查的频率。

【解析】试验室应从自身资源、技术力量、测量设备的重要程度、追溯成本及风险因素等综合考虑期间核查频率。

112. ×。正确答案为 CRM。

113. √

114. √

第 112～114 题【学习点】《检验检测机构资质认定能力评价　检验检测机构通用要求》（RB/T 214—2017）第 4.4.6 条及释义，有证标准物质及无证标准物质定义。

【解析】有证标准物质简称 CRM，是 Certified Reference Material 英文缩写，指附有证书的标准物质，被国家计量主管部门批准、发布，其一种或多种特性值用建立了溯源性的程序确定，用之可溯源到准确复现的用于表示该特性值的计量单位，而且每个标准值都附有给定包含区间的不确定度。无证标准物质是指未经国家行政管理部门审批备案的标准物质,包括:参考(标准)物质、质控样品、校准物、自行配置的标准溶液、标准气体等。

115. √

【学习点】《检验检测实验室技术要求验收规范》(GB/T 37140—2018)第5.2.2.1条。

【解析】检测试验室平面布局应优先保证实验室安全、卫生、质量和检测功能的实现。

116. √

【学习点】《危险化学品安全管理条例》第二十四、二十五条。

【解析】危险化学品应当储存在专用仓库、专用场地或者专用储存室内,并由专人负责管理;剧毒化学品以及储存数量构成重大危险源的其他危险化学品,应当在专用仓库内单独存放,并实行双人收发、双人保管制度。储存危险化学品的单位应当建立危险化学品出入库核查、登记制度。

117. √

【学习点】《公路水运工程安全生产监督管理办法》第十五条。

【解析】建设单位不得对咨询、勘察、设计、监理、施工、设备租赁、材料供应、检测等单位提出不符合工程安全生产法律、法规和工程建设强制性标准规定的要求。不得随意压缩合同规定的工期。

118. √

【学习点】《公路水运工程安全生产监督管理办法》第十三条。

【解析】未经安全生产教育和培训合格的从业人员,不得上岗作业。

119. √

【学习点】试验检测安全管理。

【解析】对于试验检测场所中凡是涉及安全的区域和设施应有效控制并正确标识。

120. √

【学习点】《公路工程标准体系》第4.3.1条。

【解析】《公路工程标准体系》将公路建设板块分为8个模块,其中包括试验、检验两个模块。试验模块主要包含各室内试验标准,检测模块主要包含各现场测试和检测标准。

三、多项选择题

1. AE

2. BCD

第1、2题【学习点】国际单位制SI基本单位。

【解析】根据国际单位制(SI),7个基本量的单位分别是:长度——米(Metre)、质量——千克(kilogram)、时间——秒(Second)、温度——开尔文(Kelvins)、电流——安培(Ampere)、发光强度——坎德拉(Candela)、物质的量——摩尔(mol),对应符号分别为 m、kg、s、K、A、cd、mol。注意单位符号用英文,并注意大小写。单位名称用汉字。牛顿不是SI基本单位,是SI导出单位。

3. ABD

【学习点】 国际单位制导出单位。

【解析】 具有专门名称的导出单位一共有 21 个,其中包括摄氏温度、焦耳、瓦特。安培是基本单位。

4. AC

【学习点】 国际单位制 SI 倍数单位。

【解析】 词头符号与所紧接的单位符号作为一个整体对待,它们一起组成一个新单位。因此词头不得单独使用,也不得使用重叠词头。

5. BA

【学习点】 国际单位制 SI 单位及倍数单位的应用。

【解析】 将 SI 词头的中文名字置于单位名称的简称之前构成单位中文名称时,易混淆。

6. AB

【学习点】 国际单位制 SI 单位及倍数单位的应用。

【解析】 组合单位的名称与符号表示的顺序一致,乘号没有名称,除号称为每,"每"只能出现一次。

7. BD

【学习点】 国际单位制 SI 单位及倍数单位的应用。

【解析】 计量单位的名称及词头的名称指中文名称,用于叙述性文字和口述中,不得用于公式、数据表、图、刻度盘等。计量单位名称及其符号应各作为一个整体使用不得拆开。单位符号不得与中文符号混用,但是非物理量单位(件、人等)可用汉字与符号构成组合单位;摄氏度的符号可作为中文符号使用,如 J/℃ 可写为焦/℃。

8. ABD

【学习点】 数字修约规则。

【解析】 统计中一般常用的数值修约规则如下:

(1)拟舍去数字的最左一位数字小于 5 时,则舍去,即保留的各位数字不变;

(2)拟舍去的数字中,其最左面的数字大于 5,则进 1;

(3)拟舍去的数字中,其最左面的第一位数字等于 5,而后面的数字并非全是 0 时,则进 1;

(4)拟舍去的数字中,其最左边的第一位数等于 5,而后面无数字或全部为 0 时,所保留的末位数字为奇数(1、3、5、7、9),则进 1;为偶数(2、4、6、8、0)则舍去。

9. AD

【学习点】 数字修约规则。

【解析】 (1)见上题修约规则,12.500 修约到个位数,结果是 12;

(2)0.001230 的有效数字位数为应 4 位,1 前面的 0 不是有效数字,3 后面的 0 是有效数字;

(3)拟修约数字应在确定修约后一次修约获得结果,而不得多次按进舍规则连续修约,97.46 进行间隔为 1 的修约结果应为 97;

(4)对小数位不相同的两个数字进行加减运算,结果的小数点保留位数应以小数位少的为准。

10. AC

【学习点】数字修约规则。

【解析】报出数值最右的非零数字为5时,应在数值右上角加"+"或"-"或不加符号,以分别表明已进行过舍、进或未舍、未进。如果对报出值需要进行修约,当拟舍弃数字的最左一位数字为5,而后面无数字或皆为零时,数值右上角有"+"者进一,有"-"者舍去,其他仍按"进舍规则"进行。

实测值15.4726,报出值应为15.5$^-$,修约值应为15;实测值25.5462,报出值应为25.5$^+$,修约值应为26;实测值-19.5000,报出值应为-19.5,修约值应为-20;实测值-14.5000,报出值应为-14.5,修约值应为-14。

11. ABC

【学习点】数字修约规则、极限值判定。

【解析】首先将测定值87.00、87.01、86.96、86.94分别进行修约,数位与规定的极限数值87.0数位一致,修约后分别为87.0、87.0、87.0、86.9,判定合格的为选项A、B、C。

12. ABC

【学习点】极限数值的判定。

【解析】所谓"极限数值"就是指标准要求的数值范围的界限。"极限数值"也称为"极限值""临界值""界限数值",通过给出最小极限值、最大极限值或基本数值与极限偏差值等方式表达。

13. AD

14. CD

15. ACD

第13~15题【学习点】极限数值的判定。

【解析】极限值的判定方法有全数比较法和修约比较法。对测定值或其计算值与规定的极限数值在不同情形用全数值比较法和修约值比较法的比较结果,对同样的极限数值,则全数值比较法比修约值比较法相对较严格。

第14题是用全数值比较法,测试所得的测定值或其计算值不经修约处理,用该数值与规定的极限数值作比较,选项C、D符合。第15题采用修约值比较法,应将测定值进行修约,修约数位与规定的极限数值数位一致,修约后数值分别是A.26%、B.27%、C.26.0%、D.25.8%,故选项A、C、D符合。

16. BC

【学习点】极限数值的判定。

【解析】极限值为16.5~17.5,表示包括2个边界值16.5和17.5,按照0.1单位修约,16.45→16.4,17.51→17.5,16.57→16.6,16.25→16.2,只有选项B、C满足要求。

17. DE

【学习点】抽样技术。

【解析】从总体中抽取样本,必须满足随机性和独立性条件。为了使样本具有充分的代表性,抽样必须是随机的,使总体中的每一个个体都有同等的机会被抽取到;独立性是指各自抽样必须是相互独立的,每次抽样的结果即不影响其他抽样的结果也不受到其他各自抽样结果的影响。

18. AB

【学习点】 抽样技术。

【解析】 抽样方案是指所使用的样本量和有关批接受准则的组合。根据批量大小,接收质量限检验严格程度等因素定出样本大小和判定数组,有了这两个参数就可以对给定的批进行抽样和判定。

19. ABD

【学习点】 抽样技术。

【解析】 重复抽样是一个抽完重新放回总体的抽样,也是随机抽样,这种抽样的特点是总体中每个样本单位被抽中的概率是相等的。

20. AC

21. ACC

第20、21题**【学习点】** 抽样技术。

【解析】 检验可分为全数检验和抽样检验两大类,全数检验是对一批产品的逐个产品进行试验测定,从而判断这批产品的质量状况。抽样检验是从一批产品中抽出少量的单个产品进行检验,从而判断这批产品的质量状况。全数检验检验可靠性好,但检验工作量大、费用高。抽样检验采用科学的方法而且经济,工程中大部分检验采用抽样检验。

22. ACD

【学习点】 抽样技术。

【解析】 检验的目的是判断产品的质量,检验是否有效取决检验的可靠性,而检验的可靠性与以下因素有关:

(1)质量检验手段的可靠性;

(2)抽样检验方法的科学性;

(3)抽样检验方案的科学性。

在质检过程中,必须全面考虑上述三个因素,以提高质量检验的可靠性。

23. AD

【学习点】 抽样技术。

【解析】 散料所保留的子样本为原样本的一个固定比例的样本的缩分称为定比缩分,而固定保留子样本的缩分称为定量缩分。

24. ABCD

25. AB

26. AB

第24~26题**【学习点】** 抽样技术。

【解析】 抽样方式有简单随机抽样、系统抽样、分层抽样、整群抽样及散料抽样和多阶段抽样。随机抽样分为重复抽样、不重复抽样。总体分成均衡的几个部分,然后按照预先定出的规则,从每一部分抽取一个个体,得到所需要的样本,这种抽样叫作系统抽样。系统抽样包括等距抽样、定位系统抽样。

27. AB

【学习点】 抽样技术。

【解析】路基路面现场检测一般采取随机取样方法,采用随机数法确定测定区间和测点位置。

28. ABCD

【学习点】试验检测技术术语。

【解析】测量设备是指为实现测量过程所必需的测量仪器、软件、测量标准、标准物质、辅助设备或其组合。

29. ABCD

【学习点】试验检测技术术语。

【解析】测量结果是指由测量所得到的,与其他有用的相关信息一起赋予被测量的一组量值。

(1)当给出结果时,应表明所指的是示值、未修正结果或已修正结果,是否为几个值的平均。

(2)在测量结果完整的表述中应包括测量不确定度。

30. AB,CD
31. ABCD

第30、31题【学习点】试验检测技术术语。

【解析】重复性测量条件包括相同的测量程序、相同的操作者、相同的操作条件下使用相同的测量仪器、相同的地点,并在短时间内对同一或相类似被测对象重复测量的一组测量条件。

复现性测量条件是指不同测量原理、不同的测试方法、不同操作者、不同测量系统,不同地点、不同时间等对同一或相类似被测对象重复测量的一组测量条件。

32. AB

【学习点】误差的定义和分类。

【解析】测量结果减去被测量的真值就是测量误差,测量误差包括系统误差和随机误差。

33. ACD

【学习点】误差分类。

【解析】测量误差可分为系统误差、随机误差和过失误差。

34. AC

【学习点】随机误差。

【解析】随机误差是指测量结果与在重复性条件下,对同一被测量进行无限多次测量所得结果的平均值之差。因此,随机测量误差的参考值是对同一被测量由无穷多次测量得到的平均值。随机误差等于测量误差减去系统误差。

35. BD

【学习点】系统误差。

【解析】系统误差是在重复测量中保持不变或按可预见方式变化的测量误差的分量,系统测量误差及其来源可以是已知的或者是未知的,对已知的系统测量误差可以采用修正值或修正因子补偿。

系统误差是指在重复性条件下,对同一被测量进行无限多次测量所得结果的平均值与被测量的真值之差。系统测量误差的参考值是真值,或测量不确定度可忽略不计的测量标准的测得值,或是约定量值。

36. ABCD

【学习点】 系统误差产生原因。

【解析】 系统误差有一定的规律,可以识别并找出原因。

引起系统误差的原因包括:①仪器误差;②人为误差;③外界误差(环境);④方法误差;⑤试剂误差。

37. AC

【学习点】 系统误差、随机误差及过失误差。

【解析】 系统误差有一定的规律,能够识别并找出原因,可以采取适当措施消除或降低它的影响。随机误差也叫偶然误差,是不可预见的,所以也无法消除或降低它的影响。过失误差也叫错误,是可以完全避免。

38. BD

39. ABD

第38、39题【学习点】 系统误差的补偿。

【解析】 修正是对估计的系统误差的补偿。

(1)修正值是用代数方法与未修正测量结果相加,以补偿其系统误差的值。修正值等于负的系统误差。

(2)修正因子是为补偿系统误差而与未修正测量结果相乘的数字因子。

(3)由于系统误差不能完全获知,因此这种补偿并不完全。

40. BCD

【学习点】 误差控制。

【解析】 对于随机误差,造成这种误差的原因是不能预料和控制。就单个随机误差估计值而言,它没有确定的规律;但就整体而言,却服从一定的统计规律,故可用统计方法估计其界限或它对测量结果的影响。

对于系统误差,可以从以下两个方面降低误差影响:

(1)从产生系统误差根源上采取措施减小系统误差

①从测量原理和测量方法尽力做到正确、严格;

②测量仪器定期检定和校准,正确使用仪器;

③减小周围环境对测量的影响;

④减少或消除测量人员主观原因造成的系统误差。

(2)用修正方法减少系统误差

多次测量求平均取不能减少系统误差。

41. AC

42. BDE

第41、42题【学习点】 示值、示值误差、相对误差的概念。

【解析】 示值是指测量仪器或测量系统所给出的量值,示值误差是指测量仪器示值与对应输入量的参考值之差。相对误差是指绝对误差与真值的比值,无量纲。

烘箱显示温度为示值,实测温度为参考值。

43. BCD

【学习点】绝对误差,相对误差。

【解析】绝对误差是指测量值与真值的差值,相对误差是指绝对误差与被测真值的比值。本题烘箱示值 105℃ 为测量值,被测量真值是 108℃。则相对误差为:(3℃/108℃)×100% = 2.86%。

44. AD

45. AD

46. BCD

47. AC

第 44~47 题【学习点】准确度,正确度的概念。

【解析】测量正确度是无穷多次重复测量所得量值的平均值与一个参考值之间的一致程度。测量正确度不是一个量,不能用数值表示。

测量精密度是在规定条件下,对同一类或类似被测对象重复测量所得示值或测得值间的一致程度,仅依赖于随机误差的分布,与真值无关。

测量准确度是指被测量的测得值与其真值之间的一致程度。准确度是一个定性概念。

精密度也代表了随机误差大小程度,精密度高表示随机误差小。

测量正确度与系统测量误差有关,与随机测量误差无关。

准确度是正确度和精密度的组合。

48. AC

【学习点】试验检测技术术语准确度等级的概念。

【解析】准确度与准确度等级不是建立在同一概念基础上。准确度是指测量结果与被测量真值之间的一致程度,是一个定性的概念。准确度等级是指符合一定的计量要求,使误差保持在规定极限以内的测量仪器的等别、级别。

49. AD

【学习点】绝对误差、相对误差、准确度和精密度的概念。

【解析】准确度表示被测量的测得值与其真值的一致程度,精密度表示在规定的条件下,独立测量结果间的一致程度。相对误差是指绝对误差与被测量(约定)真值之比,既反映了准确度也反映了精密度。但是误差与不确定度是不同的两个概念,反映不了不确定度。

50. BC

【学习点】测量不确定度的分类。

【解析】测量不确定度可分为标准不确定度和扩展不确定度。

51. ACD

【学习点】标准不确定度的分类。

【解析】标准不确定度分为 A 类标准不确定度、B 类标准不确定度和合成标准不确定度。

52. ABDE

【学习点】标准不确定度的分类。

【解析】测量不确定度与测量方法有关,而与具体测的数值大小无关。测量方法应包括测量原理、测量仪器、测量环境条件、测量程序、测量人员以及数据处理方法等。

53. BCE

【学习点】A 类标准不确定度和 B 类标准不确定度的评定方法。

【解析】用对观测列的统计分析进行评定得出的标准不确定度称为 A 类标准不确定度,用不同于对观测列的统计分析来评定的标准不确定度称为 B 类标准不确定度。A 类标准不确定度和 B 类标准不确定度都基于概率分布,并都用标准差表征。B 类标准不确定度的信息来源可以分为由检定证书或校准证书得到和其他各种资料得到两类。在分析测量不确定的原因时,可以用由随机效应导致的不确定度和系统效应导致的不确定度。

54. AB

55. BD

56. ACD

第 54~56 题【学习点】测量误差与测量不确定度的区别。

【解析】测量不确定度表明了测量结果的质量,质量愈高不确定度愈小,测量结果的使用价值愈高。

测量误差与测量不确定度是不同的两个概念,数值上不存在确定的关系。

测量结果的取值区间在被测量值概率分布中所包含的百分数,被称为该区间的置信概率、置信水准或置信水平。扩展不确定度给出了区间能包含被测量的可能值的大部分(比如 95% 或 99%),但测量结果的误差不存在置信概率的概念。

不能用不确定度对测量结果进行修正,在已修正测量结果的不确定度中应考虑修正不完善而引入的不确定度。

测量测量不确定度有若干个分量,仪器设备校准证书给出的不确定度只是其一。

57. BD

【学习点】数理统计工具。

【解析】因果图的特点是简捷实用,深入直观,有助于说明各个原因之间是如何相互影响的。因其形状如鱼骨,所以又叫鱼骨图,标出重要因素的因果图图形就叫特性要因图。直方图与因果图表达方式不同,主要用于对数据的加工分析。

58. ABC

【学习点】数理统计工具。

【解析】见本章多选题第 67 题解析。

59. ABD

60. ABCD

第 59、60 题【学习点】正态分布。

【解析】正态分布的密度函数 $f(x)$ 的特点是关于 μ 对称,并在 μ 处取最大值,在正(负)无穷远处取值为 0,在 $\mu \pm \sigma$ 处有拐点,形状呈现中间高两边低,图像是一条位于 x 轴上方的钟形曲线。当 $\mu = 0, \sigma = 1$ 时,称为标准正态分布,记为 $N(0,1)$。

平均值 μ 是 $f(x)$ 曲线的位置参数,决定曲线最高点的横坐标;标准偏差 σ 是 $f(x)$ 曲线的形状参数,它的大小反映了曲线的宽窄程度。总体标准差 σ 愈小,曲线高而窄,随机变量在平均值 μ 附近出现的密度愈大,表示观测的精度好。

正态分布的特点为单峰性、对称性、周期性。

61. AC

62. AC

第61、62题【学习点】 随机变量的随机分布。

【解析】试验检测数据属于随机变量,而随机变量具有一定的规律性或分布形式,这种分布形式一般用概率分布来反映。

正态分布是应用最多、最广泛的一种概率分布曲线,是其他概率分布的基础。凡是可以连续取值的数据,它们的概率分布,都将遵从正态分布。正态分布适用于样本较大的统计数据。

对小样本统计数据,无法应用正态分布的理论来直接处理,需要用类似正态分布的 t 分布。可以证明:当 $n \to \infty$ 时,t 分布趋于正态,一般说来,当 $n > 30$ 时,t 分布与标准正态分布就非常接近了。但对较小的 n 值,t 分布与正态分布之间有较大的差异。公路工程质量评定中,常见的分布是正态分布和 t 分布,路面压实度和厚度的评定数据是 t 分布,弯沉值检测数据是正态分布。

63. BCD

64. AD

第63、64题【学习点】 数据的统计特征量。

【解析】用来表示统计数据分布及其某些特征的特征量分为两类,一类表示数据的集中位置,即表示其规律性,称为位置特征值,主要有算术平均值、中位数、加权平均值等;另一类表示数据的离散程度即差异性,称为离散特征值,主要有极差、标准偏差、变异系数等。

65. ACD

66. AB

67. ABCD

第65~67题【学习点】 直方图。

【解析】直方图又称质量分布图。作直方图的目的就是通过观察图的形状,判断生产过程是否稳定,预测生产过程的质量。在公路工程质量管理中,作直方图的目的有:

(1)估算可能出现的不合格率;

(2)判断质量分布状态;

(3)判断施工能力等。

正常型直方图的形状是中间高、两边低,左右近似对称,说明生产过程处于稳定。

异常直方图有孤岛型、双峰型、折齿型、陡壁型、偏态型及平顶型。孤岛型,在直方图旁边有孤立的小岛出现,当这种情况出现时说明生产过程中有异常原因,可能由于原料发生变化,不熟练的新工人替人加班,测量有误等,都会造成孤岛型分布,应及时查明原因采取措施。折齿型是由于作图时数据分组太多,测量仪器误差过大或观测数据不准确等造成的,此时应重新收集数据和整理数据。双峰型是由观测值来自两个总体、两个分布的数据混合在一起造成的,可能由于两种有一定差别的原料所生产的产品混合在一起,或者就是两种产品混在一起,此时应当加以分层。

68. BC

【学习点】回归分析。

【解析】见本章单选题第83题解析。

69. ABCD

70. ABD

第69、70题【学习点】能力验证活动类型。

【解析】共有8种活动类型,包括:定量计划、定性计划、顺序计划、同步计划、单个计划、连续计划、抽样、数据转换和解释。基本类型可归纳为定量的、定性的及解释性的。

71. ABC

【学习点】能力验证活动目的。

【解析】量值溯源不是能力验证活动的目的。

72. AD

【学习点】能力验证计划类型。

【解析】能力验证活动基本类型可归纳为定量的、定性的及解释性的,三种类型测定结果的形式不同。定量测定的结果是数值型的,在定量能力验证计划中,对数值结果通常进行统计分析。定性检测的结果是描述型的,用统计分析评定能力可能不适用于定性检测。

73. BCDE

【学习点】能力验证结果的统计处理和能力评价。

【解析】对能力验证结果进行评价,需要设计不同的数学模型和统计分布,无论使用哪种方法,其评价内容基本相同,包括选项B、C、D、E内容。

74. AB

【学习点】能力验证结果的统计处理和能力评价。

【解析】离群值是指在数据中有一个或几个数值与其他数值相比差异较大。识别离群值的目的是评定实验室从事特定检测或测量能力及监测实验室的持续能力,并不针对具体的操作者和试验设备。

判定和处理离群值的目的:a) 识别与诊断找出离群值,从而进行质量控制;b) 估计总体的某个参数,确定这些值是否计入样本,以便准确估计其参数;c) 检验假设目的在于判定总体是否符合所考察的要求,找出离群值的目的主要在于确定这些值是否计入样本,以使判定结果计量准确。

75. ABCD

【学习点】能力验证结果的统计处理和能力评价。

【解析】标准差能反映一个数据集的离散程度,不用于能力验证的评定。

76. CAD

77. ABC

第76、77题【学习点】能力验证结果的统计处理和能力评价。

【解析】$|z| \leqslant 2.0$ 满意,$2.0 < |z| < 3.0$ 有问题,$|z| \geqslant 3.0$ 不满意或离群;$|E_n| \leqslant 1.0$ 能力满意,$|E_n| > 1.0$ 能力不满意。

78. CD

【学习点】能力验证结果的统计处理和能力评价。

【解析】有些实验室出具的数据,在能力验证计划中为离群结果,但仍可能在相关标准规定的允许误差范围内,因此在利用参加能力验证计划的结果对实验室的能力进行判断时,通常不做出合格与否的结论。

79. ABC

【学习点】能力验证结果的使用。

【解析】期间核查针对的是仪器设备,不是实验室的能力验证。

80. CD

【学习点】能力验证结果的统计处理和能力评价。

【解析】制作直方图的目的是检验正态分布假设,如果出现不连续和严重偏态则不称为正态分布,统计分析可能无效。

81. AB

【学习点】计量的定义。

【解析】计量是指实现单位统一、量值准确可靠的活动。

82. ABCD

【学习点】计量的定义和计量工作特点。

【解析】(1)准确性。指计量结果与被测量的真值的接近程度。计量不仅应明确给出被测量的量值,而且还应给出该量值的不确定度(或误差范围),注明计量结果影响量的值或范围,即准确性。

(2)一致性。在计量单位统一的基础上,无论在任何时间、任何地点,采用任何方法、使用任何器具以及任何人进行计量,只要符合有关计量的要求,计量结果就应在给定的不确定度(或误差范围)内一致。

(3)溯源性。任何一个计算结果或计量标准的值,都能通过一个具有规定不确定度的连续比较链溯源到同一个计量基准。就一国而论,所有的量值都应溯源于国家计量基准;就国际而论,则应溯源于国际计量基准或约定的计量标准。

(4)法制性。计量本身的社会性就要求有一定的法制保障。也就是说,量值的准确一致,不仅要有一定的技术手段,而且还要有相应的法律、法规的行政管理,否则量值的准确一致便不能实现,计量的作用也就无法发挥。

83. ABC

【学习点】溯源的方式。

【解析】溯源方式有检定、校准、验证。自校准不是有效的溯源活动。

84. AC

85. BD

第84、85题【学习点】量值传递和量值溯源的定义和特点。

【解析】量值溯源性是通过一条具有规定不确定度的不间断的比较链,使测量结果或测量标准的值能够与规定的参考标准联系起来的一种特性。它要求实验室针对自己检测标准的相关量值,主动地与上一级检定机构取得联系,追溯高于自己准确度的量值与之比较,确定自己的准确性。而量值传递是上一级量值检定部门将自身的量值传递给低于其准确度等级的部门,主要是指国家强制性检定的内容。溯源和传递的主要区别在于溯源是自下而上的活动,带有主动性;量值传递是自上而下的活动,带有强制性。

86. AB

【学习点】《检验检测机构资质认定能力评价 检验检测机构通用要求》(RB/T 214—2017)第4.4.3条及释义,量值溯源的定义和计量工作的特点。

【解析】参考标准是指在给定组织或给定区域内指定用于校准或检定同类量其他测量标准的测量标准。计量的一致性不只限于国内,也适用于国际。就一国而论,所有的量值都应溯源于国家计量基准;就国际而论,则应溯源于国际计量基准或约定的计量标准。溯源性要求就是测量结果能溯源到国际或国家基准。

87. ACD

88. ABC

89. ABD

90. ABCD

第87~90题【学习点】检定的定义及要求。

【解析】检定是查明和确认测量仪器符合法定要求的活动,指为评定计量器具的计量性能,确定其是否合格所进行的全部工作,包括检查、加标记和出具检定证书。

仪器检定指任何一个测量结果或计算结果的值,都能通过一条具有不确定度的比较链,与计量基准(国际、国家)联系起来,使准确性和一致性达到保证。量值传递和计量溯源方式都可采用检定。

检定属于法制计量管理的范畴,检定的主要依据是计量检定规程,是计量检定必须遵守的法定技术文件。计量检定规程规定了计量性能、法定计量控制要求、检定条件和检定方法及检定周期等内容。计量检定规程可以分为国家计量检定规程、部门计量检定规程和地方计量检定规程三种。这些规程属于计量法规性文件,必须由经批准的授权计量部门制定。

91. ABC

【学习点】检定的分类。

【解析】检定的分类,按管理性质分为强制检定和非强制检定,按时间次序分为首次检定和后续检定。后续检定是相对首次检定而言的,仪器的周期检定和修理后检定均为后续检定;周期检定有效期内的检定,不论它是由用户提出请求,或由于某种原因使有效期内的封印失效而进行的检定也是后续检定;但是强制检定包括首次检定和后续检定。

92. ABD

93. DA

第92、93题【学习点】《检验检测机构资质认定能力评价 检验检测机构通用要求》(RB/T 214—2017)第4.4.3条及释义,检定、校准的特点。

【解析】检定和校准都是针对计量器具的操作,都是与计量标准的量值进行比较,其目的都是将量值溯源到国家基准。溯源方式包括检定、校准和验证。检定具有法制性,属于计量管理范畴的执法行为,校准不具备法制性,是实际企业自愿溯源行为。检定依据的计量检定规程是技术法规,必须严格执行。校准依据的校准规范和校准方法,可由实验室根据需要自主选择或自行编制。校准结果通常是发校准证书或校准报告,检定结果合格的发检定证书,不合格的发不合格通知。

对列入国家强制检定管理范围的,应按照计量检定规程实行强制检定。列入检定目录内的工作计量器具不一定均实施强制检定。应依据机构的实际情况,分析是否与食品安全、环境安全、贸易结算、产品质量等直接相关,按照《计量法》及《计量法实施细则》执行。

94. ABC

95. AD

96. ABCD

97. ABD

第94～97题【学习点】《检验检测机构资质认定能力评价 检验检测机构通用要求》(RB/T 214—2017)第4.4.3条及释义,校准的定义和要求。

【解析】校准指在规定条件下的一组操作,其第一步是确定由测量标准提供的量值与相应示值之间的关系,第二步是用此信息确定由示值获得结果的关系,所提供的量值与相应示值都具有测量不确定度。校准可以用文字说明、也可以用校准函数、校准图、校准曲线或校准表格的形式表示,也可以包含示值的具有测量不确定度的修正值或修正因子,但不给出测量设备合格与否的结论。校准规范是校准的依据,不是计量确认的依据。

98. ABCDE

【学习点】《检验检测机构资质认定能力评价 检验检测机构通用要求》(RB/T 214—2017)第4.4.3条及释义。

【解析】检验检测机构需要内部校准时应确保:

(1)校准设备的标准满足计量溯源要求;

(2)限于非强制检定的仪器设备;

(3)实施内部校准的人员经培训和授权;

(4)环境和设施满足校准方法要求;

(5)优先采用标准方法,非标方法使用前应经确认;

(6)进行测量不确校准定度评定;

(7)可不出具内部校准证书,但应对校准结果予以汇总;

(8)质量控制和监督应覆盖内部校准工作。

99. ABD

【学习点】检定校准相关要求。

【解析】试验检测机构应按相关程序对试验检测设备进行周期检定/校准,内部校准应有校准规程,检定/校准计划、证书等应放入仪器设备档案。

100. ABCDE

101. ABD

102. ABD

第100～102题【学习点】《检验检测机构资质认定能力评价 检验检测机构通用要求》(RB/T 214—2017)第4.4.3条及释义,验证的要求。

【解析】无法溯源到国家或国际测量标准时,测量结果应溯源至有证标准物质、公认的或约定的测量方法、标准,或通过比对等途径,证明测量结果与同类检验检测机构的一致性。验证是指"提供客观证据证明测量仪器满足规定的要求"。下列为可通过验证方式进行溯源的仪器设备:

(1)未定型设备;

(2)借用永久控制以外的设备;

(3)暂不能溯源到国家基准;

(4)影响工作质量,但不需要检定校准、无量值输出的工具类;

(5)软件。

摇筛机、脱模器、取芯机属于辅助工具,验证合格应贴绿色标识。量筒属于量具,用作传递量值时,必须通过计量检定,可首次检定终身使用。

加热烘干的电炉和脱模器等属于无量值输出的工具类,量筒、酸度计都是有量值输出的计量器具,能够通过检定或校准进行量值溯源。

103. BC

104. CE

第103、104题【学习点】自校准。

【解析】自校准一般是利用测量设备自带的校准的程序或功能(例如智能仪器的开机自校准程序)或设备厂商提供的没有溯源证书的标准样品进行的校准活动。通常情况下,它不是有效地量值溯源活动。

105. AB

【学习点】《检验检测机构资质认定能力评价 检验检测机构通用要求》(RB/T 214—2017)第4.4.3条。

【解析】所有需要检定、校准或有有效期的设备应使用标签、编码或以其他方式标识,以便使用人员易于识别检定、校准的状态或有效期。标识上的A、B选项内容可显示设备的校准状态或有效期。

106. ABC

107. ABC

108. CD

109. ABCD

110. BACD

第106~110题【学习点】《检验检测机构资质认定能力评价 检验检测机构通用要求》(RB/T 214—2017)第4.4.3条及释义,计量确认。

【解析】取得校准证书的设备不一定符合试验检测要求,应经技术人员对校准证书进行确认。计量确认是指为保证测量设备处于满足预期使用状态所需要的一组操作。预期使用要求包括:量值、测量范围、精度要求、分辨力、最大允许误差等。设备的准确度信息针对的是检验检测项目参数的要求,不一定包括设备全部量程范围。

计量确认的作用是将仪器设备校准检定时产生的修正值或修正因子,用于设备的功能设置或实验结果的修正,提高检验数据的准确性。

检验检测机构在设备定期核查检定或校准后应进行确认,确认其满足检验检测要求后方

能使用。对核查,检定或校准的结果进行确认的内容应包括:

(1)检定结果是否合格,是否满足检验检测方法的要求;

(2)校准获得的设备的准确度信息是否满足检验检测项目参数的要求,是否有修正信息,仪器是否满足检验检测方法的要求;

(3)适用时,应确认设备状态标识。

确认的内容还包括检定或校准机构资格、检定或校准机构的测量能力、溯源性等。

检定或校准人员的资格是否满足要求并不是确认内容,而是检定校准过程的要求。

111. ABD

【学习点】《检验检测机构资质认定能力评价 检验检测机构通用要求》(RB/T 214—2017)第4.4.4条及释义,仪器设备状态标识。

【解析】仪器设备状态标识分绿、黄、红等三色标识来表示合格、准用、停用。测试设备中某一量程的准确度不合格但工作所用量程合格者,或某些功能丧失但检测工作所用功能正常且校准合格者以及降级使用者均为准用设备,应为黄色准用标识。

112. ACD

113. AD

114. AB

第112~114题【学习点】仪器设备示值误差的符合性评定。

【解析】对仪器设备进行符合性评定时,如果设备示值误差的不确定度 U_{95} 小于或等于被评定设备的最大允许误差的绝对值 MPEV 的 1/3(即 $U_{95} \leq 1/3$MPEV),可不考虑示值误差测量不确定度的影响,直接通过设备的示值误差(Δ)是否在其最大允许误差限内进行合格与否的判定。如果设备示值误差的不确定度 U_{95} 大于被评定设备的最大允许误差的绝对值 MPEV 的 1/3,须考虑示值误差测量不确定度的影响进行合格、不合格及待定区的判定。

当测量设备示值误差的评定处在不能做出符合性判定时,可以重新送检到更高等级的技术机构进行检定或校准,技术机构应采用准确度更高的测量标准,通过改善环境条件与增加测量次数和改变测量方法等措施,以降低测量不确定度,使满足与最大允许误差绝对值之比小于或等于1:3的要求,然后对测量设备的示值误差重新进行评定。

115. AC

116. ABCDE

第115、116题【学习点】《检验检测机构资质认定能力评价 检验检测机构通用要求》(RB/T 214—2017)第4.4.3条及释义,期间核查定义和对象。

【解析】期间核查是根据规定程序,为了确定计量标准、标准物质或测量仪器是否保持原有状态而进行的操作。也可表述为对测量仪器在两次校准或检定的间隔期内进行的核查,验证是否达到有效的维持,其目的确认测量设备校准状态的可信状态。

不是所有设备都要进行期间核查,也不是所有设备都能进行期间核查。期间核查的重点对象主包括:仪器设备性能不稳定、使用频繁高、使用条件恶劣、容易产生漂移、因过载可能造成损坏的、能力验证有问题、对检测数据有疑问、单纯校准不能保证在有效期内正确可靠的仪器设备。

117. ABCD

【学习点】《检验检测机构资质认定能力评价 检验检测机构通用要求》(RB/T 214—2017)第4.4.3条及释义。

【解析】 需要时,检验检测机构对特定设备应编制期间核查程序,确认方法和频率。检验检测机构应根据设备的稳定性和使用情况来判定设备是否需要进行期间核查。判定依据包括但不限于:设备检定或校准周期、历次检定或校准结果、质量控制结果、设备使用频率、设备维护情况、设备操作人员及环境的变化、设备使用范围的变化。

118. ABC,D

119. ABCD

第118、119题**【学习点】** 期间核查方法。

【解析】 期间核查方法包括:仪器间比对、标准物质法、留样再测法、实物样件检查法、自带标样核查法、直接测量法等。期间核查方法的选择实际上就是核查标准的选择。核查标准必须稳定,可以是上一等级、下一等级或同等级的计量标准、标准物质,也可以是准确度更高或较低的同类测量设备、实物样品等。

120. ABD

121. AD

【学习点】《检验检测机构资质认定能力评价 检验检测机构通用要求》(RB/T 214—2017)第4.4.3条及释义。

【解析】 设备期间核查是在两次检定或校准期间进行的、核查设备的检定或校准状态的稳定性,不可以代替量值溯源。对于期间核查发现技术状态偏离的,应当重新确定仪器设备的使用状态,并识别该偏离对以往所出具数据报告的影响。期间核查应按照期间核查作业指导书开展。若通过核查标准来进行期间核查,核查标准的量限、准确度等级应接近被测对象,但稳定性更高。

期间核查的一般流程为:a)制定是设备期间核查程序;b)判断设备是否需要进行期间核查并制定计划;c)制定具体设备的期间核查作业指导书;d)依据期间核查计划和作业指导书实施核查,保留记录;e)出具核查报告;f)利用核查报告;g)对全过程实施效果进行评价。

122. ABC

【学习点】 期间核查方法。

【解析】 采用标准物质区检查被核查设备时,判别准则为:

$$\left|\frac{y-Y}{\Delta}\right| \leq 1$$

式中:y——测量值;

Y——标准物质代表的值;

Δ——与被核查设备准确度等级对应的允许差。

这里用于期间核查的标准物质应能溯源至SI,或有效期内的标准物质。

123. ABCD

【学习点】《检验检测机构资质认定能力评价 检验检测机构通用要求》(RB/T 214—2017)第4.4.6条。

【解析】 检验检测机构应建立和保持标准物质管理程序。标准物质应尽可能溯源到国际单位制(SI)单位或有证标准物质。检验检测机构应根据程序对标准物质进行期间核查。管理程序包括安全处置、运输、存储和使用标准物质,确保其完整性。

124. ABD

125. ABC

第124、125题【学习点】《检测和校准实验室能力的通用要求》(ISO/IEC 17025:2017)、《检测和校准实验室能力认可准则》(CNAS-CL01:2018)的相关内容。

【解析】标准物质和有证标准物质有多种名称,包括标准样品、参考标准、校准标准、标准参考物质和质量控制物质。ISO 17034 给出了标准物质生产者的更多信息。满足 ISO 17034 要求的标准物质生产者被视为是有能力的。满足 ISO 17034 要求的标准物质生产者提供的标准物质会提供产品信息单/证书,除其他特性外至少包含规定特性的均匀性和稳定性,对于有证标准物质,信息中包含规定特性的标准值、相关的测量不确定度和计量溯源性。

126. ABC

127. ABD

第126、127题【学习点】标准物质定义和作用。

【解析】标准物质是具有一种或多种足够均匀和很好地确定了特性,用以校准测量装置、评价测量方法或给材料赋值的材料或物质。标准物质的作用:作为校准物质用于仪器的定度;作为已知物质用于测量评价测量方法;作为控制物质与待测物质同时进行分析。

128. AC

129. BD

第128、129题【学习点】《检验检测机构资质认定能力评价 检验检测机构通用要求》(RB/T 214—2017)第 4.4.6 条,标准物质分级。

【解析】标准物质分为二级,一级由国家计量部门制作颁发或出售,二级由各专业部门制作供试验室日常使用。一级标准物质应溯源到 SI 单位,二级标准物质溯源到一级标准物。

130. ABCD

【学习点】《公路水运工程安全生产监督管理办法》第二十六~二十九条。

【解析】第二十六条 施工单位应当在施工现场建立消防安全责任制度,确定消防安全责任人,制订用火、用电、使用易燃易爆材料等各项消防管理制度和操作规程,设置消防通道,配备相应的消防设施和灭火器材。

第二十七条 施工单位应当向作业人员提供必需的安全防护用具和安全防护服装,书面告知危险岗位的操作规程并确保其熟悉和掌握有关内容和违章操作的危害。

作业人员有权对施工现场的作业条件、作业程序和作业方式中存在的安全问题提出批评、检举和控告,有权拒绝违章指挥和强令冒险作业。

在施工中发生可能危及人身安全的紧急情况时,作业人员有权立即停止作业或者在采取必要的应急措施后撤离危险区域。

第二十八条 作业人员应当遵守安全施工的工程建设强制性标准、规章制度,正确使用安全防护用具、机械设备等。

第二十九条 施工单位采购、租赁的安全防护用具、机械设备、施工机具及配件,应当具有生产(制造)许可证、产品合格证,并在进入施工现场前由专职安全管理人员进行查验。

施工现场的安全防护用具、机械设备、施工机具及配件必须由专人管理,定期进行检查、维修和保养,建立相应的资料档案,并按照国家有关规定及时报废。

131. AD,B

【学习点】试验检测的安全管理。

【解析】异常情况不包括气候条件。

132. ABD

【学习点】试验检测的安全管理。

【解析】新的公路养护安全作业规程对现场检测要求布置安全作业控制区。

133. BCD

【学习点】《危险化学品安全管理条例》第二十四、二十五条。

【解析】危险化学品应当储存在专用仓库、专用场地或者专用储存室内,并由专人负责管理;剧毒化学品以及储存数量构成重大危险源的其他危险化学品,应当在专用仓库内单独存放,并实行双人收发、双人保管制度。储存危险化学品的单位应当建立危险化学品出入库核查、登记制度。

134. ABCD

【学习点】公路工程标准体系。

【解析】标准是对材料、产品、行为、概念或方法所做的分类或划分,并对这些分类或划分所要满足的一系列指标和要求做出的陈述和规定,也可以是标准、规范、导则、规程等名称的统称。

规范是对某一阶段或某种结构的某项任务的目的、技术内容、方法、质量要求等做出的系列规定。

135. ABCD

【学习点】《标准化法》。

【解析】注意特殊情况下的标准选择。

136. ABCD

【学习点】《公路工程标准体系》第5.0.1条。

【解析】标准编号由标准代号、板块序号、模块序号、标准序号、标准发布年号组成。

137. AC

【学习点】绝对误差,相对误差。

【解析】见单选题第61题解析。本题用100mA的表进行量测时,不管被测量多大,此表的绝对误差不会超过某一个最大值,即 $1.0\% \times 100 = 1mA$;用此表分别测80mA、20mA的电流,其相对误差分别为 $1mA/80mA = 1.25\%$,$1mA/20mA = 5\%$。

138. BD

【学习点】实物量具定义。

【解析】实物量具是指具有所赋量值,使用时以固定形态复现或提供一个或多个量值的测量仪器。它们一般没有指示器,在测量过程中没有附带运动的测量器件,如砝码、量块、标准电阻。

139. AD

【学习点】绝对误差,相对误差。

【解析】测量误差可以用绝对误差和相对误差来表示。绝对误差是指测量值与真值的差值,相对误差是指绝对误差与被测真值的比值。

【第二部分】
模拟试卷及参考答案

模 拟 试 卷

一、单选题(共 40 题,每题 1 分,共计 40 分)

1. 根据溯源方式,可以将公路专用试验设备分为( )。
   A. 检测类和检验类　　　　　　　　B. 检定类、校准类和验证类
   C. 材料类、道路和桥隧类　　　　　D. 通用类、专用类和工具类

2. 向社会出具具有证明作用报告的检验检测机构,其建立的质量体系应符合( )的要求。
   A.《公路水运工程试验检测管理办法》
   B.《检验检测机构资质认定能力评价　检验检测机构通用要求》
   C.《中华人民共和国计量法》《中华人民共和国标准化法》
   D. ISO 9001 质量体系

3. 公路工程质量检验评定应按分项工程、分部工程、单位工程逐级进行,以下描述正确的是( )。
   A. 单位工程、分部工程和分项工程应在工程质量交工检测前进行划分
   B. 在分部工程中,按路段长度、结构部位及施工特点等划分的工程为分项工程
   C. 在单位工程中,不同的施工工序、工艺或材料等可划分为不同的分部工程
   D. 在分部工程中,不同的施工工序、工艺或材料等可划分为不同的分项工程

4. 施工人员对( ),应当在建设单位或者工程监理单位监督下现场取样,并送具有相应资质等级的质量检测单位进行检测。
   A. 需要检测的所有材料、试块、试件
   B. 功能性有要求的材料
   C. 钢筋、水泥、混凝土试块
   D. 涉及结构安全的试块、试件以及有关材料

5. 比对是指在规定的条件下,对( )或指定不确定度范围的同种测量仪器复现的量值之间比较的过程。
   A. 同一时间　　　　　　　　　　　B. 不同准确度等级

C. 相同准确度等级　　　　　　　　D. 不同时间

6. 关于公路水运工程试验检测项目领域及代码，以下描述不正确的是(　　)。
   A. Q 代表公路材料与制品　　　　　B. P 代表工程实体与结构
   C. Z 代表工程环境及其他　　　　　D. Z 代表交通安全设施及其他

7. 《公路工程质量检验评定标准　第一册　土建工程》(JTG F80/1—2017)是(　　)。
   A. 国家标准　　　　　　　　　　　B. 团体标准
   C. 行业标准　　　　　　　　　　　D. 企业标准

8. 公路水运工程试验检测机构等级标准是指由交通运输部制定，检测机构在基本能力范围、仪器设备、人员配置、场地环境等方面达到的等级要求。基本能力是指(　　)。
   A. 试验检测项目及参数　　　　　　B. 试验检测人员具有的职业资格能力
   C. 甲、乙、丙级等级资质　　　　　D. 以上选项均不正确

9. 检验检测机构有下列(　　)，资质认定部门依法注销其资质。
   A. 未按规定时限申报重大事项变更的
   B. 未按规定上报年报的
   C. 检查发现环境条件不符合相关规范要求的
   D. 检验检测机构依法终止的

10. 公路水运工程试验检测报告分为(　　)。
    A. 母体试验室报告和工地试验室报告
    B. 典型报告和模拟报告
    C. 检测报告和试验报告
    D. 检测类报告和综合评价类报告

11. 检验检测机构应通过实施质量方针、质量目标、应用审核结果、数据分析、纠正措施、预防措施、内部审核、管理评审来持续改进管理体系的(　　)。
    A. 顺畅性　　　B. 系统性　　　C. 实用性　　　D. 有效性

12. 检验检测机构内部审核通常每年一次，由质量主管负责策划内审并制定审核方案，审核应涉及(　　)。
    A. 重要检测活动　　　　　　　　　B. 重要管理运行活动
    C. 关键要素　　　　　　　　　　　D. 所有要素

13. 样品应进行(　　)，确保在流转过程中不发生混淆且具有可追溯性。
    A. 唯一性标识　　B. 标识　　　C. 清理　　　D. 拍照

14. 资质认定部门将检验检测机构分为 A、B、C、D 四个类别，并根据不同类别采取不同的监管模式。在首次启动分类监管时，所有检验检测机构起始默认类别为(　　)类。
    A. C　　　　B. D　　　　C. B　　　　D. A

15. 检验检测机构的试验原始记录、报告、证书的保存期限不少于(　　)。
    A. 1 年　　　B. 6 年　　　C. 3 年　　　D. 10 年

16. 检验检测机构应确定全权负责的管理层，(　　)应履行其对管理体系的领导作用和承诺。
    A. 最高管理者　　B. 管理层　　C. 质量负责人　　D. 技术负责人

17. 根据实验室给排水系统评估和控制主项的要求,凡是进行强酸、强碱、有毒液体作并有飞溅爆炸可能的实验室,应就近设置(   )。
     A. 紧急报警装置   B. 灭火器
     C. 砂箱   D. 应急喷淋及应急眼睛冲洗器
18. 计量溯源链是指用于将测量结果与(   )联系起来的测量标准和校准次序。
     A. 测量规范   B. 检定标准
     C. 参照对象   D. 检定规程
19. 以下关于公路水运试验检测记录表描述正确的是(   )。
     A. 记录表的唯一性标识编码和记录编号均由检测单位自行编制
     B. 记录编码根据"导则"要求,应由 9 位或 10 位字母和数字组成
     C. 记录编号不同于记录唯一性标识编码,适用于具体记录表的身份识别,由检测单位自行编制
     D. 记录表的唯一性标识编码不能固化在记录表中
20. 复现性测量条件包括(   )。
     A. 相同的操作者   B. 不同的测量设备
     C. 相同的测量环境   D. 相同的样品
21. 确认校准后,仪器设备是否满足要求的依据可以是(   )。
     A. 校准规范   B. 校准规程
     C. 作业指导书   D. 设备说明书
22. 以下哪些材料适用于留样再测法进行期间核查(   )。
     A. 沥青   B. 石灰   C. 钢筋   D. 水泥
23. 有证标准物质在证书和标签上有(   )标记。
     A. CMC   B. CAL   C. CMA   D. ISO
24. 专业部门制作(   )标准物质供试验室日常使用。
     A. 一级   B. 三级   C. 四级   D. 二级
25. 根据《通用要求》的规定,当客户提供的信息可能影响结果的有效性时,应(   )。
     A. 拒绝出具报告
     B. 对客户提供的信息进行修改
     C. 由于是客户提供,检测机构不予干预
     D. 在报告或证书中出具免责声明
26. 单位"mm",第二个"m"表示(   )。
     A. SI 基本单位   B. SI 辅助单位
     C. SI 导出单位   D. 词头
27. 石灰钙镁含量测定时,用万分之一的电子天平称量石灰,电子天平显示数据为 0.5005g,如果要求保留 0.01g,原始记录数据表达正确的是(   )。
     A. 0.51g   B. 0.5005g   C. 0.505g   D. 0.50g
28. 由下列一组实测值得出"报出值",要求"修约值"多保留 1 位,并将其修约到个位数,表达正确的是(   )。

序号	实 测 值	报 出 值	修 约 值
A	37.4701	37.5⁻	38
B	24.5002	24.5⁺	25
C	−28.5001	−28.5⁺	−28
D	−34.5000	−34.5	34

29. 要从2000组混凝土试块中抽取200组的试验数据进行分析,则2000组混凝土试块的试验记录表就是( )。

　　A. 抽样框　　　B. 样本容量　　　C. 样品数量　　　D. 样本总体

30. 测量不确定度是与( )联系的参数,表示合理地赋予被测量之值的分散性。

　　A. 测量结果　　B. 随机偏差　　　C. 相对误差　　　D. 偶然误差

31. 两个相互独立事件( )。

　　A. 也称互斥事件　　　　　　　　B. 不一定互斥

　　C. 一定互斥　　　　　　　　　　D. 一定同时发生

32. 实验室对 0.5~3kN 应力环校准,分别测得力值 Y 与百分表读数 X,现建立了 Y-X 的线性回归方程。经计算 $L_{xx}=632.47$, $L_{xy}=998.46$, $L_{yy}=1788.36$, 相关系数临界值 $r_\beta=0.361$, 检验 Y-X 的相关性,则( )。

　　A. Y-X 之间线性不相关

　　B. Y-X 之间线性相关

　　C. 校准不需要判定二者之间的相关性

　　D. 条件不够无法判定

33. 测得一组混凝土数据为 34.82MPa、28.45MPa、28.55MPa、28.47MPa,依据要求大于或等于 28.5MPa 判定其合格,用全数值判定该组数据中合格值表达正确的是( )。

　　A. 34.82MPa、28.45MPa、28.55MPa、28.47MPa

　　B. 34.82MPa、28.55MPa

　　C. 34.82MPa、28.55MPa、28.47MPa

　　D. 34.82MPa

34. 关于 t 分布,下面哪一种说法是正确的( )。

　　A. 沥青路面厚度检测数据具有 t 分布特点

　　B. t 分布与标准正态分布图特征相同

　　C. 路面弯沉检测数据具有 t 分布特点

　　D. t 分布与均匀分布图形相似

35. 当无限多次重复性试验后,所获得的平均值为( )。

　　A. 测量结果 − 随机误差　　　　　B. 真值 + 系统误差

　　C. 测量结果 − 系统误差　　　　　D. 真值

36. ( )是反映数据相对波动的指标。

　　A. 标准差　　　B. 极差　　　　C. 变异系数　　　D. 误差

37. 关于实验室间比对作用,以下说法不正确的是( )。

A. 对实验室的校准或检测能力进行判定
B. 借助外部力量来提高实验室的能力和水平
C. 识别实验室存在的问题与实验室间的差异
D. 是试验检测评审程序之一

38. 针入度 80~100 表示的极限值范围为( )。
A. $80 \leq X \leq 100$
B. $80 < X \leq 100$
C. $80 \leq X < 100$
D. $80 < X < 100$

39. 某测量仪器的校准证书上显示：$\Delta = 5.2mm, U = 0.2mm, k = 2$，则以下理解不正确的是( )。
A. 仪器示值误差可表示为：$(5.2 \pm 0.2)mm$
B. 仪器示值误差可表示为：$(5.2 \pm 0.1)mm$
C. 示值误差的标准不确定度为 $0.1mm$
D. 取包含因子为 2 时，示值误差的扩展不确定度为 $0.2mm$

40. 检验检测机构能力验证计划中，与参加者相比，要求参考实验室的测量不确定度( )。
A. 低于参加者的测量不确定度
B. 高于参加者的测量不确定度
C. 与参加者的不确定度越接近越好
D. 与参加者的不确定度无大小关系

二、判断题（共30道题，每题1分，共计30分）

1. 分项工程质量检验应按基本要求、实测项目、外观质量和质量保证资料等检验项目分别检查，实测项目采用合格率法，外观质量和质量保证资料采用扣分法。（ ）

2. 实际能力已达不到《等级证书》能力等级的试验检测机构，直接判定试验室降低等级，检测机构1年内不得申报升级。（ ）

3. 根据《公路水运工程试验检测管理办法》，试验检测报告应由试验检测师审核、签发。（ ）

4. 当测试方法发生偏离时，出具的试验报告应对偏离情况做出说明。（ ）

5. 公路水运工程试验检测机构等级评定，对于有模拟报告而无业绩的项目，可由现场评审专家组织比对试验进行确认。（ ）

6. 对于一类264种通用类设备和三类85种工具类设备，暂未列入《公路工程试验检测仪器设备服务手册》。（ ）

7. 母体试验检测机构上年度信用评价等级在C级以下的检测机构，不宜作为授权设立工地试验室的母体检测机构。（ ）

8. 根据《检验检测机构资质认定能力评价 检验检测机构通用要求》，检验检测机构应指定质量负责人和代理人，质量负责人应确保管理体系得到实施和保持。（ ）

9. 检验检测机构只需要给计算机设置密码，就可防止未经授予权的侵入或修改。（ ）

10. 检验检测机构编制的《程序文件》，其内容应与《质量手册》的规定相一致。（ ）

11. LIMS是实验室试验检测数据管理系统,是实验室活动及其管理的信息化工具。（ ）

12. 检定校准不具备法制性,是企业自愿溯源行为。（ ）

13. 自校准是利用测量设备自带的校准程序或功能,或设备厂商提供的标准样品进行的校准活动,但不是有效的量值溯源活动。（ ）

14. 公路工程质量评定,应对检查项目按规定的检查方法和频率进行随机抽样检验并计算合格率。（ ）

15. 所有等级试验检测机构,在其业务范围内出具的试验检测报告,应在报告右上角加盖公路水运试验检测机构行政专用章。（ ）

16. 试验检测记录表的唯一性标识编码、委托编码、样品编码及记录编码均根据试验室要求自行编制。（ ）

17. 检验检测场所核心区域包括样品接收、样品储存、样品制备、检验检测、样品处理、试剂存放、耗材存放、资料存放等房间或区域。（ ）

18. 随机事件的频率和概率是两个相同的概念,通过大量的反复试验,可以把其频率视作概率的近似值。（ ）

19. 为了保持原始记录干净整洁,试验检测人员可以将试验检测数据先记录在笔记本上,然后转抄到格式化的原始记录上。（ ）

20. 测量正确度是指无穷多次重复测量所得量值的平均值与一个参考值之间的一致程度,与系统测量误差有关,与随机测量误差无关。（ ）

21. 量值是用数和参照对象一起表示的量的大小,一般由一个数乘以测量单位来表示特定量的大小。（ ）

22. 当测量所得的绝对误差相同时,测量的量小者精度高。（ ）

23. 水泥混凝土拌和站的混凝土抽样属于分层抽样。（ ）

24. 修约113.456,修约间隔为1。正确的做法是:113.456→113.46→113.5→14。（ ）

25. 在质量检验中,总体的标准差一般不易求得,通常取用样本的标准差。（ ）

26. 采用修约值比较法,应将测定值或计算值进行修约,修约数位与规定的极限数值数位一致。（ ）

27. 测量偏移是系统测量误差的估计值,是指一切测量值对真值的偏离。（ ）

28. 精密度是表示测量的复现性,是保证准确度的先决条件,高的精密度一定能保证高的准确度。（ ）

29. 作为国家的法定计量单位,无论是SI单位还是选定的非SI单位,只要是法定计量单位其地位都是一样的。（ ）

30. 在公路水运工程试验检测机构等级评定时,同一个试验检测参数具有多个方法,试验检测机构必须满足所有的试验检测方法的要求。（ ）

三、多项选择题(共25道题,每题2分,共计50分;每道题有2个或2个以上正确答案,选项全部正确得满分,选项部分正确按比例得分,出现错误选项该题不得分)

1. 对仪器设备进行检定时,若设备为首次检定,检定参数为(   );若设备为后续检定,检定参数为(   )。对仪器设备进行校准时,可根据仪器设备实际使用的需要校准(   )。

A. 全部项目 B. 非下划线项目
C. 下划线项目 D. 全部或部分必要的检测参数
E. 全部检测参数

2. 取得公路水运工程试验检测师职业资格证书的人员,应当具备(　　)的职业能力。
   A. 熟悉、编制行业相关法律法规,标准、规范和规程;掌握实验室管理体系知识和所从事试验检测专业方向的试验检测方法和结果判定标准
   B. 有较强的试验检测专业能力,独立完成较为复杂的试验检测工作和解决突发问题
   C. 熟练编制试验检测方案、组织实施试验检测活动、进行试验检测数据分析、编制和审核试验检测报告
   D. 指导本专业助理试验检测师工作

3. 试验检测能力包括必选试验检测参数和可选试验检测参数,检测机构申请等级评定或换证复核时,应按照所申请等级的等级标准所列试验检测项目及参数进行能力评定。下列说法正确的是(　　)。
   A. 必选参数应全部申请
   B. 可选参数可根据自身条件和业务需求部分申请,但可选参数申请数量应不低于本等级可选参数总数量的60%
   C. 可选参数可根据自身条件和业务需求部分申请,但可选参数申请数量应不低于本等级可选参数总数量的80%
   D. 可选参数可根据自身条件和业务需求部分申请,但可选参数申请数量应不低于本等级必选参数总数量的60%

4. 公路水运工程试验检测机构信用评价标准中,存在虚假数据报告的情况包括(　　)。
   A. 报告中,数据、结论与原始记录严重不一致
   B. 多组试验时,数据明显雷同
   C. 在记录反映的时间段内,不可能完成相应工作量的
   D. 多组试验时,出现有相同的数据

5. 根据《检验检测机构管理和技术能力评价　设施和环境通用要求》(RB/T 047—2020),当检验检测工作对环境温度和湿度无特殊要求时,工作环境的温度宜维持在(　　),相对湿度宜维持(　　)。
   A. 16~26℃ B. 30%~65% C. 20℃ D. 60%

6. 公路工程质量评定,检查项目合格判定应符合(　　)规定。
   A. 关键项目的合格率应不低于95% B. 一般项目的合格率应不低于80%
   C. 关键项目的合格率应不低于90% D. 一般项目的合格率应不低于60%

7. 安全生产费应专款专用,可以用于(　　)。
   A. 试验人员的安全培训 B. 购买试验仪器设备
   C. 购买灭火器材及安装安全防护网 D. 安全专项款,如有结余可支付人员工资

8. 对于(　　)的试验仪器应加贴(　　)标签,(　　),执行"不符合工作控制"程序。
   A. 已显示出缺陷 B. 停用
   C. 修复设备并通过校准 D. 给出可疑结果

9. 检测对象属性部分位于基本信息部分之后,检测对象属性应包括(　　)等。
   A. 基础资料　　　　　　　　　　B. 测试说明
   C. 制样情况、抽样情况　　　　　D. 材料配合比

10. 关于文件控制,以下描述正确的是(　　)。
    A. 受控文件应加盖受控章　　　　B. 受控文件应定期审核
    C. 允许一个文件存在不同版本　　D. 应明确文件的批准、发布、变更

11. 关于检验检测机构内部审核,下列说法正确的是(　　)。
    A. 应建立和保持管理体系内部审核的程序
    B. 内部审核只能每年进行一次
    C. 实验室组织机构人员等发生较大变化,以及内部监督连续发现质量问题时,等级评审或资质认定前应增加内审次数
    D. 审核员通常应独立于被审核的活动

12. 试验检测记录表附加声明部分包括(　　)。
    A. 对试验检测的依据、方法、条件等偏离情况的声明
    B. 其他见证方鉴认
    C. 其他需要补充说明的事项
    D. 样品状态描述

13. 检验检测机构向社会出具具有证明作用的检验检测数据、结果的,应在其检验检测报告或证书上加盖检验检测专用章。以下说法正确的是(　　)。
    A. 检验检测专用章应含本单位名称、"检验检测专用章"字样、五星标识
    B. 专用章加盖在检验检测报告或证书封面的机构名称位置或检验检测结论位置
    C. 骑缝位置也应加盖专用章
    D. 用章记录资料要存档备查
    E. 检验检测专用章就是CMA章

14. 对不同类别的检验检测机构实施不同的监管频次和管理方式。原则上,对A类检验检测机构(　　),B类检验检测机构(　　),C类检验检测机构(　　),D类检验检测机构(　　)。
    A. 予以"鼓励"　　　　　　　　B. 予以"信任"
    C. 日常监督检查,一般每年实施1次　　D. 日常监督检查,频次每年不少于2次

15. 以下(　　)是正确的程序文件名称。
    A. 处理客户申诉和投诉的程序
    B. 保证公正性和保护客户机密及所有权的程序
    C. 试验操作规程
    D. 允许偏离程序
    E. 大型仪器设备操作指导书

16. 以下关于试验检测报告与试验检测报告文件、记录与记录文件的描述,正确的是(　　)。
    A. 无论是记录格式还是记录,报告格式或报告,都应实施受控管理

B. 记录文件与记录没有区别

C. 记录文件与记录有区别,记录文件是记录的格式

D. 试验检测报告文件就是试验检测报告

E. 记录格式、报告格式及记录、报告都有相应的受控编号

17. 水泥混凝土抗压强度的合格评定,同批试件组数等于或大于10组时,以下描述正确的是( )。

    A. 应以数理统计方法评定

    B. 平均强度和试件中强度最低一组均应满足 $m_{fcu} \geq f_{cu,k} + \lambda_1 S_n$ 和 $f_{cu,min} \geq \lambda_2 f_{cu,k}$

    C. 统计计算的标准差可以为零

    D. 合格判定系数 λ_1 和 λ_2 大小与混凝土试件组数有关

18. 准确度表示( ),精密度表示在规定的条件下( )。相对误差是指绝对误差与被测量真值之比,反映了( )。

    A. 独立测量结果间的一致程度   B. 被测量的测得值与其真值的一致程度

    C. 准确度   D. 精密度

19. 以下( ),应出具综合评价类报告;报告应出具( )。

    A. 检测参数多,报告页数多   B. 工程项目竣交工质量鉴定检测

    C. 工程质量交工验收检测   D. 检测结果、检测结论及评价意见

    E. 检测结果、检测结论

20. 某试验室用电子天平称量碎石,电子天平显示为2300g,该天平的示值误差为-5g,其中2300g 为( ),碎石的实际质量为( )。

    A. 示值   B. 参考值   C. 2305g   D. 2295g

21. 以下说法正确的是( )。

    A. 误差在数轴上表示为一个点,测量不确定度在数轴上表示为一个区间

    B. 测量结果的不确定度与测量方法有关,与所测的数值大小无关

    C. 测量结果的误差与测量结果的不确定度在数值上存在确定的关系

    D. 测量不确定度存在置信概率的概念

    E. A 类标准不确定度代表了测量结果的随机误差

22. 对能力验证结果进行评价,一般包括( )几个方面内容。

    A. 确定设备的使用状态   B. 计算能力统计量

    C. 确定指定值   D. 评价能力

    E. 确定试验人员操作水平

23. 根据《检验检测实验室技术要求验收规范》(GB/T 37140—2018),检验检测实验室的典型总体平面布局可包括实验室核心区域实验室辅助区域和公共设施区域三大部分。公共设施区域应包括( )。

    A. 暖通、给排水   B. 气体   C. 供配电   D. 信息系统

24. 检验检测风险程度较高领域包括( )。

    A. 涉及安全的领域

    B. 涉及司法鉴定、质量仲裁等领域

C. 涉及民生、公益和消费者利益的领域
D. 如食品安全、信息安全、环境安全、装饰装修材料检验等领域

25. 校准可以用(　　)的形式表示。

A. 文字说明　　　B. 校准函数　　　C. 校准曲线　　　D. 合格证

模拟试卷参考答案

一、单项选择题

1. D　　2. B　　3. D　　4. D　　5. C　　6. D　　7. C　　8. A　　9. D　　10. D
11. D　　12. D　　13. A　　14. C　　15. B　　16. B　　17. D　　18. C　　19. C　　20. B
21. C　　22. C　　23. A　　24. D　　25. D　　26. A　　27. B　　28. B　　29. A　　30. A
31. B　　32. B　　33. B　　34. A　　35. C　　36. C　　37. D　　38. A　　39. B　　40. A

二、判断题

1. ×　　2. ×　　3. √　　4. √　　5. √　　6. √　　7. √　　8. √　　9. ×　　10. √
11. ×　　12. ×　　13. √　　14. √　　15. ×　　16. ×　　17. ×　　18. ×　　19. ×　　20. √
21. √　　22. ×　　23. √　　24. ×　　25. √　　26. √　　27. √　　28. ×　　29. √　　30. ×

三、多项选择题

1. ABD　　　　2. BCD　　　　3. AB　　　　4. ABC　　　　5. AB
6. AB　　　　7. AC　　　　8. ADBC　　　　9. ABCD　　　　10. ABD
11. ACD　　　　12. ABC　　　　13. ABCD　　　　14. BACD　　　　15. ABD
16. AC　　　　17. ABD　　　　18. BACD　　　　19. BCD　　　　20. AC
21. ABD　　　　22. BCD　　　　23. ABCD　　　　24. ABCD　　　　25. ABC